21世纪高等院校新闻学与传播学经典教材

JOURNALISM&COMMUNICATION

文化与传媒法治丛书
Culture & Communication Law

文化和旅游市场监管教程

主编：郑宁

中国国际广播出版社

图书在版编目（CIP）数据

文化和旅游市场监管教程 / 郑宁主编. —北京：中国国际广播出版社，2021.6
ISBN 978-7-5078-4916-5

Ⅰ. ①文… Ⅱ. ①郑… Ⅲ. ①文化市场－市场监管－教材②旅游市场－市场监管－教材 Ⅳ. ①G114②F590.8

中国版本图书馆CIP数据核字（2021）第101194号

文化和旅游市场监管教程

主　　编　郑　宁
责任编辑　章　玲
校　　对　张　娜
版式设计　邢秀娟
封面设计　黄　旭

出版发行　中国国际广播出版社有限公司［010-89508207（传真）］
社　　址　北京市丰台区榴乡路88号石榴中心2号楼1701
　　　　　邮编：100079
印　　刷　天津市新科印刷有限公司

开　　本　710×1000　1/16
字　　数　320千字
印　　张　22
版　　次　2021 年 8 月　北京第一版
印　　次　2021 年 8 月　第一次印刷
定　　价　58.00 元

文化与传媒法治丛书编委会

王　晋（中国传媒大学文化产业管理学院法律系民商与知识产权法教研室主任、文化法治研究中心研究员）

程　科（中国传媒大学文化产业管理学院法律系副主任、文化法治研究中心副主任）

韩新华（中国传媒大学文化产业管理学院法律系文化法治教研室主任、文化法治研究中心研究员）

戚春华（中国传媒大学文化产业管理学院文化法治研究中心研究员）

章　玲（中国国际广播出版社传媒编辑部编辑、中国传媒大学传媒政策与法规硕士）

文化与传媒法治丛书总序

文化与传媒是关系密切但又不同的两个概念。文化是指社会的意识形态及与之相适应的制度和组织机构。每一种社会形态都有与其相适应的文化，每一种文化都随着社会物质生产的发展而发展。传媒又被称为媒体、媒介，传媒即信息的传播。随着传播技术的不断发展，传媒形态从报刊、广播、电视逐步进化到互联网等新媒体。

文化行业既包括文化事业，又包括文化产业。文化事业是公益性的，强调社会效益，具有较强的意识形态属性，而文化产业是面向市场的，强调社会效益和经济效益的统一，二者的管理体制不同。无论是文化事业还是文化产业，核心部分是传媒行业，如出版、广播电视、电影等。可以说，文化是传媒的上位概念，传媒是文化的核心内容，因此经常可见“文化传媒行业”或者“文化与传媒行业”这样的表述。

我国正在推进法治国家、法治政府和法治社会一体建设，文化与传媒法治是其中的应有之义。文化与传媒行业由于具有很强的意识形态属性，在相当长的一段时间里，法治化程度不高。随着技术的不断进步、观念的不断更新，文化与传媒行业法治化的呼声渐高，实现文化与传媒行业的科学立法、严格执法、公正司法、全民守法，需要立法部门、监管部门、司法部门、文化和传媒行业单位及从业人员、行业协会、公民等各方主体的共同努力，需要学界通过产出前瞻性、高水平的研究成果来持续推动。

中国传媒大学文化产业管理学院文化法治研究中心（简称“中心”）成立于2020年，前身是成立于2003年的中国传媒大学媒体法规政策研究中心。中心拥有一支高水平的教学科研团队，多年来致力于文化法、传媒法、知识产权法、网络法、娱乐法的研究，参与了许多重要的文化与传媒立法、司法政策的制定，承担了许多国家级、省部级课题，出版了大量论著，举办了一系列研讨会和讲座，为文化和传媒行业输送了众多人才。这套文化与传媒法治丛书是中心师生研究成果的集中反映，内容和形式丰富，包括专著、教材、论文集、工具书等，希望对文化与传媒行业的法治化及社会主义文化强国的建设起到积极的推动作用。感谢所有作者的智力劳动，感谢丛书编委会全体成员，感谢中国国际广播出版社对丛书出版的大力支持，特别是章玲编辑为此付出的辛勤努力。

功不唐捐，玉汝于成。行远自迩，笃行不怠。谨以此丛书献给那些为文化与传媒法治化建设而不懈奋斗的人们！

丛书主编：郑宁

2021年5月12日

编写说明

一、本教材的意义和特色

文化和旅游市场是文化和旅游产品生产、交换、消费的场所，我国目前的文化和旅游市场具体包括文化演出和娱乐场所市场、广播影视市场、网络视听市场、出版物市场、文物和艺术品市场、旅游市场等，且范围在不断拓展。在文旅融合的背景下，文化和旅游市场监管的对象和方式都有了新变化，本书力图覆盖文化和旅游市场的主要领域，结合立法及案例介绍监管理念和监管制度，为读者提供理论基础、制度框架和实务指引。

笔者所在的中国传媒大学是国内首批开设文化产业管理专业的高校，也一直致力于文化法、传媒法等领域的研究，参与了《中华人民共和国公共文化服务保障法》《中华人民共和国文化产业促进法（草案送审稿）》《中华人民共和国电影产业促进法》等重要立法的制定，在国内率先开设了文化产业政策与法规、传媒法基本理论、娱乐法、传媒法案例分析等课程，培养了一大批从事文化产业法律实务的毕业生。笔者也为文化产业管理专业的学生讲授文化产业政策与法规的课程，其中监管部分是非常重要的内容，然而目前该领域缺乏可用教材，因此产生了编写一本教材的想法。

本书兼具系统性、理论性、实务性、可读性，适合文化产业管理与法学相关专业的学生、文化市场监管和执法人员，以及对该领域有兴趣的各界人士。本教材体例新颖，深入浅出。每章设有思维导图，可以宏观地把握每章的逻辑体例，正文设有典型案例、前沿探讨等栏目，典型案例栏目通过文旅行政监管的案例或者诉讼案例帮助读者理解相关法律知识，前沿探讨主要是介绍国内外立法、监管的历史或前沿动态，拓展读者知识面。每章后面的参考文献和思考题，可以为教师在课上、课后安排的教学活动提供参考素材。

为准确表述，本书在阐述2018年3月国家市场监督管理总局成立前的机构时，仍采用工商行政管理部门的表述。

二、作者分工（按先后顺序排列）

（1）郑　宁（中国传媒大学文化产业管理学院法律系主任、文化法治研究中心主任，副教授，法学博士）：第一章。

（2）程　歌（北京市海淀区市场监督管理局干部，传媒政策与法规硕士）：第二章。

（3）杨晓璠（中国传媒大学文化产业管理学院文化法治研究中心科研助理，法学硕士生）：第三章。

（4）李雪婷（中国传媒大学文化产业管理学院文化法治研究中心科研助理，法学硕士生）：第四章。

（5）王　笑（国家中医药管理局政策法规与监督司干部，法律硕士）：第五章。

（6）张璐璐（北京市易和律师事务所律师助理，法律硕士）：第六章。

（7）杨梦珂（中建八局装饰工程有限公司法务，法律硕士）：第七章。

（8）葛　扬（中国传媒大学文化产业管理学院文化法治研究中心科研助理）、刘小玉（中国传媒大学文化产业管理学院文化法治研究中心科研助理，法律硕士）：第八章。

三、致谢

感谢河南省广播电视局电视剧处四级调研员薛小强对本书提出的宝贵意见。

感谢中国传媒大学文化产业管理学院文化法治研究中心科研助理葛扬，法律系2018级本科生刘子睿，2019级本科生李寒雪、冯博予、魏思尔、韩旭光、陈一诺等同学为本书的校对和图表制作所做的贡献。

最后，感谢中国国际广播出版社的章玲编辑为本书出版所付出的努力。

郑　宁

2021年1月6日于北京

目　录

第一章　文化和旅游市场监管概论

本章概要

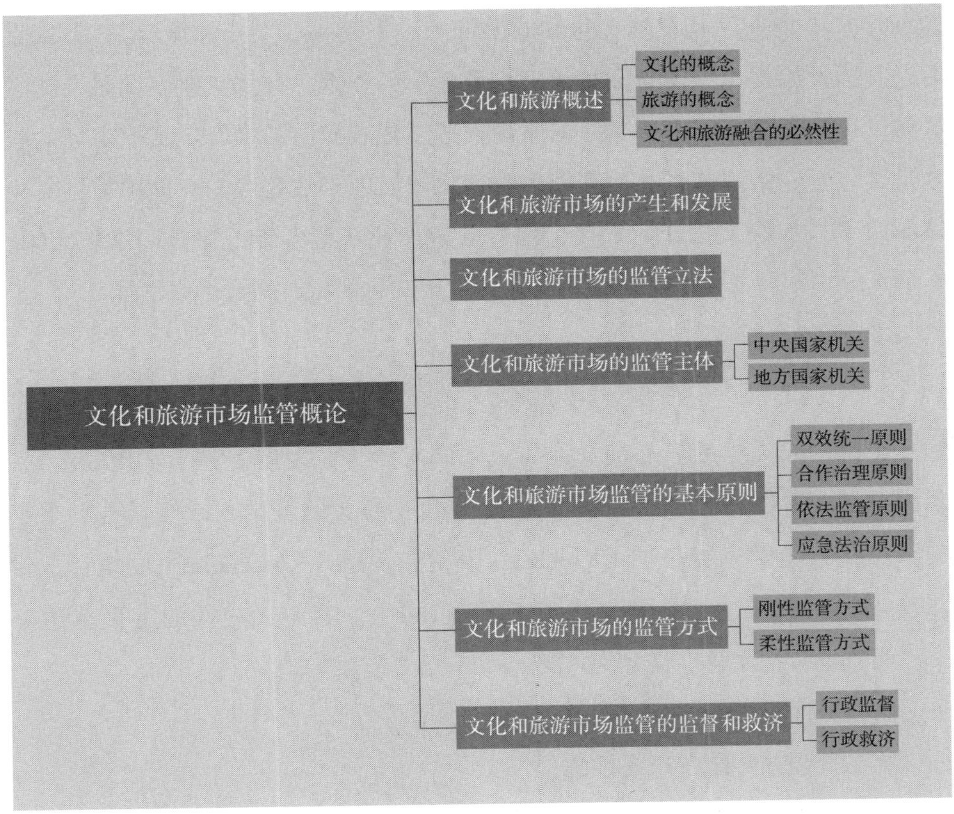

为什么要用诗和远方来比喻文化和旅游的关系？文化和旅游市场是如何产生的？文化和旅游市场监管的立法和主体有哪些？应当遵循哪些基本原则？采用何种方式？如何对文旅市场监管进行监督和救济？本章将为您揭晓上述问题的答案。

第一节　文化和旅游概述

文化和旅游市场的概念是文旅融合背景下的产物。此前文化市场和旅游市场是相对独立的两个市场，分别由中华人民共和国文化部（以下简称“文化部”）和中华人民共和国国家旅游局（以下简称“国家旅游局”）主管。2018年，中华人民共和国文化和旅游部（以下简称“文化和旅游部”）成立后，我国开始提出“文化和旅游市场监管”的概念，按照“宜融则融，能融尽融，以文促旅，以旅彰文”的原则推进文化和旅游的融合。文旅市场的融合是文旅行业治理体系和治理能力现代化发展的必然趋势，有助于推进文化体制改革，加快文化产业发展，促进旅游产业转型升级，提升国家软实力。本节将分别阐释文化和旅游的概念，并分析文化和旅游融合的必然性。

一、文化的概念

文化是人类学的核心概念，与人类同时产生、发展。关于文化的定义，众说纷纭。古罗马哲学家西塞罗说：“文化是心灵的哲学（或修养）。”根据美国文化人类学家克鲁伯（Kroeber）和克拉克洪（Kluckhohn）的统计，自1871年到1951年，严格的文化定义就有164个，其中代表性的定义多达46个。两位学者把文化定义分为六类：

第一，注重内容的描述性的；

第二，强调传统的历史性的；

第三，强调规则和价值的规范性的；

第四，强调习得和习惯的心理性的；

第五，强调模式的结构性的；

第六，起源发生论的。[①]

① KROEBER A L，KLUCKHOHN C. Culture：A Critical Review of Concepts and Definitions[M]. Boston：Kraus Reprint Co.，1952：47.

1867年，马修·阿诺德（Matthew Arnold）最先对文化进行了定义，界定为专门的智力和艺术成果或产品，主要是针对高级文化（High Culture），即精英文化。[①] 1870年，爱德华·伯内特·泰勒（Edward Burnett Tylor）对文化作了广义理解，界定为包括知识、信仰、艺术、法律、习俗和作为社会成员的个人所掌握的其他能力及习惯在内的综合体。[②]弗朗茨·博厄斯（Franz Boas）秉持文化相对主义，认为人创造的文化有其鲜明特点，在不同民族及不同地区、时期有着不同表现，因此衡量不同民族的历史不存在一套普适的衡量价值。[③]

《剑桥英语词典》对文化的定义是特定时期特定人群的生活方式，特别是共同的习俗和信仰。在我国《现代汉语词典》中，文化是指人类在社会历史实践中所创造的物质财富和精神财富的总和，特指精神财富，如文学、艺术、教育、科学等。

文化具有民族性。每一种社会形态都有与其相适应的文化，每一种文化都随着社会物质生产的发展而发展。社会物质生产发展的连续性，决定文化的发展也具有连续性和历史继承性。

一般而言，文化具有四个特征。

（一）多层次性

从内部结构来划分，文化可以分为物态文化、制度文化、行为文化和心态文化四个层次。物态文化是人类物质生产活动方式及其产品的总和，是可触知的具有物质实体的文化事物，它构成了整个文化创造的基础。制度文化由人类在社会实践中组建的各种社会行为规范构成，包括社会经济制度、婚姻制度、家族制度、政治法律制度等。行为文化由人类在社会实践中，尤其是在人际交往中约定俗成的习惯性定式构成，以礼俗、民俗、风俗等形态表现的行为模式，具有鲜明的民族、地域特色。心态文化由人们在长期社会实

---

① ARNOLD M. Culture and Anarchy［M］. Oxford：Oxford University Press，2009：136.

② TYLOR E B. Primitive Culture［M］. New York：Dover Publications，2011：58-60.

③ BOAS F. Primitive Art［M］. New York：Dover Publications，1955：97-102.

践中形成的价值观念、审美情趣、思维方式等主观因素构成，也就是精神文化、社会意识。

（二）地域性和民族性

文化是民族创造的，因此具有鲜明的民族特性。例如，汉族、藏族、蒙古族、维吾尔族各有各的文化。同时，文化受到特定区域的生态、民俗、传统、习惯的影响而独具地域特色。例如，我国的中原文化、齐鲁文化、蜀文化、湖湘文化差异便很大。

（三）传承性

文化可以薪火相传，今天的文化是在对历史的文化传承的基础上发展的。四大文明古国中只有中华文明传承至今，因此中华文明是我国宝贵的文化财富。

（四）可变性

文化会随着时代的变迁而变迁，政治、经济、生物、地理、心理、文化传播因素等都会影响文化，导致文化变迁。

二、旅游的概念

旅游是远离居住地的非定居行为，自古即存在。公元前22世纪治水的大禹，为疏浚九江十八河，游览了大好河山，算是史书记载的最早的旅行者。《诗经》记录了殷商西周时的民间出游活动，“泛彼柏舟，亦泛其流，耿耿不寐，如有隐忧。微我无酒，以敖以游”。西周周穆王是史书记载的最早的帝王旅行家。《左传・昭公十二年》：“昔穆王欲肆其心，周行天下，将皆必有车辙马迹焉。”春秋战国老子骑青牛西去传道，孔子周游列国讲学，秦始皇五次巡游全国，汉代张骞出使西域，唐代玄奘取经印度，李白行吟南北，明代郑和七下西洋，李时珍到各地搜集标本撰写《本草纲目》，徐霞客游历名山大川留下了游记名作。

1963年，联合国国际旅游大会在罗马召开。这次大会是当时的国际官方旅游组织联盟（IUOTO），即现在的世界旅游组织发起的。大会提出应采用“游客”（Visitor）这个新词汇，它是指离开其惯常居住地所在国到其他国家去，且主要目的不是在所访问的国家内获取收入的旅游者。

游客包括两类不同的旅游者。

（一）旅游者（Tourist）

在所访问的国家逗留时间超过24小时，且以休闲、商务、家事、使命或会议为目的的临时性游客。

（二）短期旅游者（Excursionists）

短期旅游者是指在所访问的目的地停留时间在24小时以内，且不过夜的临时性游客（包括游船旅游者）。从1963年开始，绝大多数国家接受了这次联合国大会所提出的游客、旅游者和短期旅游者的定义，以及以后所作的多次修改世界旅游组织（UNWTO）和联合国统计委员会推荐的技术性的统计定义，旅游是指为了休闲、商务或其他目的离开所处的惯常环境，到某些地方并停留在那里，但连续不超过一年的活动。旅游的目的包括六大类：休闲、娱乐、度假类，探亲访友类，商务、专业访问类，健康医疗类，宗教朝圣类，以及其他类。

旅游具有三大特征。

1. 异地性

旅游是人类的一种空间移动，具有异地性，就是到定居地以外的任何地方领略不同地区间的差异性。由于地理位置的不同造成旅游资源存在差异性。差异性越大，异地吸引力就越强。

2. 暂时性

旅游只是到一个地方进行短暂的停留，并不是长期居住或在当地工作落户。

3. 综合性

旅游是集行、游、住、吃、购、娱等服务为一体的综合性产业，其综合性是由旅游活动的综合性决定的。

三、文化和旅游融合的必然性

用诗和远方来形容文化和旅游融合是一个形象的比喻。2009年9月，文化部与国家旅游局联合发布的《关于促进文化与旅游结合发展的指导意见》中指出，“文化是旅游的灵魂，旅游是文化的重要载体”。文化和旅游融合具有必然性。随着人们物质水平的日益提升，对精神生活的追求不断增长，更多的旅游者开始从走马观花到追求精神愉悦和深度体验，跨入深度旅游阶段，文化日益成为旅游活动的精神支柱和旅游经济的重要引领。旅游是文化实现教育与娱乐功能的重要载体，是弘扬、维护和丰富文化的有效途径。文化旅游产业成为发展趋势。以文化为内容、旅游为平台，促进文化与旅游融合发展，是世界文化和旅游行业发展的大趋势。据联合国世界旅游组织统计，全世界约有37%的旅游活动涉及文化因素，文化旅游者正以每年15%的幅度增长，文旅融合已成为必然趋势。2017年，联合国世界旅游组织重新定义“文化旅游”（Cultural Tourism）的概念，“文化旅游”的基本动机是学习、发现、体验和消费旅游目的地的物质和非物质文化景点。“文化旅游”景点涉及社会独特的物质、文学、精神和情感特征，包括艺术和建筑、历史和文化遗产、烹饪遗产、文学、音乐、创意产业、生活方式、价值体系、信仰等。①

文旅融合存在以下优势。

1. 有利于旅游产业转型升级

将文化内涵贯穿旅游全过程，可以实现旅游形式和文化内容的统一，用独特的文化品格和文化魅力诠释旅游，有利于凸显旅游产品特色，提升竞争力和吸引力，加快旅游业转型升级，实现可持续发展。

2. 有利于文化产业繁荣发展

旅游作为当今世界最广泛、最大众的交流方式，是展示、传播、发展文

① 世界旅游组织. 旅游文化［EB/OL］.（2020-02-26）［2020-11-03］. https://www.unwto.org/tourism-and-culture.

化的重要载体。大力发展文化旅游，可以创新文化形态，丰富文化内涵，加速文化繁荣。

3. 有利于优秀文化传承、弘扬

旅游资源中蕴含着丰富的文化内涵，旅游资源的开发过程，也是对文化的抢救、传承和弘扬的过程。西藏布达拉宫，云南丽江古城、香格里拉，江西景德镇古窑等文化遗产大多在发展文化旅游的过程中得到修葺或保护，获得了新生。

【前沿探讨】

纳帕谷（Napa Valley）位于美国加州旧金山以北80公里，是美国第一个跻身于世界级的葡萄酒产地。它由8个小镇组成，是一块56公里长、8公里宽的狭长区域，风景优美，气候宜人。从19世纪中期开始，以传统葡萄种植业和酿酒业为发展基础，如今已成为一个以葡萄酒文化、庄园文化闻名，包含品酒、餐饮、养生、运动、婚礼、会议、购物及各类娱乐设施的综合性乡村休闲文旅小镇集群，每年接待世界各地的游客达500万人次，旅游经济收益超过6亿美元，为当地直接创造2万多个工作机会，是国际著名的“农业+文旅融合”的特色小镇。为避免同质化竞争，纳帕谷各地区开始对葡萄酒产业进行现代化升级改造，每个城镇根据葡萄酒产业，形成独具特色的差异化发展战略。例如，奥克维尔和卢瑟福（Oakville & Rutherford）重点打造葡萄酒项目；卡利斯托加（Calistoga）重点打造葡萄酒+休闲养生项目；杨特维尔（Yountville）重点打造葡萄酒+商业艺术项目；美国峡谷（American Canyon）重点打造葡萄酒+体育运动项目，等等。为了应对葡萄酒产业季节性生产的弊端，减少淡季影响，纳帕谷地区增设了葡萄园高尔夫、酒庄婚礼、热气球参观、纳帕谷专线品酒列车，将景观资源转为经济资源，让纳帕谷地区从单纯的葡萄种植、生产到逐渐形成“葡萄+”的产业体系。[①]

① 如何打造文旅融合小镇，国外的这些经验值得借鉴！[EB/OL].（2019-10-09）[2020-11-03]. http://www.retourism-cn.com/newsinfo/43-46-540.html.

第二节　文化和旅游市场的产生和发展

市场是商品交易的场所。市场机制包括价格机制、供求机制、竞争机制、风险机制等。文化和旅游市场是文化和旅游产品生产、交换、消费的场所，既是文化学、旅游学的概念，也是经济学的概念，文化和旅游市场就是要让市场机制主导文化和旅游资源的配置，提高文化和旅游生产力，满足公众的文化和旅游需求。

自从人类社会出现了文化和旅游产品的生产和交换，便有了文化和旅游市场。历史记载最早的酒店是在公元4000年前的美索不达米亚地区，苏美尔小酒馆是周围居民谈论时事并聚会喝酒的场所。古埃及在公元前2700年前修建了金字塔，成为旅游胜地，吸引人们去参观，促进了旅游食宿需求的增长。

驿站是中国历史上最古老的官办住宿设施，源于驿传制度，商朝我国就出现了驿传，是用来接待信使的住宿设施。商朝后期，为适应走南闯北的商贾的食宿需要，一批“客舍”“客馆”相继出现。周朝时，为了便于诸侯国向朝廷纳贡朝觐，在交通要道修筑了客舍。《周礼》中记载，在都城以外通衢道路上，每10里设“庐”，供给过路宾客饮食；每30里设“路室”，50里设“候馆”，供给食宿。春秋战国时期，“旅馆业”已有严格的住宿制度。商鞅在实行变法时，规定旅客如无证件，店主擅自留宿者治罪。隋唐时期，经济繁荣，旅店业也得到很大的发展，旅店遍布繁华街道两旁。唐代诗人杜牧在《旅宿》中写道：“旅馆无良伴，凝情自悄然”，王维在《渭城曲》中描写的“渭城朝雨浥轻尘，客舍青青柳色新”等诗句，西域的商人也开始在中原大开酒肆，酒店已形成了兼美食、娱乐于一体的机构，为盛世长安开创新风景。宋代经济繁荣，文化和旅游业发达。画家张泽端的《清明上河图》描绘的旅舍和瓦舍勾栏中的戏曲演出就是对此的生动写照。宋仁宗皇佑二年，杭州太守范仲淹为赈济灾民，利用那里湖山景色、古庙名寺之长，命各庙主事修葺庙宇，并在太湖举办划船比赛，号召各方官民出游，收入一大笔钱，救济灾民。明清时期，由于封建科举制度的进一步发展，在各省城和京城出现了专门接待各地赴试者的“会馆”，成为当时旅店业的重要组成部分。清代北京天桥民间艺人的曲艺表演，旧上海夜总会的歌舞表演，都是文化市场繁荣的表现。

中华人民共和国成立后，在计划经济年代，由于对文化产品的商品属性的意识不强，没有形成一个正常的文化市场。当时把文化艺术限定在宣传、教育的狭义范围内，文化机构缺乏对文化产品生产的决策权、自主权，文化产品匮乏，缺乏竞争，文化产品无法正常进入流通领域，没有形成一个具备市场要素的卖方与买方市场。对旅游业的基本定位是事业属性，承担的是外事接待功能，不具备现代产业的特征。

改革开放后，随着文化和旅游生产体制、机制的开放，人民群众对文化和旅游的生活需求逐渐高涨。中国出现的第一批中外合资项目开始于1979年，旅游业所属的企业，获批了最早批准的3个合资项目。1981年，国家出台第一个关于旅游业发展的战略性文件——《关于加强旅游工作的决定》（1981年国务院80号文件），该文件对旅游有两个定位。

第一，双重性质、双重目标。“旅游事业在我国既是经济事业的一部分，又是外事工作的一部分”，旅游业发展要“政治经济双丰收”。

第二，旅游事业是一项综合性事业，是国民经济的一个组成部分，是关系到国计民生的一项不可缺少的事业。1984年，作为全国第一家外国管理集团管理的合资企业“建国饭店”建立，全国迅速掀起了学习建国饭店经验的热潮。1985年，国务院批转了国家旅游局《关于当前旅游体制改革几个问题的报告》，对旅游管理体制提出了应实行“政企分开、统一领导、分级管理、分散经营、统一对外”的原则。1986年，在第六届全国人民代表大会第四次会议上，旅游业首次被列入国民经济和社会发展计划，标志着旅游业又一次的巨大进步。1987年颁布了《旅游涉外饭店星级的划分与评定》的标准，这也是中国旅游业标准化工作的开始，有效地提升了我国旅游产品的供给质量，解决了接待能力不足的困境，促进了入境旅游的迅猛发展。1988年，按照党的十三大确定的“国家调节市场，市场引导企业”的原则，旅游管理体制进一步深化改革，进一步实行政企分开，推行承包经营责任制，实行经济联合体，促使旅游业进一步转到了经济管理的轨道上。

20世纪80年代初，广州东方宾馆出现第一支业余轻音乐队和第一个音乐茶座，此后，各种大型营业性娱乐场所如雨后春笋般建立起来，音像业、电影业、图书出版业也逐渐复苏，我国开始出现具有现代意义的文化市场。1980年底，邓小平在中共中央工作会议上指出，我们要建设的社会主义国家，不但要有高度的物质文明，而且要有高度的精神文明。文化市场经营活动逐渐从南到北，从沿海到内地。

1992年，邓小平南方谈话时指出，市场经济不等于资本主义，社会主义也有市场，计划和市场都是经济手段。党的十四大后，社会主义市场经济体制确立，文化市场的发展获得了新的发展契机。1997年，党的十五大报告提出了建设有中国特色社会主义的文化纲领，将有中国特色社会主义的经济、政治和文化有机统一起来，为建设有中国特色的社会主义文化市场指明了方向。2001年，国家“十五”规划第一次在中央正式文件中提出“文化产业”的概念，标志着我国对文化产业的承认和地位的认可，具有重要意义。

根据国家统计局发布的《中华人民共和国2020年国民经济和社会发展统计公报》，文化行业共有14个行业，2020年全年全国规模以上文化及相关产业企业营业收入98514亿元，按可比口径计算，比上年增长2.2%。[①]

我国目前的文化和旅游市场具体包括文化演出和娱乐场所市场、广播影视市场、网络视听市场、出版物市场、文物和艺术品市场、旅游市场等，且范围在不断拓展。

第三节　文化和旅游市场的监管立法

监管是指政府组织为解决市场失灵问题，针对市场主体所采取的各种干预和控制手段，不仅包括许可、标准、处罚等命令控制型监管方式，也包括

① 中华人民共和国国家统计局.中华人民共和国2020年国民经济和社会发展统计公报［R/OL］.（2021-02-28）［2021-04-20］. http://www.stats.gov.cn/tjsj/zxfb/202102/t20210227_1814154.html.

经济激励型和合作型监管方式。[①]文化和旅游市场监管，即政府采取各种手段对文化和旅游市场进行监督和管理。

中华人民共和国成立后，我国对文化和旅游市场的监管立法体系在不断建立健全。

中华人民共和国成立初期，针对文物保护、书刊颁布相关的立法。例如，1950年，中央人民政府政务院颁布《禁止珍贵文物图书出口暂行办法》，这是中华人民共和国成立后颁布的第一个保护文物的法令；1952年，政务院颁布《管理书刊出版业印刷业发行业暂行条例》和《期刊登记暂行办法》；1961年，国务院颁布《文物保护管理暂行条例》。

1982年颁布实施的《中华人民共和国文物保护法》（以下简称“文物保护法”）是我国第一部专门的文化法律。1984年和1985年，文化部先后颁布《图书、期刊版权保护试行条例》及《图书、期刊版权保护试行条例实施细则》。1985年，国务院颁布《旅行社管理暂行条例》，成为我国旅游产业的第一部行政法规。

1987年，文化部、公安部、国家工商行政管理局联合下发了《关于改进舞会管理问题的通知》，解除对于营业性舞会的禁令。1988年，文化部、国家工商行政管理局联合颁布《关于加强文化市场管理工作的通知》，首次正式提出“文化市场”的概念，初步明确了文化市场的管理范围、任务、原则和方针，要求各地文化行政部门配备必要的专职管理人员，建立健全文化市场管理机构，在我国文化市场发展中具有里程碑意义。1988年，文化部在哈尔滨召开的第一次全国文化市场理论研讨会，界定了文化市场的内涵和外延，明确了文化市场的内容和范围，对文化市场的必然性、合理性和文化市场管理的必要性、重要性作出了解答。1989年，国务院批准文化部设置文化市场管理局，标志着全国文化市场体系正式开始建立，文化市场的监管逐渐规范化。

1990年，我国颁布《中华人民共和国著作权法》（以下简称“著作权法”），国务院批准了《有线电视管理暂行办法》。1991年和1994年先后颁布《中华人民共和国著作权法实施条例》（以下简称“著作权法实施条例”）和

① 马英娟.监管的概念：国际视野与中国话语［J］.浙江学刊，2018（4）：15.

《对侵犯著作权行为行政处罚的实施办法》，对于文化和旅游市场的著作权保护机制开始建立。1992年在海南召开第二次全国文化市场理论研讨会，研讨了文化产品的社会属性，文化市场的地位和作用，社会效益和经济效益的关系等社会普遍关注的问题。

文化行政主管部门开展了多次文化市场主题行动。1992年，国家文物局发布《中华人民共和国文物保护法实施细则》（以下简称“文物保护法实施细则”）。1993年，文化部颁布《营业性歌舞娱乐场所管理办法》。1994年为文化市场演出年，弘扬了高雅艺术和民族优秀艺术；国务院出台《音像制品管理条例》；文化部颁布《文化市场稽查暂行办法》《美术品经营管理办法》，召开全国文化市场监督检查工作会议，着手组建全国文化市场稽查队伍；贯彻《中共中央办公厅、国务院办公厅关于加强和改进书报刊影视音像市场管理的通知》。1996年为文化市场音像年，文化部门严厉打击了非法音像制品，还颁布了《音像制品批发、零售、出租和放映管理办法》；同年在江苏江阴召开了第三次文化市场理论研讨会，围绕文化市场管理法治化、科学化两个主题展开；同年，国务院发布《旅行社管理条例》。

1997年，国务院出台我国文化演出行业首部行政法规《营业性演出管理条例》以及《出版管理条例》；国家版权局制定了新的《著作权行政处罚实施办法》；广播电影电视部发布《广播电视管理条例》；文化部颁布《涉外文化艺术表演及展览管理规定》《文化行政处罚程序规定》，修订《营业性歌舞娱乐场所管理办法》《文化市场稽查暂行办法》《美术品经营管理办法》。1998年，文化部出台《营业性演出管理条例实施细则》。1999年，文化部出台《在华外国人参加演出活动管理办法》，文化部和海关总署发布《音像制品进口管理办法》。

2002年，国务院出台《电影管理条例》。2003年，国家广播电影电视总局出台《互联网等信息网络传播视听节目管理办法》；同年，文化部出台《互联网文化管理暂行规定》。2004年，国家广播电影电视总局出台《互联网等信息网络传播视听节目管理办法》，2003年的办法废止。2007年，国务院发布《大型群众性活动安全管理条例》。2013年，第一部《中华人民共和国旅游法》

（以下简称“旅游法”）出台。2014年，文化部出台《艺术品经营管理办法》。2016年《中华人民共和国电影产业促进法》和《中华人民共和国公共文化服务保障法》出台。2020年，著作权法修订。

第四节　文化和旅游市场的监管主体

文化和旅游市场的监管主体是指行使文化和旅游市场监管职权，承担相应责任的主体，主要是国家机关和法律、法规、规章授权的组织。由于文化和旅游市场涉及的领域广泛，我国现有的监管主体也较多。按照级别不同，可以分为中央国家机关和地方国家机关。

一、中央国家机关

（一）文化和旅游部

文化和旅游部是文化和旅游市场的主要监管机关，文化和旅游部的主要职责是：

（一）贯彻落实党的文化工作方针政策，研究拟订文化和旅游政策措施，起草文化和旅游法律法规草案。

（二）统筹规划文化事业、文化产业和旅游业发展，拟订发展规划并组织实施，推进文化和旅游融合发展，推进文化和旅游体制机制改革。

（三）管理全国性重大文化活动，指导国家重点文化设施建设，组织国家旅游整体形象推广，促进文化产业和旅游产业对外合作和国际市场推广，制定旅游市场开发战略并组织实施，指导、推进全域旅游。

（四）指导、管理文艺事业，指导艺术创作生产，扶持体现社会主义核心价值观、具有导向性代表性示范性的文艺作品，推动各门类艺术、各艺术品种发展。

（五）负责公共文化事业发展，推进国家公共文化服务体系建设和旅游公共服务建设，深入实施文化惠民工程，统筹推进基本公共文化服务标准化、均等化。

（六）指导、推进文化和旅游科技创新发展，推进文化和旅游行业信息化、标准化建设。

（七）负责非物质文化遗产保护，推动非物质文化遗产的保护、传承、普及、弘扬和振兴。

（八）统筹规划文化产业和旅游产业，组织实施文化和旅游资源普查、挖掘、保护和利用工作，促进文化产业和旅游产业发展。

（九）指导文化和旅游市场发展，对文化和旅游市场经营进行行业监管，推进文化和旅游行业信用体系建设，依法规范文化和旅游市场。

（十）指导全国文化市场综合执法，组织查处全国性、跨区域文化、文物、出版、广播电视、电影、旅游等市场的违法行为，督查督办大案要案，维护市场秩序。

（十一）指导、管理文化和旅游对外及对港澳台交流、合作和宣传、推广工作，指导驻外及驻港澳台文化和旅游机构工作，代表国家签订中外文化和旅游合作协定，组织大型文化和旅游对外及对港澳台交流活动，推动中华文化走出去。

（十二）管理国家文物局。

（十三）完成党中央、国务院交办的其他任务。①

1949年，我国设立中央人民政府文化部，由政务院文化教育委员会指导文化部的工作。1954年，改设为中华人民共和国文化部，由国务院第二办公室协助总理掌管文化部的工作。1964年，成立中国旅行游览事业管理局，是国务院管理全国国际、国内旅游事业的职能部门。

1970年，根据国务院机构精简方案，撤销文化部，成立国务院文化组。1975年，撤销文化组，设置文化部。1982年，国务院机构改革，将文化部、国家出版事业局、国家文物事业管理局、外文出版发行事业局合并，设置中华人民共和国文化部。1987年，将文化部文物事业管理局改为国家文物事业

① 参见：《文化和旅游部职能配置、内设机构和人员编制规定》第三条。

管理局，仍由文化部领导，但独立行使职权，计划、财政、物资分配等单列户头。1988年，国务院进行机构改革，将文化部、对外文化联络委员会、国家出版事业管理局、国家文物事业管理局、外文出版发行事业局合并，设置中华人民共和国文化部。1993年，国务院决定设立国家旅游局为国务院直属机构。

2018年，为增强和彰显文化自信，统筹文化事业、文化产业发展和旅游资源开发，提高国家文化软实力和中华文化影响力，推动文化事业、文化产业和旅游业融合发展，国务院将文化部、国家旅游局的职责整合，组建文化和旅游部。国家文物局是文化和旅游部管理的国家局，具有独立的行政主体资格，但无权制定和公布部门规章，其职责如下：

（一）拟订文物和博物馆事业发展规划，拟订文物认定、博物馆管理的标准和办法，组织文物资源调查，参与起草文物保护法律法规并负责督促检查。

（二）协调和指导文物保护工作，履行文物行政执法督察职责，依法组织查处文物违法的重大案件，协同有关部门查处文物犯罪的重大案件。

（三）负责世界文化遗产保护和管理的监督工作，组织审核世界文化遗产申报，协同住房和城乡建设等部门审核世界文化和自然双重遗产申报，协同住房和城乡建设部门负责历史文化名城（镇、村）保护和监督管理工作。

（四）负责管理和指导全国考古工作，组织、协调重大文物保护和考古项目的实施，承担确定全国重点文物保护单位的有关工作。

（五）负责推动完善文物和博物馆公共服务体系建设，拟订文物和博物馆公共资源共享规划并推动实施，指导全国文物和博物馆的业务工作，协调博物馆间的交流与协作。

（六）负责文物和博物馆有关审核、审批事务及相关资质资格认定的管理工作。

（七）组织指导文物保护宣传工作，拟订文物和博物馆有关人才队伍建设规划。

（八）编制文物和博物馆科技、信息化、标准化的规划并推动落实，组织开展重大文物保护科技创新工程，促进文物保护科技成果的转化和推广。

（九）管理、指导文物和博物馆外事工作，开展文物对外及对港澳台的交流与合作，负责文物进出境有关许可和鉴定工作。

（十）承办国务院及文化部交办的其他事项。[①]

（二）国家广播电视总局

国家广播电视总局是广播电视的主管部门，其职权的发展变化较大。

1949年6月，中央宣传部下设中国广播事业管理处；同年11月，政务院新闻总署下设广播事业局。1952年，政务院文化教育委员会下设中央广播事业局。1954年，改为广播事业局，技术、行政业务由国务院二办领导，宣传业务由中宣部领导。1967年，中央广播事业局被列为中央直属部门。1977年，划归国务院领导，宣传业务归中宣部领导。1982年，成立广播电视部，为国务院的组成部门。1986年，成立广播电影电视部。1998年，成立国家广播电影电视总局，成为国务院直属机构。2013年，和国家新闻出版总署合并，组建国家新闻出版广电总局。2018年，组建国家广播电视总局，国家新闻出版广电总局的电影管理职责划入中央宣传部，中央宣传部对外加挂国家电影局牌子。国家电影局主要职责针对管理电影行政事务，指导监管电影制片、发行和放映工作，组织对电影内容进行审查，指导协调全国性重大电影活动，承担对外合作制片、输入输出影片的国际交流等工作展开。因此，国家新闻出版广电总局负责的电影监管成为中宣部的职责范围。

表1–1　我国广播电视监管机构变革历史

时间	监管机构名称	上级主管单位
1949年6月	中国广播事业管理处	中央宣传部
1949年11月	广播事业局	政务院新闻总署
1952年	中央广播事业局	政务院文化教育委员会
1954—1966年	广播事业局	技术、行政业务由国务院二办领导，宣传业务由中宣部领导

① 参见：《国家文物局主要职责内设机构和人员编制规定》第二项。

续表

时间	监管机构名称	上级主管单位
1967—1976 年	中央广播事业局	列为中央直属部门
1977—1981 年	中央广播事业局	划归国务院领导，宣传业务归中宣部领导
1982 年 5 月—1985 年	广播电视部	国务院（组成部门）
1986 年 1 月—1998 年	广播电影电视部	国务院（组成部门）
1998 年 3 月—2013 年 1 月	国家广播电影电视总局	国务院（直属机构）
2013 年 3 月—2018 年	国家新闻出版广电总局	国务院（直属机构）
2018 年 3 月至今	国家广播电视总局	国务院（直属机构）

注：括号内是指监管机构在国务院内的地位。

国家广播电视总局的主要职责：

（一）贯彻党的宣传方针政策，拟订广播电视、网络视听节目服务管理的政策措施，加强广播电视阵地管理，把握正确的舆论导向和创作导向。

（二）负责起草广播电视、网络视听节目服务管理的法律法规草案，制定部门规章、行业标准并组织实施和监督检查，指导、推进广播电视领域的体制机制改革。

（三）负责制定广播电视领域事业发展政策和规划，组织实施公共服务重大公益工程和公益活动，指导、监督广播电视重点基础设施建设，扶助老少边贫地区广播电视建设和发展。

（四）指导、协调、推动广播电视领域产业发展，制定发展规划、产业政策并组织实施。

（五）负责对各类广播电视机构进行业务指导和行业监管，会同有关部门对网络视听节目服务机构进行管理。实施依法设定的行政许可，组织查处重大违法违规行为。

（六）指导电视剧行业发展和电视剧创作生产。监督管理、审查广播电视节目、网络视听节目的内容和质量。指导、监管广播电视广告播放。

（七）指导、协调广播电视全国性重大宣传活动，指导实施广播电视节目评价工作。

（八）负责推进广播电视与新媒体新技术新业态融合发展，推进广电网与电信网、互联网三网融合。

（九）组织制定广播电视科技发展规划、政策和行业技术标准并组织实施和监督检查。负责对广播电视节目传输覆盖、监测和安全播出进行监管，指导、推进国家应急广播体系建设。指导、协调广播电视系统安全和保卫工作。

（十）开展广播电视国际交流与合作，协调推动广播电视领域走出去工作，负责广播电视节目的进口、收录和管理。

（十一）指导广播电视、网络视听行业人才队伍建设。

（十二）完成党中央、国务院交办的其他任务。①

（三）国家新闻出版署

国家新闻出版署与国家版权局为一个机构，两块牌子，现在都归属于中央宣传部。

1949年2月，中共中央宣传部出版委员会成立。1949年11月，依据《中华人民共和国中央人民政府组织法》组建中央人民政府出版总署。1954年，按照国务院组织法的规定，对政务院的组织机构进行了调整，撤销出版总署。1985年6月，文化部呈报国务院，建议在文化部设立国家版权局；同年7月，国务院批复，同意文化部的建议，同时决定将文化部出版局改称国家出版局。国家出版局与国家版权局为一个机构、两块牌子。

1987年，国务院决定撤销国家出版局，设立直属国务院的新闻出版署，并且保留国家版权局，继续保持一个机构、两块牌子的形式。2001年，新闻出版署更名为新闻出版总署，升格为正部级机构；2001年，国家版权局和新闻出版总署成为正部级单位，仍为“一个机构、两块牌子”。2013年，为促进新闻出版广播影视业繁荣发展，将中华人民共和国新闻出版总署、国家广播电影电视总局的职责整合，组建国家新闻出版广播电影电视总局，随后更名

① 参见:《国家广播电视总局职能配置、内设机构和人员编制规定》第三条。

为国家新闻出版广电总局，加挂国家版权局牌子。

2018年，为加强党对新闻舆论工作的集中统一领导，加强对出版活动的管理，发展和繁荣中国特色社会主义出版事业，将国家新闻出版广电总局的新闻出版管理职责划入中央宣传部。中央宣传部对外加挂国家新闻出版署（国家版权局）牌子。

【前沿探讨】

很多国家也设有文化旅游的国家机关。英国设有文化、传媒与体育部，负责英国艺术、广播、报刊、博物馆、美术馆、图书馆、体育和娱乐、历史建筑和古迹、旅游音乐产业及国家彩票等事务。法国文化部是负责法国国家博物馆和纪念碑的政府部门，该部门在法国和国外促进和保护艺术，管理国家档案和文化中心。韩国文化体育观光部践行“以人为本的文化”，积极推进文化、艺术、体育、旅游、内容、宗教、媒体、宣传等各领域配套政策措施。日本文化厅是日本中央省厅文部科学省所管辖的外局之一，负责统筹日本国内文化、宗教交流事务。

二、地方国家机关

（一）地方文化和旅游监管部门

我国各地市都设有文化和旅游部门，往往对外还加挂文物局的牌子。省级的一般叫文化和旅游厅，如四川省文化和旅游厅，直辖市（北京、上海、天津）的叫文化和旅游局，或者文化和旅游发展委员会（重庆）。通常而言，直辖市还会单独成立广播电视厅（局），并且在宣传部下设新闻出版局和电影局（加挂版权局牌子）。以广东省为例，广东省文化和旅游厅是省政府组成部门，为正厅级，加挂广东省文物局的牌子，省文化和旅游厅的主要职责如下：

（一）贯彻落实党的文化工作方针政策，研究拟定全省文化和旅游政策措施，起草文化和旅游地方性法规、规章草案。

（二）统筹规划全省文化事业、文化产业和旅游业发展，拟订发展规划并组织实施，推进文化和旅游融合发展，指导监督全省文化和旅游安全生产相关工作，推进文化和旅游体制机制改革。

（三）研究拟定全省文化和旅游人才发展规划并组织实施，推动高素质专业化文化和旅游人才队伍建设。

（四）管理全省性重大文化活动，统筹、协调和指导省重点文化设施、基层文化和旅游设施建设，负责广东旅游整体形象打造及宣传推广，促进文化产业和旅游产业对外合作和市场推广，制定文化和旅游市场开发战略并组织实施，指导、推进全域旅游。

（五）指导、管理全省文艺事业，指导艺术创作生产，扶持体现社会主义核心价值观、具有导向性代表性示范性的文艺作品，推动各门类艺术、各艺术品种的发展。

（六）负责公共文化事业发展，推进全省公共文化服务体系建设和旅游公共服务建设，推进文化和旅游行业信息化建设，深入实施文化惠民工程，统筹推进基本公共文化服务标准化、均等化。

（七）负责非物质文化遗产保护，推动非物质文化遗产的保护、传承、普及、弘扬和振兴。

（八）统筹规划文化产业和旅游产业，组织实施文化和旅游资源普查、挖掘、保护和利用工作，促进文化产业和旅游产业发展。

（九）指导文化和旅游市场发展，对全省文化和旅游市场经营进行行业监管，推进文化和旅游行业信用体系和行业标准化建设，依法规范文化旅游市场。

（十）指导、监督全省文化和旅游市场综合执法，组织查处全省性、跨区域文化、文物、出版、广播电视、电影、旅游等市场的违法行为，督查督办大案要案，维护市场秩序。

（十一）指导、管理文化和旅游对外及对港澳台交流、合作与宣传推广，推进区域文化和旅游交流与合作，组织大型文化和旅游对外及对港澳台交流活动，推进文化和旅游科技创新发展。

（十二）指导、管理全省文物和博物馆工作，组织协调重大文物保护和考古项目，推动完善文物和博物馆公共服务体系建设。指导全省世界文化遗产项目申报及中国世界文化遗产地管理工作。协同住房城乡建设部门开展历史文化名城（镇、村）保护和监督管理工作。

（十三）完成省委、省政府以及文化和旅游部交办的其他任务。

（十四）职能转变。深入推进简政放权、放管结合、优化服务改革。逐步扩大文化和旅游部分省级行政许可事项下放、委托范围，加强对涉及文化和旅游安全事项的监管。推动文化和旅游行业信用体系建设，完善“双随机、一公开”监管机制，强化事中事后监管。提升服务水平，提高办事效率。完善文化和旅游公共服务体制，推进公共服务标准化、均等化、数字化、社会化，扶持基层、欠发达地区公共服务体系建设。

（十五）关于职责分工。省文化和旅游厅负责动漫和网络游戏相关产业规划、产业基地、项目建设、会展交易和市场监管。省广电局负责对影视动漫和网络视听中的动漫节目进行管理。省新闻出版局负责对出版环节的动漫进行管理，对游戏出版物的网上出版发行进行前置审批。[①]

在地级市层面，出于机构精简的考虑，往往会把文化、旅游、广电等合并成为文化广电旅游局，如杭州、广州、苏州等，深圳还成立了文化广电旅游体育局。

以苏州市为例，苏州市文化广电和旅游局是市政府工作部门，为正处级，对外保留市文物局牌子。其主要职责包括以下几个方面：

（一）研究拟订全市文化、文物、广播电视和旅游政策措施，起草地方性法规、规章草案。

（二）统筹规划全市文化广电和旅游事业、产业发展，拟订发展规划并组织实施，推进文化广电和旅游融合发展，推进文化广电和旅游体制机制改革。

（三）指导、管理全市文艺事业，指导艺术创作生产，扶持体现社会主义核心价值观、具有导向性代表性示范性的文艺作品，推动各门类艺术、各艺术品种发展。

---

① 参见：《广东省文化和旅游厅职能》。

（四）负责全市公共文化事业发展，推进全市公共文化服务体系建设和旅游公共服务建设，深入实施文化广电和旅游惠民工程，统筹推进基本公共文化服务标准化、均等化。

（五）指导、推进全市文化广电和旅游科技创新发展，推进文化广电和旅游行业信息化、标准化建设，推进智慧旅游发展。

（六）组织实施全市文化广电和旅游资源普查、挖掘、保护和利用工作，促进文化广电和旅游产业发展。

（七）管理全市性重大文化活动，指导市级重点文化设施建设，组织全市旅游整体形象推广和品牌建设，促进文化广电和旅游产业市场推广、对外合作，制定全市旅游市场开发战略并组织实施，指导、推进全域旅游。

（八）指导全市文化广电和旅游市场发展，对文化广电和旅游市场经营、服务质量进行行业监管，推进文化广电和旅游行业信用体系建设，依法规范文化广电和旅游市场，负责文化广电和旅游安全的综合协调和监督管理。

（九）统一行使全市文化、文物、出版（版权）、广播电视、电影、旅游等市场行政执法职责，指导监督全市文化市场综合执法，组织查处全市性、跨区域的违法行为，督查督办大案要案，维护市场秩序。

（十）综合管理全市广播电视事业。负责对各类广播电视机构进行业务指导和行业监管，加强对网络视听节目服务机构的管理等。

（十一）负责全市非物质文化遗产保护，推动非物质文化遗产的保护、传承、普及、弘扬和振兴。

（十二）指导、推进全市文物事业发展，组织文物资源调查，指导、协调文物保护利用工作，组织、指导文物考古工作，负责全市博物馆监督管理工作。

（十三）指导、管理全市文化广电和旅游对外及对港澳台交流、合作和宣传、推广工作，组织大型文化广电和旅游对外及对港澳台交流活动。

（十四）承办市委、市政府交办的其他事项。

（十五）职能转变。深化相对集中行政许可权改革，建立行政审批与监管协调联动制度。市行政审批局负责划转事项的行政审批过程和结果，并将相关信息同步推送至市文化广电和旅游局，市文化广电和旅游局将事中事后监管结果推送给市行政审批局。市文化广电和旅游局在市行政审批局行使行政许可权过程中提供法律法规、政策依据、技术服务等综合支撑，按照审批结果及时开展事中事后监管，承担监管主体责任。[①]

（二）文化市场执法部门

为避免职权交叉，提高行政效率，我国实行文化市场综合执法，把原属于文化和旅游部门、广播电视部门、电影部门、新闻出版（版权）部门的处罚、强制、监督检查等职责集中授权给文化市场综合执法机构行使。文化和旅游部专门成立了文化市场综合执法监督局，负责拟订文化市场综合执法工作标准和规范并监督实施，指导、推动整合组建文化市场综合执法队伍，指导、监督全国文化市场综合执法工作，组织查处和督办全国性、跨区域文化市场重大案件。

2004年，中央决定在北京、上海等9个地区开展文化市场综合执法机构改革试点工作，整合归并文化、广播影视、新闻出版及“扫黄打非”行政执法队伍。2005年，改革试点工作基本完成。2009年，改革工作在全国全面推开。2012年，全国文化市场综合执法改革工作基本完成。2011年，文化部发布《文化市场综合行政执法管理办法》（以下简称“办法”），这是我国第一部专门针对文化市场综合行政执法工作进行管理和规范的部门规章。该办法首次系统地对文化市场综合行政执法的定义、文化市场综合行政执法机构的职责和执法人员的条件、执法工作应遵守的程序、执法监督的内容和方式、应当追究责任的情形及责任追究形式作出了明确规定。该办法以部门规章形式对综合执法机构的委托执法模式予以确认，解决了委托执法模式的合法性问题，明确了文化部在指导文化市场综合行政执法上的职责，厘清了指导综合执法工作与指导具体执法业务的差别。同时，该办法结合文化市场执法特点，细化了部分执法程序，完善了重要的执法制度。

① 参见：苏州市文化广电和旅游局，《机构职能》，http://wglj.suzhou.gov.cn/szwhgdhlyj/jggk/202007/a4b17df2f81849a8ac47d05804a2b518.shtml，2020年7月30日。

2016年，中共中央办公厅、国务院办公厅印发《关于进一步深化文化市场综合执法改革的意见》。2018年11月，中共中央办公厅、国务院办公厅印发《关于深化文化市场综合行政执法改革的指导意见》（以下简称“指导意见”），要求于2018年12月31日前完成省级文化市场综合行政执法机构和执法队伍的整合，2019年3月31日前完成市县两级文化市场综合行政执法机构和执法队伍的整合。这份指导意见明确了深化文化市场综合行政执法改革的指导思想、基本原则，是当前深化文化市场综合执法改革的纲领性文件。指导意见规定了文化市场综合执法队伍的执法职责，即“整合文化和旅游、文物、出版、广播电视、电影行政管理部门市场领域的行政处罚以及与行政处罚相关的行政检查、行政强制等职能，由文化市场综合执法队伍统一行使”。指导意见还规定了该执法队伍的机构设置，在省、自治区级别上，要求“原则上不设执法队伍，现有事业性质执法队伍要逐步清理消化”。各省、自治区可参照文化和旅游部的司局设置，成立文化市场综合执法监督局（处），作为文化和旅游厅的内设处室，或明确相应机构，承担法律法规明确要求由省级承担的行政执法职责，履行本地区执法指导监督、大案要案督办、跨区域重大案件查处和组织协调等职能。直辖市和市、县两级文化市场综合执法队伍统一归口相关文化和旅游行政部门管理并以文化和旅游行政部门名义实施执法。

党的十九届三中全会审议通过的《中共中央关于深化党和国家机构改革的决定》和《深化党和国家机构改革方案》明确将文化市场综合执法队伍列为五支综合执法队伍之一，并进一步要求“将旅游市场执法职责和队伍整合划入文化市场综合执法队伍，统一行使文化、文物、出版、广播电视、电影、旅游市场行政执法职责”。

各地的文化市场执法机构名称不一，有的叫文化市场行政执法总队，如北京；有的叫文化市场综合行政执法局，如长沙。

【典型案例】

2020年10月23日，根据《北京市深化综合行政执法改革实施方案》，设立北京市文化市场综合执法总队，为市委宣传部、市文化和旅游局双重管理的副局级行政执法机构，以市文化和旅游局名义执法。北京市文化市场综合执法总队负责集中行使法律、法规、规章规定的文化、文物、新闻出版、版权、广播电视、电影、旅游市场以及宗教等领域应由省级行政主管部门行使的行政处罚权及与之相关的行政检查、行政强制权；负责相关领域重大疑难复杂案件和跨区域案件的查处工作；负责指导、协调、监督、考核各区文化市场综合执法工作；承担“扫黄打非”有关工作任务；完成市委、市政府和市委宣传部、市文化和旅游局交办的其他任务。

第五节 文化和旅游市场监管的基本原则

基本原则是贯穿于文化和旅游市场监管始终的精神内核，指引监管行为的基本方向，可以补充法律的漏洞，具有重要的价值。文化和旅游市场监管应当遵循以下四个基本原则。

一、双效统一原则

文化产品是一种特殊产品，既有社会属性，又有市场属性。双效统一要求文化行业应当把社会效益放在首位、社会效益和经济效益相统一。党的十八大报告提出，要坚持把社会效益放在首位、社会效益和经济效益相统一，推动文化事业全面繁荣、文化产业快速发展。2015年，中共中央办公厅、国务院办公厅印发了《关于推动国有文化企业把社会效益放在首位、实现社会效益和经济效益相统一的指导意见》。党的十九大报告指出，要深化文化体制改革，完善文化管理体制，加快构建把社会效益放在首位、社会效益和经济效益相统一的体制机制。十九届四中全会通过的《中共中央关于坚持和完善中国特色社会主义制度 推进国家治理体系和治理能力现代化若干重大问题的决定》指出，建立健全把社会效益放在首位、社会效益和经济效益相统一的文化创作生产体制机制。完善文化和旅游融合发展体制机制。“双效统一”

既是文化领域供给侧结构性改革的准绳，又是优秀文艺作品创作和文化企业经营必须遵循的内在规律；既是保证文化领域健康、有序发展的基石，又是激发文化市场活力、繁荣文化生态的前提。[①]文旅融合后，文化和旅游市场的监管要坚持以马克思主义在意识形态领域指导地位的根本制度，坚持以社会主义核心价值观引领文化建设制度，把文旅产业培育为国民经济支柱性产业。

全面正确理解这一原则，应当把握两个方面。

（一）社会效益具有优先价值

不能片面追求经济效益而忽视社会效益。当市场价值和社会价值发生矛盾时，市场价值服从社会价值，经济效益服从社会效益。因此，唯票房论、唯收视率论、唯流量论都是不符合这一原则的。

（二）把社会效益和经济效益有机统一起来

社会效益和经济效益不是对立的，而是内在统一的。片面追求经济效益，忽视社会效益，触碰法律底线的，从长远来看也会丧失经济效益。例如，某公司播放盗版作品和淫秽色情作品，最终被市场监管部门罚款高达2.6亿元，其高管因传播淫秽物品牟利罪被判处三年六个月[②]，从最大的视频平台到宣告破产。

【前沿探讨】

很多为人民服务、为社会主义服务的高质量文旅产品既有良好的社会效益，也会取得经济效益。展现海军撤侨题材的爱国主义电影《红海行动》取得了36.48亿元票房，科幻题材电影《流浪地球》票房高达46.54亿元，国产动漫电影《哪吒之魔童降世》票房突破40亿元。都市家庭情感题材的电视剧《都挺好》首轮版权总收入为6.67亿元。浙江德清莫干山把“湿地”“古

① 范周.文化领域供给侧改革须坚持“双效”统一［J］.智库时代，2017（4）：41.

② 参见：北京市第一中级人民法院，（2016）京01刑终592号二审裁定书。

镇”“洋家乐”与千年名山的深厚文化进行良性互动，仅2017年就盈利达22.7亿元。

二、合作治理原则

监管强调政府的控制和主导地位，监管工具主要是设定许可、限定禁止内容、设定相对人的各种义务等，以干预行政为主。文旅行业的复杂性、变化性决定了传统的政府监管模式已经不能适应行业的发展需求，而需要转向合作治理模式。

治理（Governance）一词源于希腊语中的“掌舵”（Kybernan），治理强调多主体的协调、合作、互动。首先，合作治理的重心从科层结构转向多中心治理网络，强调多元主体的合作与参与。政府监管部门负责设定最低标准，召集多方协商机制，支持和鼓励各方主体参与协商，提升其参与协商的能力，以及进行最终的监督。政府和企业应该共同制定标准，共同执行，同时发挥行业协会自律、公民投诉举报等机制作用。各主体各司其职、相互配合、相互支持。

其次，合作治理要求政府从传统的刚性手段，转变为刚柔相济，不仅包括行政处罚、行政许可、行政强制等硬法机制，也包括行政指导、行政资助、行政奖励、行政调解等软法和非强制性监管手段，通过利益诱导机制引导行政相对人纠正违法行为，鼓励他们积极创新和提升守法意识。这些柔性监管手段具有平等协商性和自由选择性，从挖掘和满足行政相对人的需求入手，符合民主行政、建设服务型政府的趋势，容易取得行政相对人的认同和配合。行政指导手段更加灵活，运用领域更加广泛，不仅是在行政相对人存在严重违法违规之前可以运用，在其存在轻微违法苗头时，或者为了促成行政相对人事业的发展壮大均可采用。当然，需要处理好刚性和柔性手段之间的关系，既不能以指导、奖励等柔性手段取代处罚等刚性手段，也不能单纯地一罚了之、以罚代管，而是刚柔相济，采用能够达到行政目标的最佳方式。

三、依法监管原则

我国政府对文化和旅游市场实行的是全面监管，而依法监管是法治政府的应有之义。具体来说，需要遵循以下原则。

（一）法律优先

法律优先是指一切行政活动的法律依据，均不得与上位法相抵触，如行政法规不能违反宪法和法律，部门规章不得与宪法、法律、行政法规相抵触。例如，上位法已经规定了对某一侵犯隐私权行为的处罚幅度，则下位法只能在此幅度范围内进行处罚，而不能超过该幅度进行处罚，否则就构成违法。

（二）法律保留

法律保留是指特定的行政行为，必须有法律授权的依据。《中华人民共和国立法法》第八条规定了只能由全国人大或全国人大常委会制定法律的十类事项，但第九条又规定："本法第八条规定的事项尚未制定法律的，全国人民代表大会及其常务委员会有权作出决定，授权国务院可以根据实际需要，对其中的部分事项先制定行政法规，但是有关犯罪和刑罚、对公民政治权利的剥夺和限制人身自由的强制措施和处罚、司法制度等事项除外。"换言之，有关犯罪和刑罚、对公民政治权利的剥夺和限制人身自由的强制措施和处罚、司法制度等事项属于绝对法律保留的范畴，只能由全国人大或全国人大常委会制定。收容遣送制度、劳动教养制度、收容教育制度都是因为违反了法律保留原则被陆续废除。

（三）比例原则

政府在进行文化和旅游市场监管时，还要考虑是否符合比例原则。比例原则涵盖适当性、必要性及均衡性这三个层层递进、环环相扣的步骤，要求行政权应当考虑手段和目的之间的关系，确保手段能够达到目的，且对相对人造成的侵害最小，成本与收益之间成比例。政府监管应当考虑是否符合比例原则的要求。如果对某一违法行为，法律规定应处以违法所得的1—5倍罚款，行政相对人的违法行为情节较轻，而行政机关却直接顶格处罚，就属于不合比例的行为，根据《中华人民共和国行政诉讼法》（以下简称“行政诉讼法”）的规定，属于明显不当，法院可以撤销。

（四）程序正当原则

程序正当是实现实体正当的前提和保障。文化和旅游行业的立法、决策、执法全过程都应当贯彻程序正当理念，不仅要在立法中设计出能够有效保障行政相对人民主权、参与权、知情权、获得救济权的程序，更应当在出台法律法规和重大行政决策做出之前，按照《国务院关于加强法治政府建设的意见》要求，公开征求意见，鼓励社会公众、利害关系人、专家、行业协会的广泛参与。同时，应当建立行政立法评估制度，对立法和决策的合法性、有效性等问题进行定量和定性分析，及时修改或者废止不合时宜的条款。在行政执法中完善执法程序，明确具体操作流程，建立执法全过程记录制度，完善行政执法公示和结果公开制度。

四、应急法治原则

应急法治原则是指在特殊紧急情况下，国家安全、社会秩序或公共利益的需要，行政机关可以采取没有明确法律依据的或与通常状态下法律规定相抵触的措施，必要时还可中断某些法律规范的实施，甚至暂停或限制公民的部分宪法权利。这一原则是现代能动主义法治的重要要求。

在紧急情况下，行政机关采取一系列紧急措施，具有极大的优先性、紧急性、强制性和权威性，因而也具有滥用的特殊条件和极大可能性，必须对其加以有效的监督和约束。因此，不得限制和剥夺生命权、健康权等最基本的人权，并且遵循特别行政程序、司法程序、救济程序等程序的约束。

第六节　文化和旅游市场的监管方式

为了达到监管目的，文化和旅游市场的监管方式可以依法采取多种方式，按照方式是否具有法律强制力，可以分为刚性监管方式和柔性监管方式。随着服务型政府的深入发展，柔性监管方式日益普遍。

一、刚性监管方式

（一）行政许可

行政许可是指行政机关根据公民、法人或者其他组织的申请，经依法审查，准予其从事特定活动的行为。行政许可必须依行政相对人的申请作出，行政机关不会依职权主动作出行政许可。

根据《中华人民共和国行政许可法》（以下简称“行政许可法”），行政许可主要包括普通许可、特许、认可、核准与登记五种。在文化和旅游市场监管领域，行政许可十分普遍。例如，拍摄电影的制片单位要取得摄制电影许可证（单片），电影上映需要获得电影公映许可证，成立旅行社要取得旅行社业务经营许可证，开办娱乐场所需要娱乐经营许可证，网络直播平台需要取得网络文化经营许可证。

设定和实施行政许可应当遵循六个原则。①

第一，合法原则。设定和实施行政许可，应当依照法定的权限、范围、条件和程序。

第二，公开、公平、公正、非歧视的原则。有关行政许可的规定应当公布；未经公布的，不得作为实施行政许可的依据。行政许可的实施和结果，除涉及国家秘密、商业秘密或者个人隐私的外，应当公开。对符合法定条件、标准的申请人，要一视同仁，不得歧视。

① 参见：《中华人民共和国行政许可法》第一章。

第三，便民原则。行政机关在实施行政许可过程中，应当减少环节、降低成本，提高办事效率，提供优质服务。

第四，救济原则。行政相对人对行政机关实施行政许可，享有陈述权、申辩权；有权依法申请行政复议或者提起行政诉讼；其合法权益因行政机关违法实施行政许可受到损害的，有权依法要求赔偿。

第五，信赖保护原则。行政相对人依法取得的行政许可受法律保护，行政机关不得擅自改变已经生效的行政许可，除非行政许可所依据的法律、法规、规章修改或者废止，或者准予行政许可所依据的客观情况发生重大变化，为了公共利益的需要，确需依法变更或者撤回已经生效的行政许可。但是，由此给行政相对人造成财产损失的，行政机关应当依法给予补偿。

第六，监督原则。行政机关应当依法加强对行政机关实施行政许可和从事行政许可事项的活动实施有效监督。

【典型案例】

2019年5月至6月，佛山市高明区文化广电旅游体育局对辖区互联网上网服务营业场所经营单位的网络文化经营许可证进行了年度核验工作。经核查发现，9家网吧经营单位已停止经营活动，未在规定时间内持网络文化经营许可证到该局进行年度核验或申办注销手续。根据行政许可法第五十条、第七十条有关规定，以及《广东省文化和旅游厅 广东省市场监督管理局 广东省公安厅 广东省通信管理局 广东省消防总队转发文化部 工商总局 公安部 工业和信息化部关于加强执法监督完善管理政策促进互联网上网服务行业健康有序发展的通知》（粤文旅市〔2018〕39号）文件精神，该局决定对涉案9家网吧的网络文化经营许可证予以注销。

（二）行政处罚

行政处罚是指行政机关依法对违反行政管理秩序的公民、法人或者其他组织，以减损权益或者增加义务的方式予以惩戒的行为。行政处罚在文化和旅游市场监管中是最为常见的监管手段，主要类型有警告、通报批评、罚款、没收违法所得、没收非法财物、责令停产停业、暂扣或者吊销许可证、暂扣或者吊销执照、行政拘留、降低资质、限制从业等方式。

行政主体作出行政处罚时应当遵循一定的原则。[①]

第一，处罚法定原则。行政主体作出行政处罚应当严格按照法律、法规或者规章规定，依照法定程序实施。

第二，公正、公开原则。设定和实施行政处罚必须以事实为依据，与违法行为的事实、性质、情节以及社会危害程度相当。对违法行为予以处罚的规定必须公布。

第三，处罚与教育相结合原则。教育公民、法人或者其他组织自觉守法。

第四，权利保障原则。行政相对人享有陈述权、申辩权以及对处罚不服的有权依法申请行政复议与提起诉讼。同时，行政机关作出行政处罚还应当遵循法定程序，主要包括简易程序、一般程序与听证程序。

【典型案例】

2016年9月，某公司未经文物主管部门批准，在平谷段长城编号86号敌台四周搭建施工脚手架、拆除敌台外侧墙砖（原天云山景区所砌筑墙砖），对文物本体造成部分伤害，构成擅自修缮不可移动文物等违法行为。平谷区文化委员会分别给予当事人罚款30万元和50万元的行政处罚，当事人故意损毁全国重点文物保护单位，移交公安部门追究刑事责任。

（三）行政强制

行政强制是指行政机关为了实现行政目的，依据法定职权和程序作出的对相对人的人身、财产和行为采取的强制性措施，主要包括行政强制措施与行政强制执行。

行政强制措施是行政机关依其职权采取强制手段限制特定的相对人行使某项权利或强制履行某项义务的处置行为。一般是对尚未查清行为人的违法事实之前而采取的一种程序上的处置，即发生在行政决定之前，行政决定作

① 参见:《中华人民共和国行政处罚法》。

出后行政相对人的最终结果才可以确定，包括恢复原状或者被处罚。因此其具有暂时性、强制性与过程性，不是一种处罚性方式，其主要的目的在于保全，即维持相关人或者财产的当前状态，以便于行政主体开展对事件的调查等后续行为。行政强制措施包括限制公民人身自由，查封场所、设施或者财物，扣押财物，冻结存款、汇款以及其他行政强制措施。

行政强制执行是指行政机关或者行政机关申请人民法院，对不履行行政决定的行政相对人，依法强制履行义务的行为。其与行政强制措施不同，发生在行政决定之后，是强制相对人履行行政决定的行为。

行政强制应当遵循的基本原则如下。[①]

第一，法定原则。行政强制的设定和实施，应当依照法定的权限、范围、条件和程序。

第二，适当原则。行政强制的设定和实施，应当适当。采用非强制手段可以达到行政管理目的的，不得设定和实施行政强制。

第三，教育与强制相结合原则。坚持教育与强制相结合原则要求监管机关在采取行政强制措施之前，必须告诫当事人，通过说服教育工作，给当事人依法自觉履行法定义务的机会。在行政强制执行过程中，行政机关既要保持严肃性、权威性，又要对当事人进行必要的说服教育。经说服教育后当事人仍不自觉履行法定义务的，方可实施行政强制。

第四，不得谋利原则。行政机关及其工作人员不得利用行政强制权为单位或者个人谋取利益，不得掺杂部门目的或个人目的，不得徇私枉法。行政强制权作为一种公权力，其存在和行使是为了维护公共利益。如果不能实现利益与行政强制权的分离，行政强制权必然会被滥用，成为“寻租”的工具，既损害行政执法机关及其工作人员的形象，也会对公民利益和社会公共利益造成严重的损害。

（四）行政约谈

行政约谈是近年来行政机关广泛适用的监管手段，主要是指行政机关

---

① 参见：《中华人民共和国行政强制法》第一章。

在相对人发生严重违法违规情形时，约见其相关负责人，进行警示谈话、指出问题、责令整改纠正的行政行为。行政约谈和行政指导不同，具有一定的强制性，往往是行政处罚之前的程序。例如，国家互联网信息办公室出台的《互联网新闻信息服务单位约谈工作规定》就规定了约谈的具体制度。约谈具有多阶段性和综合性，应当遵循相应的程序，保障行政相对人的陈述权、申辩权、救济权等权利。[①]

【典型案例】

2018年，上海市“扫黄打非”工作办公室协调市文化执法总队针对诸多电商在网上售卖违法违规出版物及印刷品行为，依法约谈企业相关负责人，责令立即进行全面清理整顿，不得向无证无照、证照不齐经营者提供出版物网络平台交易服务，不得在网络交易平台销售内部资料性出版物，要求切实履行网站主体责任，杜绝类似情况再次发生。

（五）信用监管

信用监管是一种新型社会治理方式，它是指行政主体对相对人的公共信用信息进行记录、归集、使用，并按照一定指标体系开展评价、评级、分类，进而分别采取激励或惩戒等措施，实现政府规制目的的行为。[②]信用监管是我国政府落实简政放权，加强市场事中事后监管，强化市场主体责任、加强行业自律、扩大社会监督的重要举措。通过信用监管，有利于完善守信激励、失信惩戒机制，提高市场监管效能，促进市场健康有序发展。2019年，国务院办公厅发布了《关于加快推进社会信用体系建设构建以信用为基础的新型监管机制的指导意见》（以下简称“意见”），它与其他行业性信用体系建设的法规、规章共同构成了我国的信用监管法律体系。根据意见，我国当前的信用监管制度建设从事前、事中、事后三个环节分别设定相应的监管机制，其

---

① 郑宁.互联网信息内容监管领域的约谈制度：理论阐析与制度完善［J］.行政法学研究，2015（5）：53-60.

② 袁文瀚.信用监管的行政法解读［J］.行政法学研究，2019（1）：18-31.

中就包括信用承诺制度、公共信用综合评价制度、信用分级分类监管制度以及失信惩戒制度等与文化和旅游行业的经营主体息息相关的制度。所得监管评价结果也会被相关政府部门、金融机构、行业协会商会参考使用，并依照有关规定向社会公开。因此，文化和旅游领域的市场经营主体在经营活动中应当遵守信用承诺并提升企业的合规水平，以降低法律风险。2016年，文化部公布《文化市场黑名单管理办法》，在上海等9省市试行文化产品黑名单制度。2020年，北京市文化和旅游局发布了《北京市旅游市场黑名单管理办法（试行）》。

【典型案例】

《北京市旅游市场黑名单管理办法（试行）》指出，市、区文化和旅游局或者文化市场综合执法机构按照属地管理及“谁负责、谁列入，谁处罚、谁列入”的原则，具有以下情形的旅游市场主体和从业人员列入本辖区旅游市场黑名单：（一）因侵害旅游者合法权益，被人民法院判处刑罚的；（二）在旅游经营活动中因妨害国（边）境管理受到刑事处罚的；（三）受到文化和旅游局或者文化市场综合执法机构吊销旅行社业务经营许可证、导游证处罚的；（四）旅游市场主体发生重大安全事故，属于旅游市场主体主要责任的；（五）因侵害旅游者合法权益，造成游客滞留或者严重社会不良影响的；（六）连续12个月内两次被列入旅游市场重点关注名单的（重点关注名单依据文化和旅游部相关管理办法另行制定）；（七）法律、法规、规章规定的应当列入旅游市场黑名单的其他情形。

各级文化和旅游局或者文化市场综合执法机构应当对列入旅游市场黑名单的旅游市场主体和从业人员实施下列惩戒措施：（一）作为重点监管对象，增加检查频次，加大监管力度，发现再次违法违规经营行为的，依法从重处罚；（二）法定代表人或者主要负责人列入黑名单期间，依法由相关职能部门限制其担任旅游市场主体的法定代表人或者主要负责人，已担任相关职务的，按规定程序要求变更，限制列入黑名单的市场主体变更名称；（三）对其新申请的旅游行政审批项目从严审查；（四）对涉及旅行社不予降低旅游服务质量保证金交存数额；（五）对其参与评比表彰、政府采购、财政资金扶持、政策试点等予以限制；（六）将其严重违法失信信息纳入北京市信用信息共享平台，实施联合惩戒。

二、柔性监管方式

（一）行政指导

行政指导是行政主体基于国家的法律、政策的规定而作出的，旨在引导行政相对人自愿采取一定的作为或者不作为，以实现行政管理目的的一种非职权行为。行政指导具有非权力性、非强制性及可协商性等特点。行政指导的方式主要包括预警、引导、建议、协商、说服及发布官方指导文件等。行政指导作为对传统依法行政的一种必要补充和一种灵活有效的行政活动方式，广泛地运用于许多国家的经济与行政管理过程中，起着补充和替代、辅导和促进、协调和疏通、预防和抑制等积极作用。[①]例如，我国发布的旅游安全预警就是针对游客的行政指导。

（二）行政奖励

行政奖励是指行政主体依照法定的条件和程序，对为国家和社会作出重大贡献的单位与个人，给予物质或精神鼓励的具体行政行为。[②]行政奖励分为物质奖励与精神奖励，前者包括颁发奖品或者奖金，后者则是授予名誉，如颁发荣誉证书，我国设立的华表奖和飞天奖分别是政府设立的电影奖项和电视奖项。实施行政奖励应当坚持公正、平等原则，并遵守法定程序。

（三）行政资助

行政资助是指行政主体依照有关法律、法规的规定，对公民、法人或其

① 莫于川.法治视野中的行政指导行为：论我国行政指导的合法性问题与法治化路径［J］.现代法学，2004（3）：3-13.

② 马怀德.行政法与行政诉讼法［M］.北京：中国法制出版社，2015：208.

他组织提供一定的物质利益或其他权益的行为。[①]行政资助由行政机关作出，区别于社会组织、民间团体提供的物质帮助。其主要包括补贴、利息优惠贷款等积极的给付性资助和税收优惠、收费优惠等减免性资助两大种类。[②]行政资助已经成为推动市场经济发展、维持社会稳定与改善民生的重要手段。如《国家广播电视总局年度优秀国产纪录片及创作人才扶持项目评审办法》对优秀国产纪录片和创作人才支持5万元—10万元。

【典型案例】

2020年，北京市文化改革和发展领导小组办公室出台《关于应对新冠肺炎疫情影响促进文化企业健康发展的若干措施》，增加特殊补贴申报，对今年春节期间受疫情影响未能如期上映的京产影片给予一次性宣传发行补贴，对今年春节前后处于集中创作期，受疫情影响而暂停的重点项目给予创作制作特殊补贴。对承租市属国有文化企业房产从事生产经营活动的中小微企业，按照政府要求坚持营业或依照防疫规定关闭停业且不裁员、少裁员的，免收2月份房租；承租用于办公用房的，给予2月份租金50%的减免。

（四）行政合同

行政合同是指行政主体以实施行政管理为目的，与行政相对一方就有关事项经协商一致而达成的协议，是现代行政法中合意、协商等行政民主精神的具体体现，亦可称为行政协议。[③]虽然都是“合同”，但与民事合同相比，行政合同具有以下特点。

第一，行政性。行政合同的一方主体一定为行政机关，内容也必须具有公益性。因行政协议产生的诉讼也应当纳入行政诉讼的受理范围。

第二，合意性。这是“合同”的本质特征。

第三，法定性。合同的订立、履行、变更与解除都必须遵循法律规定，

① 马怀德.行政法与行政诉讼法［M］.北京：中国法制出版社，2015：211.

② 王贵松.行政资助裁量的正当化规制［J］.学习与探索，2008(6)：128-132.

③ 马怀德.行政法与行政诉讼法［M］.北京：中国法制出版社，2015：265.

行政合同的订立必须符合法律目的。近年来，迅速发展的PPP协议（政府与社会资本合作协议）便属于行政协议。

【典型案例】

上海市闵行区文化公园美术馆（宝龙美术馆）作为上海首个以PPP模式运营的文化项目，由民营企业宝龙地产控股有限公司作为社会资本负责投资建设和运营，区政府授予其20年的艺术作品展示、拍卖、销售等经营权和低收费门票、文化产品销售、艺术作品衍生服务、餐饮经营等收益权，并根据项目绩效考核结果补贴部分运营成本。在运行的一年当中，采用会员卡等方式获得了一定的经营性收入，注册会员达6000人，同时兼顾了场馆的公益性文化服务功能。

第七节 文化和旅游市场监管的监督和救济

有权必有责，用权受监督。相关监管主体及其工作人员在开展文化和旅游市场监管时，如果存在违法或不当行为，需要通过有权主体依法进行监督。有权利必有救济。行政相对人的合法权益受到监管主体的不法侵害时，也应获得相应救济。

一、行政监督

行政监督是指国家机关及国家机关体系以外的公民、组织依法对行政主体及其工作人员是否依法行使行政职权和是否遵纪守法所进行的监督。我国已经建立了一个完整的监督体系。

（一）国家权力机关

国家权力机关对行政主体的监督是全面的，具有最高权威性。监督方式包括听取和审议政府工作报告，审查国民经济和社会发展计划及财政预算，审查政府行政法规、规章、决定和命令，质询和询问，视察、检查，罢免政府工作人员等。

（二）国家监察机关

对所有行使公权力的公职人员进行监察，调查职务违法和职务犯罪，开展廉政建设和反腐败工作。

（三）国家司法机关

国家司法机关包括审判机关和检察机关。审判机关的监督主要是通过行政诉讼的方式进行。检察机关的监督主要是通过行政公益诉讼的方式进行。目前检察机关的公益诉讼主要在生态环境和资源保护、食品药品安全、国有财产保护、国有土地使用权出让等领域。

（四）国家行政机关

国家行政机关的监督是指审计机关和上级行政机关的监督，属于内部监督。国家审计机关主要是对各级人民政府及其工作部门的财政收支行为进行监督。上级行政机关对下级行政机关负有领导和监督职责，主要是通过检查工作、受理复议申请等方式进行监督。

（五）其他监督

公民、组织的监督主要是通过批评、建议、检举、揭发或申诉、申请等方式进行。

二、行政救济

行政救济主要有行政复议和行政诉讼两种方式。

（一）行政复议

行政复议是指行政相对人认为行政主体的具体行政行为侵犯其合法权益，

依法向行政复议机关提出复查该行政行为的申请，行政复议机关依照法定程序对被申请的行政行为进行合法、适当性审查并作出行政复议决定的一种法律制度。[①]其主要法律依据为《中华人民共和国行政复议法》与《中华人民共和国行政复议法实施条例》。

在文化和旅游市场监管领域，行政复议也是一种重要的救济手段。某些案件需要复议前置，即行政相对人对某行政行为不服的，必须先申请行政复议，而后才可以提起行政诉讼。复议前置案件主要有纳税争议案件和禁止或限制经营者集中案件。行政复议遵循以下基本原则。[②]

第一，合法原则。行政复议机关进行行政复议活动，必须按照法定程序和权限，以事实为根据，以法律法规为准绳，作出处理决定。

第二，公正原则。行政复议机关对被申请的具体行政行为进行审查时，既要审查其合法性，又要审查其合理性，作出客观公正的处理决定。

第三，公开原则。行政复议机关的行政复议活动应尽量公开进行，以便行政复议的利害关系人及时了解有关情况，监督行政复议进行，消除误解。

第四，及时原则。此原则是行政效率原则在行政复议中的具体要求，是指行政复议机关应当在法律规定的期限内，尽快完成复议案件的审查，并及时作出行政复议决定。

第五，便民原则。此原则是指行政复议机关在行政复议过程中，应当尽可能为行政复议当事人，特别是为作为行政相对人的申请人及第三人行使各项权利提供必要的便利，以保证公民、法人及其他组织利用行政复议制度实现对合法权益的救济。

第六，全面审查原则。这一原则包含有两层含义：一是行政复议的审理对象主要是具体行政行为，对抽象行政行为则仅在法律有规定的情况下才能进行审查；二是复议机关既要审查具体行政行为是否合法，也要审查其是否适当。

① 马怀德.行政法与行政诉讼法［M］.北京：中国法制出版社，2015：320-322.

② 参见：《中华人民共和国行政复议法》第四条。

（二）行政诉讼

行政诉讼是指行政相对人认为行政机关和行政机关工作人员的具体行政行为侵犯其合法权益而向法院提起的诉讼。

判断对一个行政争议能否提起行政诉讼，以下四个要件必须具备。

1.考虑行政诉讼的受案范围

行政诉讼法第十二条与其司法解释第一条分别从正面提出了十二种与十种受案范围，而第十三条则从反面规定了四种法院不予受理的情形。

2.审查自己是否具有原告资格以及明确被告

作为原告，需要与本案有利害关系。而明确被告是法院受理诉讼案件的要件之一。被告通常包括如下五个主体：作出行政行为的行政机关；行为主体为法律、法规、规章授权的组织时，其本身为被告，如行业协会；行为主体为行政机关委托的组织时，委托的行政机关作为被告；行为主体为派出机关的，其本身为被告；两个以上行政机关共同作出行政行为的，为共同被告。

对于经过复议再起诉的案件，被告通常包括如下三个主体：若复议机关决定维持原行政行为，则作出原行政行为的行政机关和复议机关是共同被告；若复议机关改变原行政行为的，复议机关是被告；若起诉复议机关不作为，则复议机关是被告。

3.在起诉期限内提起诉讼

不服复议决定的，应在收到复议决定书之日起十五日内向人民法院提起诉讼。而直接提起诉讼的，应当自知道或者应当知道作出行政行为之日起六个月内提出，法律另有规定的除外。另外，自行政行为作出之日起超过五年提起诉讼的，人民法院不予受理，不动产案件为二十年。

4.提交证据

证据经过法庭审查才能作为认定事实的根据。在行政诉讼中，作为被告的行政机关对其作出的行政行为负有举证责任，原告也可以提供证明行政行为违法的证据。但原告提供的证据不成立的也不免除被告的举证责任。

【典型案例】

2018年11月5日，某动漫公司向某市某区文旅局寄送投诉材料，称某视频播放公司未经许可通过用户上传视频和深度链接其他网站的形式对外播放其享有著作权的动画片，侵害其享有的信息网络传播权，要求某区文旅局进行查处。2019年6月19日，某区文旅局经调查后作出答复，认定该视频播放公司不存在动漫公司投诉的违法事实，决定不予处罚予以撤案。动漫公司不服以上答复，向某区政府提起复议，某区政府经复议决定驳回动漫公司的复议申请。动漫公司认为，某区文旅局认定事实错误，且某区文旅局于2018年11月6日受理投诉并于当日立案，直至2019年6月19日方作出被诉答复，已经远远超出60日的履职期限，程序严重违法，请求法院判令：撤销某区文旅局作出的被诉答复；撤销被告某区政府作出的被诉驳回复议申请决定；判令被告某区文旅局履行查处视频播放公司违法行为的法定职责，重新作出行政处理，并由被告承担本案诉讼费。

被告某区文旅局辩称，其作为本地区著作权行政管理部门，具有对辖区内侵犯信息网络传播权的违法行为进行处理的法定职责。2018年11月6日，接到动漫公司的投诉后于当日立案，后经多次调查于2019年6月19日作出撤案决定，并于当日将调查结果电话告知原告。原告所投诉的相关视频系由视频播放公司平台用户自行上传至该平台，并非视频播放公司实施，且视频播放公司在例行版权审核清查中已经将相关内容删除下线，不存在原告投诉的违法事实，其所作被诉答复程序合法，已充分履行了法定职责。请求驳回动漫公司的全部诉讼请求。2020年，法院对本案作出一审判决，判决撤销某区文旅局作出的答复和某区政府作出的复议决定。

法院认为，依据行政诉讼法及行政复议法的规定，行政机关应在接到履职申请之日起2个月内履行相关职责。本案中，被告某区文旅局于2018年11月6日对原告投诉予以立案，直至2019年6月19日方进行电话答复，处理期限已明显超过2个月，且未提供证据证明因何法定事由导致处理期限超期，故应认定为违反法定程序。本案中，被告某区文旅局系在作出涉案答复后方提交结案报告并进行结案审批，亦应认定为违反法定程序。动漫公司其中一项投诉请求是要求对视频播放公司通过用户上传的方式侵犯其享有的信息网络传播权的行为查处，共涉及51段视频，而被告某区文旅局仅根据调取其中1段视频的后台信息及视频播放公司出具的情况说明就认定投诉的违法事实不成立，未再查明剩余多段视频内容的后台记录及相关用户后台注册信息，未尽到调查核实义务。同时，针对动漫公司要求某区文旅局对视频播放公司以深度链接的方式播放涉案动画片的行为进行查处的投诉请求，被告某区文旅局对于该项投诉事项未进行任何调查取证工作，属于遗漏投诉事项，应认定为认定事实不清。因被诉答复不具有合法性，依法应予撤销，被告某区政府作出的被诉驳回复议申请决定亦不具有合法性，应予一并撤销。最终，法院判决撤销某区文旅局作出的投诉答复与某区政府作出的复议决定，并责令某区文旅局在法定期限内对动漫公司的投诉重新作出处理。

参考文献

［1］刘玉珠，柳士法.文化市场学：中国当代文化市场的理论与实践［M］.上海：上海文艺出版社，2002.

［2］莫于川.我国文化市场监管的法治化路向［J］.浙江社会科学，2013（8）.

［3］孟凡壮.文化市场监管的基本原则［J］.浙江社会科学，2013（8）.

［4］饶世权，刘咏梅.论文化产业的市场失灵与政府监管［J］.出版发行研究，2015（1）.

思考题

1.在突发公共卫生事件中，文化和旅游市场的监管需要注意哪些问题？

2.企业能否成为文化和旅游市场的监管主体？

3.随着互联网技术的不断发展，文化和旅游市场监管有哪些发展趋势？

第二章　文化演出和娱乐场所监管

本章概要

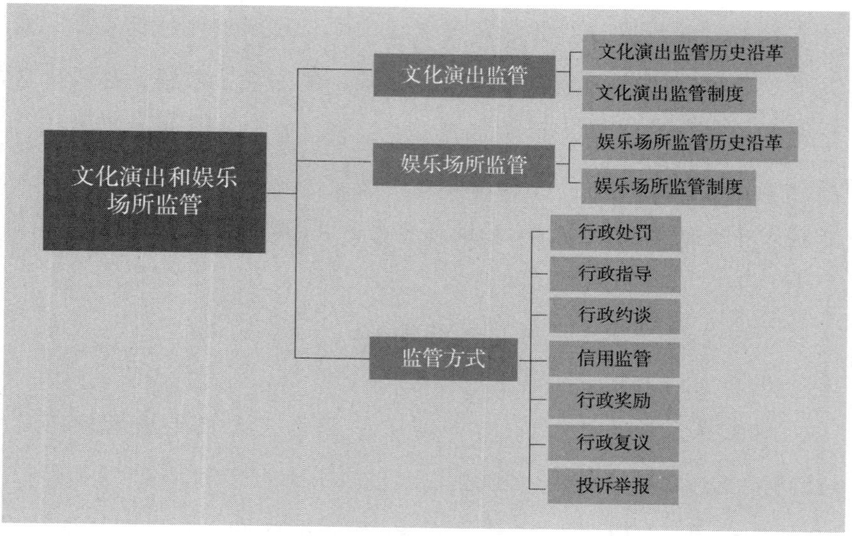

文化演出和娱乐场所作为文化市场的重要组成部分，主要由文化和旅游部实施监管职责。本章前两节介绍文化演出、娱乐场所监管的历史沿革和监管制度，第三节分析监管主体如何对上述两个领域实施监管。

第一节　文化演出监管

一、文化演出监管历史沿革

我国文化演出监管随着文化体制改革的发展经历了从严格管控到放管服

的历程。根据我国文化演出监管的历史背景，将文化演出监管的历史分为四个阶段。

（一）文化演出监管初步构建阶段（1978—1991年）

1.历史背景

20世纪50年代末到60年代初，我国国民经济发展缓慢，“文化大革命”导致文化市场的发展受到严格的限制。文化体制方面，20世纪70年代的文化体制越来越不适应当时经济体制改革的形式和文化事业发展的要求，其弊端日益明显。例如，在所有制上片面追求“一大二公”，全部文化事业由国家直接经营；在管理上，文化机构行政化、机关化，严重违背文化事业发展规律；在分配上，平均主义的“大锅饭”“铁饭碗”现象严重，缺少竞争和激励机制。[①]

初步总结社会主义建设的经验教训后，我国文化演出行业伴随着改革开放的到来逐渐恢复生机。1979年，邓小平在中国文学艺术工作者第四次代表大会上的祝词，提出了新时期我国文学艺术事业发展的一系列指导方针。1983年，国务院《政府工作报告》中指出，文艺体制需要有领导、有步骤地进行改革。“七五”时期，仅文化表演团体和表演场所两项营业收入就已经分别占全国文化事业总收入的26.2%和34.2%，共计265025万元。[②]

尽管这一阶段的文化演出市场依然受到政府的严格管制，但是这一时期民间演艺团体和个体演员已经可以取得营业演出许可证来进行正当的演出活动，承包经营责任制也逐渐成为演艺团体的主要改革形式。1985年，国务院办公厅批转文化部《关于艺术表演团体的改革意见》，要求调整艺术部门和艺术团体的布局。1988年，在国务院批转文化部《关于加快和深化艺术表演团体体制改革的意见》和1989年中共中央发出《关于进一步繁荣文艺的若干

① 曹普.20世纪70年代末以来的中国文化体制改革［J］.当代中国史研究，2007（5）：99-107.

② 文化部计划财务司.中国文化文物统计年鉴［M］.北京：北京图书馆出版社，1997.

意见》中，提出了实行“双轨制”[①]的具体改革意见，使得文化市场的发展和地位得到承认，大量民间职业剧团涌现出来并日益活跃。随着经济体制改革的不断深入，文化功能也日趋多样化和丰富，文化的产业属性逐步显现出来，以营业性舞会和音乐茶座（1979年广州东方宾馆开设了国内第一家音乐茶座，成为新时期我国文化市场兴起的标志）为发端的文化市场逐渐走向稳步发展的道路。

2. 主要法规与政策

为加强对演出内容和形式的严格监管，1980年文化部发布《关于制止上演“禁戏”的通知》，明令禁演二十六部戏曲剧目。1982年，文化部发布《关于民间艺人管理工作的若干试行规定》，对民间艺人的登记、管理、演出、收费与分配进行了规范，进一步促进了民间艺术的繁荣，肯定了民间艺人的合法主体地位。1985年，文化部发布《关于对营业演出单位和演出场所试行“营业演出许可证”的规定》，规定了所有进行营业演出的单位、个人，经营演出的场所都必须取得《营业演出许可证》，并且每年需要复核一次，换发新证。[②]

1987年，文化部、公安部、国家工商行政管理局发布《关于改进舞会管理问题的通知》，正式解除了对曾引起众多争议的营业性舞会的禁令，认可了营业性舞会等文化娱乐经营性活动，并就进一步改进舞会管理问题进行了规定。1988年，文化部、国家工商行政管理局发布《关于加强文化市场管理工作的通知》，正式提出文化市场的概念并明确了文化市场的管理范围、任务、原则和方针，标志着我国“文化市场”的地位得以正式承认。1989年，国务院批准在文化部设置文化市场管理局，全国文化市场管理体系开始建立。1991年，国务院办公厅批转文化部《关于加强演出市场管理的报告》，指出了

① 一轨为少数代表国家和民族艺术水平的，或带有实验性的，或具有特殊的历史保留价值的，或少数民族地区需要国家扶持的艺术表演团体，实行全民所有制，由政府文化主管部门主办；另一轨为其他绝大多数的规模比较小、比较分散、演出的流动性比较强的艺术表演团体，实行多种所有制形式，由社会力量主办，自主经营，独立核算，自负盈亏。

② 参见：《关于对营业演出单位和演出场所试行“营业演出许可证”的规定》第三条。

当时出现的非演出经纪单位和个人私邀其他文艺团体组织营业性活动，以及演职人员未经批准私自应邀参加各类演出活动的问题，规定演职人员参加外部演出需获批准并对经纪机构提出要求，严格制止了“走穴”行为。

3.特点

这一阶段，文化部经历了撤销、设立到合并的过程，我国文化演出行业逐渐从国家包办一切的状况中走出来，文化演出主体不断增多，文化市场初现。尽管国家对于文化演出的内容依旧严格管制，但已经开始支持并在一定程度下推动文化市场的发展，逐渐开放并优化文化市场布局，拉开了新时期文化体制改革的帷幕。

（二）文化演出监管建设起步阶段（1992—2005年）

1.历史背景

1992年，邓小平南方谈话和党的十四大的召开，标志着我国改革开放和现代化建设进入了一个新阶段，发展社会主义市场经济体制为文化发展注入活力。随着对文化体制改革的不断探索，1996年党的十四届六中全会通过的《中共中央关于加强社会主义精神文明建设若干重要问题的决议》提出了文化体制改革的任务和一系列方针，提出“改革文化体制是文化事业繁荣和发展的根本出路”。在经历了改革开放的兴盛繁荣之后，20世纪90年代中期的演出行业不断滑坡，直到2000年，文化演出市场才开始呈现出较为良好的整体发展态势。2000年10月，党的十五届五中全会通过《中共中央关于制定国民经济和社会发展第十个五年计划的建议》，第一次在中央正式文件里提出了“文化产业”的概念，并要求完善文化产业政策，加强文化市场建设和管理，推动有关文化产业发展。这一时期，我国在文化单位内部改革、规范文化市场行为等方面进行了探索，如在艺术演出院团方面进行了演出补贴改革和考评聘任制改革，建立起了文化演出市场、文化娱乐市场等文化市场体系。

1997年，全国文化部门文化演出收入仅8387万元，到了2005年这一数字达到35668万元。[①] 从这一阶段的收入增长可以得知当时的文化演出市场较为活跃。

---

① 文化部计划财务司.中国文化文物统计年鉴［M］.北京：北京图书馆出版社，2006.

自从2001年我国加入WTO逐渐开放市场以后，文化演出行业不断繁荣，但与此同时也逐渐出现一些扰乱文化演出市场发展的问题，如内容违规、虚假宣传、假唱盛行、票务倒卖等。2003年，党的十六届三中全会通过《完善社会主义市场经济体制若干问题的决定》，第一次明确提出文化体制改革要形成一批大型文化企业集团。2004年，党的十六届四中全会通过《中共中央关于加强党的执政能力建设的决定》，第一次在中央正式文件中提出“解放和发展文化生产力”。

2. 主要法规与政策

1993年，文化部发布《关于文化部演出管理职责划分的通知》，将演出划分为计划性演出和商业性演出两类，并制定了具体管理部门和审核标准。

为了促进我国文化产业的发展，繁荣社会主义文化事业，丰富人民群众文化生活的需要，实现社会效益和经济效益的统一，我国不断加强对文化演出的管理，特别是对营业性演出的监管。1997年，国务院发布我国文化演出行业首部成文法规《营业性演出管理条例》(以下简称“演出条例”)，标志着我国演艺行业仅能凭借行政规章和规范性文件进行约束的时代终结。演出条例中明确了演出主体的概念，界定了营业性文艺表演团体、营业性演出场所、演出经纪机构的设立条件和成立要求，规定了营业性演出活动的管理办法，开始实行许可证管理制度，也使得营业性演出主体的合法地位和合法经营权得以确立，从此文化演出市场得到了积极引导和规范。1998年，文化部发布《营业性演出管理条例实施细则》(以下简称“演出实施细则”)用以解释1997年发布的演出条例。演出实施细则的出台详细规定了演出市场的各项要求，对演出公司按资质进行了等级划分。2002年，演出实施细则修订，提高了注册资本和从业资质的入市门槛，并取消了对从事营业性演出活动主体资格的所有制限制。2004年，演出实施细则再次修订，放松了演艺主体限制，扩大了文化演出行业经营主体的自主性。

2005年，新的演出条例的颁布宣告了1997年发布的演出条例已不能适用当时的文化演出市场环境。2005年的演出条例在内容上是1997年的演出条例内容的两倍，主要降低了市场准入门槛；禁止赠票与公款追星；鼓励演出深入基层群众，繁荣农村演出市场；明令禁止假唱；规范了义演等。同时，2005年出台的演出实施细则与之呼应又经修订，提出了对假唱的严格处罚要求。

3.特点

这一阶段，为了规范文化演出市场秩序，我国颁布的相关法律文件数量众多，不断推进文化演出市场规范化发展。随着我国文化演出行业首部成文法规《营业性演出管理条例》的出台，文化演出市场得到了积极的引导。同时，演出条例和演出实施细则的修订，体现了这一阶段我国文化演出市场激发活力和全面开放市场的决心。

（三）文化演出监管迅速发展阶段（2006—2015年）

1.历史背景

2006年开始，我国文化体制改革进入由试点向纵深拓展的阶段。2006年，国务院发布“十一五”规划纲要，提出“深化文化体制改革，建立党委领导、政府管理、行业自律、企事业单位依法运营的文化管理体制和富有活力的文化产品生产经营机制”。

2010年是我国文化演出产业蓬勃发展的一年。国家相继出台《关于金融支持文化产业振兴和发展繁荣的指导意见》和《关于进一步推进国家文化出口重点企业和重点项目相关工作的指导意见》，明确了金融机构对演出娱乐在内的文化产业进行扶持。同年，国务院发布“十二五”规划纲要，提出“推进经营性文化单位转企改制，建立现代企业制度”，着力培育演出领域新型市场主体。同年，文化部发布《关于建立预防和查处假唱假演奏长效机制维护演出市场健康发展的通知》，提出建立假唱、假演奏预防机制，加大查处力度，保护观众合法权益。此外，在旅游演出市场、剧院联盟、音乐节扩张、海外驻演、跨界合作等模式的不断发展使得演出市场规模稳步增长和演出场频日益丰富的情况下，2011年12月文化部发布《关于加强演出市场有关问题管理的通知》，提出了对演出市场管理和执法工作的新要求，包括规范音乐节等节庆类营业性演出活动的申报与运作，严格规范演出票务经营单位的市场准入与监管，明确演出场所经营单位的义务与责任等方面。

2012年，文化部发布《文化部“十二五”时期文化产业倍增计划》，明确了演艺等11个重点行业的发展思路。同年，文化部发布《文化部“十二五”时期文化改革发展规划》，提出“增加文化消费总量，提高文化消费水平”。以北京为例，根据北京演出行业协会对全市113家主要从事营业性演出场所的统计，2012年北京市113家营业性演出场所共演出21716场，比2011年同期的21075场增长3.1%；2012年北京演出收入共计15.27亿元，比上年同期的14.05亿元增长8.68%。2015年，文化部发布《2015年扶持成长型小微文化企业工作方案》，其中包括演艺业、娱乐业、文化旅游业等。据统计，2015年我国演出经纪机构共2029家，从业人员33858人，营业收入共计111.86亿元。

2. 主要法规与政策

2007年底，文化部废除了14部规章，其中9部与文化演出行业有关，为新的文化演出市场环境创造了良好的立法环境。为了加强对大型群众性活动的安全管理，保护公民生命健康和财产安全，维护社会治安秩序和公共安全，2007年国务院发布《大型群众性活动安全管理条例》，规范了包括演唱会、音乐会等文艺演出活动在内的安全责任、安全管理和法律责任。

2008年，新的演出条例发布，修订了2005年发布的演出条例中有关港澳合作、合资、独资的内容，开放了港澳在内地设立演出经纪机构的权利，扩大了演出市场，简化了审批程序。2009年的演出实施细则对2005年出台的演出实施细则进行了比较大的修订。

第一，明确了演出经纪机构的经营活动和经济活动的具体范围。

第二，再次放宽了个体演员和个体演出经纪人的备案条件。

第三，调整了港澳独资演出经纪机构的设立程序。

第四，取消了对演艺团体专职人员在计划演出之外参加营业性演出的多重审批限制。

第五，增加了举办单位责任制和技术监管两种方式约束营业性演出作假行为。

2009年，《文化部办公厅关于贯彻〈营业性演出管理条例实施细则〉的通知》提出，加强对演员签约机构的引导和管理、简化演出审批手续、加强对非营业性演出活动[①]的服务和监管等内容。

此外，为规范演出经纪活动，加强演出经纪人员管理，明确演出经纪活动当事人的权利与义务，2012年文化部发布《演出经纪人员管理办法》，明确提出将加强演出经纪人员资格认定工作，并提出演出经纪人必须遵守的“三不得”[②]，在对演出经纪人的资格认定方面有了改进措施，在考试方面采用考培分离制度，增加了演艺基础理论方面的培训。2013年，演出条例又经修订，取消了演出经纪机构变更登记信息的申请备案要求，取消了外国演艺团体或个人在非歌舞娱乐场所举办演出需向国务院文化主管部门申请的限制，在一定程度上放宽了限制条件，简化了审批程序。

3. 特点

这一阶段，随着文化体制改革的不断深入，文化演出行业蓬勃发展，不断涌现出新模式；国家也积极探索创新监管模式，不断放宽市场准入、鼓励对外交流、加强人才培养、简化审批程序，促进文化演出市场有序发展。

（四）文化演出监管繁荣创新阶段（2016年至今）

1. 历史背景

随着经济的迅速发展，民众的文化娱乐支出比重不断增加，文化消费时间逐渐增多，对文化产品的选择性日益增强，逐渐向高层次的精神文化需求

① 非营业性演出活动是指不以营利为目的举办的演出活动。参加政府组织的文艺汇演、调演、节庆演出或举办非营业性涉外、涉港澳台交流演出，应当持有关书面文件备查。举办非营业性涉外或涉港澳台交流演出（可以售票和做广告），应按有关外事规定审批，需要增加营业性演出活动的，举办单位应在审批单位同意后，依照演出条例和演出实施细则的规定另行报批。

② 在演出经纪机构中从业的人员不得以个人名义从事演出经纪活动；不得在两家以上（含两家）演出经纪机构从业；不得隐瞒与经纪业务有关的重要事项，或者对经纪业务作虚假宣传。

转移，而观看娱乐性强、影响力大的演出节目成为民众最为普遍的文化消遣方式之一。根据中国演出行业协会数据统计，2016年演出市场总体经济规模达469.22亿元，相较于2015年的446.59亿元，增长5.07%。其中，演出票房收入（含分账）168.09亿元，较2015年增长3.93%；农村演出收入24.24亿元，较2015年增长8.60%；娱乐演出收入71.04亿元，较2015年增长2.01%；演出衍生品及赞助收入31.57亿元，较2015年增长7.97%。

为进一步深化文化市场综合执法改革，促进文化市场持续健康发展，2016年中共中央办公厅、国务院办公厅印发《关于进一步深化文化市场综合执法改革的意见》，指出要高度重视文化市场管理问题，建立文化市场综合执法法律法规支撑体系，形成文化市场综合执法管理体制，建设文化市场综合执法队伍。

随着我国改革开放的持续深入和人民群众生活水平的显著提高，我国文化消费需求正朝着多元化、多层次和多样化的方向发展。2017年，我国各大院线深耕细作，演出直播快速成长，小剧场演出渐成潮流。① 2018年，我国文化娱乐内容消费处于高速增长阶段，根据中国演出行业协会发布的年度报告显示，2018年全国演出市场总体经济规模达514.11亿元，较2017年增长5.03%。2019年全国演出市场继续处于上升阶段，全国演出票房总计达200.41亿元，同比增长7.29%。在现场娱乐票务市场用户中，现场演出观众向年轻化趋势发展，这一群体为文娱消费市场的未来发展提供了巨大的增长空间。

2. 主要法规与政策

2016年，演出条例再次修订，以适应“十三五”时期文化演出市场大环境。第一，合并了关于演艺团体和演艺经纪机构的申请与审批要求；第二，明确了演出经纪机构的申请和设立，将申请审批的要求规范到营业性演出经营活动范围内；第三，引入了信用监管体系，要求文化部门“建立营业性演出经营主体的经营活动信用监管制度，建立健全信用约束机制，并及时公布

① 作为国内知名院线，“保利剧院”旗下的保利院线经营管理着国内多家一流剧院，持续有效地助推着我国演出行业的发展。2017年，保利院线共组织演出8093场，演出数量创历史新高，其中有400余场是保利剧院组织的原创作品巡演，如保利剧院和龙马社出品的话剧《断金》。

行政处罚信息”。

2017年，为了贯彻行政许可法，结合国务院行政审批制度改革的要求，文化部修订演出实施细则。新的演出实施细则取消了一系列审批项目，如个体演员申领营业性演出许可证审批和设立营业性演出场所审批等；下放了2项审批项目，包括演出经纪机构邀请外国表演团体或者个人来华歌舞娱乐场所进行6个月以内的定点营业性演出审批和演出经纪机构邀请港澳台表演团体或者个人来内地进行营业性演出审批。同时，上述行政审批的条款修改后，与其相关的罚则和附则也作出了相应改动。此外，新的演出实施细则中删除了关于年检的规定。

随着演出市场的进一步繁荣和互联网技术加快普及，我国演出票务市场乱象也时有发生。为了规范营业性演出票务市场，促进行业健康有序发展，2017年《文化部关于规范营业性演出票务市场经营秩序的通知》提出，要严格资质管理，规范经营活动，加强重点演出监管，加大执法处罚力度。2020年，为贯彻实施《中华人民共和国外商投资法》，优化外商在中国的营商环境，吸引外资持续投资中国市场，国务院对与外商投资法不符的行政法规进行了修改，其中就包含演出条例中涉及外国投资者的部分。

【前沿探讨】

针对近年来部分演出的演出商将门票打包给“黄牛”售卖导致观众很难通过正规渠道购买到门票的行为，2017年7月《文化部关于规范营业性演出票务市场经营秩序的通知》明确，面向市场公开销售的营业性演出门票数量不得低于公安部门核准观众数量的70%，同时表示，将探索演出门票实名制管理的制度。

2018年期间，由于模仿知名演员或以其他名人为主要表演形式的模仿秀营业性演出日益增多，对社会造成不良影响，4月27日发布《文化和旅游部办公厅关于加强模仿秀营业性演出管理的通知》，要求加强模仿秀营业性演出审批管理，对演员身份信息进行严格的信息鉴别，以减少假冒他人名义、侵犯他人著作权现象的发生。为持续深化“放管服”改革，进一步优化营商环境，同时应对新冠肺炎疫情对文化演出市场带来的冲击，2020年9月发布《文化和旅游部关于深化“放管服”改革促进演出市场繁荣发展的通知》，从提升审批效能、规范新业态发展、实施精细化管理、落实主体责任、强化组织保障五方面，采取推进一网通办、简化巡演审批程序、落实外资准入政策、促进演出市场消费等一系列措施，促进演出市场繁荣发展。同时提出，坚持包容审慎监管理念创新监管机制，完善对演出场所新业态管理和虚拟形象类演出管理，将这两类按照演出条例相关规定纳入监管范围。

3. 特点

这一阶段，我国文化演出行业繁荣发展，人民娱乐生活方式多元多样，消费不断升级，文化体制改革也在市场化的进程中加快步伐。在监管模式上，国家不断简政放权，加强部门协作，创新技术手段，创新监管体系。

二、文化演出监管制度

营业性演出是指以营利为目的、通过售票或者接受赞助的，支付演出单位或者个人报酬的，以演出为媒介进行广告宣传或者产品促销的，以其他营利方式组织演出的方式为公众举办的现场文艺表演活动。[①]举办营业性演出活动需要通过文化主管部门审核取得营业性演出许可证。

（一）行政许可制度

1. 经营主体的设立

（1）文艺表演团体

根据演出条例第六条、演出实施细则第四条规定，文艺表演团体是从事文艺表演活动的经营单位，应当有与其业务相适应的专职演员和器材设备。申请从事营业性演出活动的文艺表演团体应当向县级人民政府文化主管部门

① 参见：《营业性演出管理条例实施细则》第二条。

提出申请。演出实施细则第七条规定了文艺表演团体申请从事营业性演出活动应当向文化主管部门提交的材料。此外，外国投资者不得设立文艺表演团体。①

港、澳投资者可以在内地投资设立由内地方控股的文艺表演团体；台湾地区投资者不得设立文艺表演团体。文艺表演团体申请从事营业性演出经营活动，应当向省、自治区、直辖市人民政府文化主管部门提出申请。省、自治区、直辖市人民政府文化主管部门应当自收到申请之日起20日内作出决定。批准的，颁发营业性演出许可证；不批准的，应当书面通知申请人并说明理由。②

（2）演出经纪机构

根据演出条例第六条、演出实施细则第五条的规定，演出经纪机构应当有3名以上专职演出经纪人员和与其业务相适应的资金，从事演出组织、制作、营销等经营活动；演出居间、代理、行纪等经纪活动；演员签约、推广、代理等经纪活动的经营单位。申请从事营业性演出活动的演出经纪机构应当向省、自治区、直辖市人民政府文化主管部门提出申请。演出实施细则第八条规定了演出经纪机构申请从事营业性演出活动应当向文化主管部门提交的材料。

此外，外国投资者可以依法在中国境内设立演出经纪机构③，外商投资的演出经纪机构若申请从事营业性演出经营活动，向国务院文化主管部门提出

① 原《营业性演出管理条例》第十条第一款规定，外国投资者不得设立中外合资经营、中外合作经营、外资经营的文艺表演团体。但是为了贯彻实施《中华人民共和国外商投资法》，2020年11月29日国令第732号《国务院关于修改和废止部分行政法规的决定》对其进行了修改。

② 原《营业性演出管理条例》第十一条中未规定港、澳投资者可以在内地投资设立相关文艺表演团体，但规定了台湾地区的投资者不得设立合资、合作、独资经营的文艺表演团体。2020年11月29日国令第732号《国务院关于修改和废止部分行政法规的决定》对其进行了修改。

③ 原《营业性演出管理条例》第十条第一、二、三款规定，外国投资者可以与中国投资者依法设立中外合资经营（中国合营者的投资比例应当不低于51%）、中外合作经营（中国合作者应当拥有经营主导权）的演出经纪机构，不得设立外资经营的演出经纪机构，且设立应当依照有关外商投资的法律法规的规定办理审批手续。2020年11月29日国令第732号《国务院关于修改和废止部分行政法规的决定》对其进行了修改。

申请。国务院文化主管部门应当自收到申请之日起20日内作出决定。批准的，颁发营业性演出许可证；不批准的，应当书面通知申请人并说明理由。[①]演出实施细则第十条规定了涉外投资演出经纪机构申请从事营业性演出活动应当向文化主管部门提交的材料。

港、澳投资者可以在内地投资设立演出经纪机构；台湾地区投资者可以在大陆投资设立演出经纪机构。演出经纪机构申请从事营业性演出经营活动应当向省、自治区、直辖市人民政府文化主管部门提出申请。[②]演出经纪机构申请从事营业性演出经营活动应当向省、自治区、直辖市人民政府文化主管部门提出申请。[③]演出实施细则第十三条和第十五条规定了涉港澳台地区投资的演出经纪机构申请从事营业性演出活动应当向文化主管部门提交的材料。

（3）演出场所经营单位

根据演出条例第七条、演出实施细则第六条的规定，演出场所经营单位是为演出活动提供专业演出场地及服务的经营单位，其应当依法到工商行政管理部门办理注册登记，领取营业执照，还应当依照有关消防、卫生管理等法律、行政法规的规定办理审批手续。[④]

此外，外国投资者可以依法在中国境内设立演出场所经营单位[⑤]，外商投资的演出场所经营单位若申请从事营业性演出经营活动，应向国务院文化主

① 参见：《营业性演出管理条例》第十条。2020年11月29日国令第732号《国务院关于修改和废止部分行政法规的决定》进行了修改。

② 原《营业性演出管理条例》第十一条规定，港、澳投资者可以在内地投资设立合资、合作、独资经营的演出经纪机构，可以在内地设立分支机构；台湾地区投资者可以在内地投资设立合资、合作经营的演出经纪机构（内地合营者的投资比例应当不低于51%，内地合作者应当拥有经营主导权），不得设立独资经营的演出经纪机构。2020年11月29日国令第732号《国务院关于修改和废止部分行政法规的决定》进行了修改。

③ 参见：《营业性演出管理条例》第十一条。

④ 参见：《营业性演出管理条例》第七条。

⑤ 原《营业性演出管理条例》第十条规定，外国投资者可以与中国投资者依法设立中外合资经营（中国合营者的投资比例应当不低于51%）、中外合作经营（中国合作者应当拥有经营主导权）的演出场所经营单位，不得设立外资经营的演出场所经营单位，且设立应当依照有关外商投资的法律、法规的规定办理审批手续。2020年11月29日国令第732号《国务院关于修改和废止部分行政法规的决定》对其进行了修改。

管部门提出申请。国务院文化主管部门应当自收到申请之日起20日内作出决定。批准的，颁发营业性演出许可证；不批准的，应当书面通知申请人并说明理由。[①]演出实施细则第十一条规定了涉外投资演出经纪机构申请从事营业性演出活动应当向文化主管部门提交的材料。

港、澳投资者可以在内地设立演出场所经营单位；台湾地区的投资者可以在大陆投资设立演出场所经营单位。[②]演出场所经营单位申请从事演出场所经营活动应当向省、自治区、直辖市人民政府文化主管部门提出申请。[③]演出实施细则第十四条规定了涉港澳台地区投资的演出经纪机构申请从事营业性演出活动应当向文化主管部门提交的材料。

若演出场所经营单位违反演出条例的规定，情节严重的，由县级以上人民政府文化主管部门依据各自职权责令其停止营业性演出经营活动，并通知工商行政管理部门，由工商行政管理部门依法吊销营业执照。演出场所经营单位有其他经营业务的，由工商行政管理部门责令其办理变更登记，逾期不办理的，吊销营业执照。[④]

（4）个体演员和个体经纪人

根据演出条例第九条的规定，以从事营业性演出为职业的个体演员和以从事营业性演出的居间、代理活动为职业的个体演出经纪人，应当依法到工商行政管理部门办理注册登记，领取营业执照。根据《演出经纪人员管理办法》第三条规定，演出经纪人员是指在演出经纪机构中从事演出组织、制作、营销，演出居间、代理、行纪，演员签约、推广、代理等活动的从业人员；在县级文化主管部门备案的个体演出经纪人。演出经纪人员须通过演出经纪

① 参见：《营业性演出管理条例》第十条。2020年11月29日国令第732号《国务院关于修改和废止部分行政法规的决定》进行了修改。

② 原《营业性演出管理条例》第十一条规定，港、澳投资者可以在内地投资设立合资、合作、独资经营的演出场所经营单位；台湾地区的投资者可以在内地投资设立合资、合作经营的演出场所经营单位（内地合营者的投资比例应当不低于51%，内地合作者应当拥有经营主导权），不得设立独资经营的演出场所经营单位。2020年11月29日国令第732号《国务院关于修改和废止部分行政法规的决定》进行了修改。

③ 参见：《营业性演出管理条例》第十一条。

④ 参见：《营业性演出管理条例》第五十二条。

资格考试，取得演出经纪资格证书（有效期5年），中国演出行业协会[①]负责演出经纪资格证书的核发与管理，文化和旅游部指导监督中国演出行业协会组织实施演出经纪人员资格认定工作。根据《演出经纪人员管理办法》第十三条的规定，演出经纪人员不得在两家以上（含两家）演出经纪机构从业。[②]

若个体演员和个体演出经纪人违反演出条例的规定，情节严重的，由县级以上人民政府文化主管部门依据各自职权责令其停止营业性演出经营活动，并通知工商行政管理部门，由工商行政管理部门依法吊销营业执照。

2. 审批程序

（1）提出申请

营业性演出经营主体应当按照演出实施细则规定的材料向文化主管部门提交申请。

（2）受理

申请材料齐全且符合法定形式则由文化主管部门进行材料审查；否则，受理人员一次性告知申请人补正全部内容。

（3）审查

由文化主管部门审查申请材料并作出同意或不予同意的决定。

（4）决定

县级人民政府文化主管部门应当自受理申请之日起3日内作出决定。予以批准的，向申请人颁发《营业性演出许可证》（包括1份正本和2份副本，有效期2年）；不予批准的，则书面通知申请人并说明理由。

3. 变更及备案

文艺表演团体变更有关事项应当向原发证机关申请换发《营业性演出许可证》，并依法到工商行政管理部门办理变更登记；演出场所经营单位变更有

① 参见《营业性演出管理条例实施细则》第三十七条："演出行业协会是演出经营主体和演出从业人员的自律组织。全国性演出行业协会负责组织实施演员、演出经纪人员等演出从业人员的资格认定工作。各级文化主管部门可以委托演出行业协会开展有关工作，并加强指导和监督。"

② 演出经纪人员同时在两家以上演出经纪机构从业容易扰乱行业秩序。例如，同一个人占据多个位置，会直接影响到新入行者求职。

关事项，应当依法到工商行政管理部门办理变更登记，并向原备案机关重新备案[①]；依法登记的演出场所经营单位应当自领取营业执照之日起20日内，持证照和有关消防、卫生批准文件，向所在地县级文化主管部门备案，县级文化主管部门应当出具备案证明[②]；个体演员（持个人身份证明和艺术表演能力证明）、个体演出经纪人（持个人身份证明和演出经纪人员资格证明）应当自领取营业执照之日起20日内，向户籍所在地或者常驻地县级文化主管部门申请备案，文化主管部门应当出具备案证明。[③]

根据演出条例第四十三条的规定，擅自从事营业性演出经营活动，超范围从事营业性演出经营活动，变更营业性演出经营项目未向原发证机关申请换发营业性演出许可证的行为，由县级人民政府文化主管部门予以取缔，没收演出器材和违法所得，并处违法所得8倍以上10倍以下的罚款；没有违法所得或者违法所得不足1万元的，并处5万元以上10万元以下的罚款；构成犯罪的，依法追究刑事责任。此外，擅自设立演出场所经营单位或者擅自从事营业性演出经营活动的，由工商行政管理部门依法予以取缔、处罚；构成犯罪的，依法追究刑事责任。

【典型案例】

2016年，上海某网络科技有限公司经营某票务网站，在2016年12月共销售“2016某歌星幻乐一场演唱会”演出门票525张，违法所得57163元。上海市文化市场行政执法总队依据《营业性演出管理条例》第四十三条的规定，依法给予当事人没收违法所得57163元并处违法所得10倍罚款的顶格处罚。

4.注销

依申请注销许可证的文艺表演团体和演出经纪机构，应提交注销申请书和营业性演出许可证正、副本，并报文化主管部门备案。

---

① 参见:《营业性演出管理条例》第八条。

② 参见:《营业性演出管理条例实施细则》第九条。

③ 同上。

（二）行为规范

1. 办理演出申报手续

申请举办营业性演出，应当在演出日期3日前将申请材料提交演出所在地县级人民政府文化主管部门；举办营业性涉外或者涉港澳台演出[①]，应当在演出日期20日前将申请材料提交负责审批的文化主管部门[②]。

申请举办营业性演出，应当按规范填写《营业性演出申请登记表》和《演出活动承诺书》，加盖申报单位公章，并持营业性演出许可证或者备案证明，向文化主管部门提交符合演出条例第十六条[③]规定的材料。此外，演出实施细则第十七条和第十八条，分别规定了申请举办临时搭建舞台、看台的营业性演出[④]和举办营业性涉外或涉港澳台演出应向文化主管部门提交的材料。

【前沿探讨】

2012年，在英国音乐家联盟的压力下，英国出台《2012现场音乐法案》（*Live Music Act 2012*[⑤]），帮助一些小型场馆在没有许可证的情况下举办现场音乐演出。该法案规定，只要演出时间是在上午8点至晚上11点、演出地点是一个已取得酒精经营许可证的场所、观众人数不超过500人，则该演

① 参见《营业性演出管理条例实施细则》第二十六条："举办营业性涉外或者涉港澳台演出，举办单位应当负责统一办理外国或者港澳台文艺表演团体、个人的入出境手续，巡回演出的还要负责其全程联络和节目安排。"

② 参见：《营业性演出管理条例实施细则》第十六条。

③ 参见《营业性演出管理条例》第十六条："申请举办营业性演出，提交的申请材料应当包括下列内容：（一）演出名称、演出举办单位和参加演出的文艺表演团体、演员；（二）演出时间、地点、场次；（三）节目及其视听资料。申请举办营业性组台演出，还应当提交文艺表演团体、演员同意参加演出的书面函件。营业性演出需要变更申请材料所列事项的，应当分别依照本条例第十三条、第十五条规定重新报批。"

④ 符合《大型群众性活动安全管理条例》规定的营业性演出活动。根据《大型群众性活动安全管理条例》第二条规定，大型群众性活动是指法人或者其他组织面向社会公众举办的每场次预计参加人数达到1000人以上的活动。如体育比赛活动，演唱会、音乐会等文艺演出活动。

⑤ 现行有效，于2012年3月8日出台，2012年10月1日生效。

出便无须申领现场音乐演出执照。若演出活动不符合上述标准，则需要申请包含娱乐和销售酒精的许可证，或者申请临时活动许可证，否则将被叫停或罚款。

若未经批准举办营业性演出，变更演出举办单位、参加演出的文艺表演团体、演员或者节目而未重新报批的，则由县级人民政府文化主管部门根据演出条例第四十四条的规定予以处罚。此外，若变更演出的名称、时间、地点、场次而未重新报批的，由县级人民政府文化主管部门责令改正，给予警告，可以并处3万元以下的罚款。

【典型案例】

2019年5月，北京某餐饮公司未经文化主管部门批准，在其经营的某餐馆里，组织乐队进行演出活动，而该公司不具备举办营业性演出经纪资质。北京市文化市场综合执法总队依法对该公司擅自从事营业性演出经营活动的违法行为作出较大数额罚款的行政处罚。该案是北京市首次对餐饮企业违规从事营业性演出活动予以行政处罚，进一步规范了餐饮企业借助现场演出进行企业宣传的经营行为。

2. 安排演出模式及节目内容

演出条例第十二条、第十四条、第十七条规定了营业性演出经营主体举办演出的模式。

（1）文艺表演团体

文艺表演团体可以自行举办营业性演出，也可以参加营业性组台演出（应当由演出经纪机构举办）；若自行举办营业性演出，可以邀请涉外或涉港澳台地区的文艺表演团体、个人参加。

（2）演出经纪机构

演出经纪机构可以从事营业性演出的居间、代理、行纪活动；仅演出经纪机构可以举办涉外或涉港澳台地区的文艺表演团体、个人参加的营业性演出[①]；承办歌舞娱乐场所、旅游景区、主题公园、游乐园、宾馆、饭店、酒吧、餐饮场所等非演出场所经营单位在本场所内举办的营业性演出[②]。

（3）演出场所经营单位

演出场所经营单位可以在本单位经营的场所内举办营业性组台演出。若提供演出场地，应当核验演出举办单位取得的批准文件，不得为未经批准的营业性演出提供演出场地[③]，否则，由县级人民政府文化主管部门责令改正，没收违法所得，并处违法所得3倍以上5倍以下的罚款；没有违法所得或者违法所得不足1万元的，并处3万元以上5万元以下的罚款。

（4）个体演员

个体演员可以自行举办营业性演出，也可以参加营业性组台演出；只能从事营业性演出的居间、代理活动。

此外，若营业性演出的主要节目内容等发生变更的，演出举办单位应及时告知观众并说明理由。观众有权退票。演出过程中，除因不可抗力不能演出的外，演出举办单位不得中止或者停止演出，演员不得退出演出。[④]否则，由国务院文化主管部门或者省、自治区、直辖市人民政府文化主管部门向社会公布相关演出举办单位、文艺表演团体、演员；演出举办单位、文艺表演团体在2年内再次被公布的，由原发证机关吊销营业性演出许可证；个体演员在2年内再次被公布的，由工商行政管理部门吊销营业执照，由县级人民政府文化主管部门处5万元以上10万元以下的罚款。[⑤]

【典型案例】

2017年，北京某文化公司在举办的“某歌星2017北京演唱会”营业性演

① 参见《营业性演出管理条例》第十四条：“举办外国的或者香港特别行政区、澳门特别行政区、台湾地区的文艺表演团体、个人参加的营业性演出，应当符合下列条件：（一）有与其举办的营业性演出相适应的资金；（二）有2年以上举办营业性演出的经历；（三）举办营业性演出前2年内无违反本条例规定的记录。”

② 参见：《营业性演出管理条例实施细则》第二十一条。

③ 参见：《营业性演出管理条例》第十七条。

④ 参见：《营业性演出管理条例》第二十七条。

⑤ 参见：《营业性演出管理条例》第四十七条。

出活动中未能完成申报的40首演唱曲目数量（现场只唱了27首）。北京市文化市场综合执法总队依据《营业性演出管理条例》及《营业性演出管理条例实施细则》，对该公司作出了罚款5万元的行政处罚。这是全国就演出主办单位未向社会公示演出最低曲目数量的第一案。

3. 安排演出场地并负责演出现场管理

演出条例对演出场所经营单位和演出举办单位在不同演出场地——在公共场所、临时搭建舞台、看台等场所举办营业性演出应履行的现场管理义务作出了规范，包括资质合格证明、硬件设施标准、消防安全规范、应急疏散预案、观众数量和区域核准、安检设施配备、标志标识设置等一系列内容。

其中，若未遵守安全、消防规定，则由公安部门或者公安消防机构依据法定职权依法予以处罚；构成犯罪的，依法追究刑事责任。若演出举办单位印制、出售超过核准观众数量的或者观众区域以外的营业性演出门票的，由县级以上人民政府公安部门依据各自职权责令改正，没收违法所得，并处违法所得3倍以上5倍以下的罚款；没有违法所得或者违法所得不足1万元的，并处3万元以上5万元以下的罚款；造成严重后果的，由原发证机关吊销营业性演出许可证；构成犯罪的，依法追究刑事责任。①

4. 确定演出票价并负责演出活动的收支结算

在票务方面，营业性演出活动经批准后方可出售门票②，未经批准擅自出售演出门票的，由县级文化主管部门责令停止违法活动，并处3万元以下罚款③。此外，不得伪造、变造营业性演出门票或者倒卖伪造、变造的营业性演出门票④，否则，由公安部门或者公安消防机构依据法定职权依法予以处罚；构成犯罪的，依法追究刑事责任。

在演出活动收支方面，演出条例第三十条和演出实施细则第二十四条特别对募捐义演的演出收入作出了规定。举办募捐义演应当按照规定办理审批

① 参见：《营业性演出管理条例》第五十一条。

② 参见：《营业性演出管理条例实施细则》第二十七条。

③ 参见：《营业性演出管理条例实施细则》第五十一条。

④ 参见：《营业性演出管理条例》第三十一条。

手续。募捐义演的演出收入，除必要的成本开支外，必须全部交付受捐单位；演出举办单位、参加演出的文艺表演团体和演员、职员，不得获取经济利益。募捐义演结束后10日内，演出举办单位或者演员应当将演出收支结算报审批机关备案。若发生演出举办单位或者其法定代表人、主要负责人及其他直接责任人员在募捐义演中获取经济利益，文艺表演团体或者演员、职员在募捐义演中获取经济利益的行为，则按照演出条例第四十九条的规定承担法律责任。

5. 依法缴纳或者代扣代缴有关税费

根据演出条例第二十九条的规定，营业性演出经营主体应当对其营业性演出的经营收入依法纳税。演出举办单位在支付演员、职员的演出报酬时应当依法履行税款代扣代缴义务。

【前沿探讨】

在美国，早期对人们娱乐形式进行监管控制的主要是教会，重点审查演出剧目是否有悖宗教道德观念，为了防止“不道德、不敬神和蔑视宗教的戏剧在公共舞台上演出而有可能引起的重大祸害”。1750年，美国马萨诸塞州常设法院通过《禁止舞台剧及其他戏剧演出法案》（*Act to Prevent Stage-Plays and Other Theatrical Entertainments*），该法案规定将对任何一个发起或参与演出的人处以重罚。20世纪20年代，美国地方行政和警察局已经建立起行之有效的审查制度，1927年出台《The Wales Padlock Law》来规范纽约娱乐场所，一旦发现剧院上演有损城市形象的淫秽、不道德的剧作时，其营业执照将被吊销。20世纪80年代，美国为达到监管和控制艺术市场的目的，加大了对国家艺术基金会[①]（The National Endowment for the Arts，NEA）经费的控制力度，削减或取消了项目经费。

---

① 美国联邦政府所属的一个独立机构，旨在资助优秀艺术项目。这个基金会成立于1965年。1965—2008年，该基金会已经资助12.8万多个项目，资助金额超过了40亿美元。

6. 内容规范

“营业性演出必须坚持为人民服务、为社会主义服务的方向。”演出条例第二十四条、第二十五条、第二十七条、第二十八条均规定了营业性演出的内容规范。

首先，演出举办单位不得以政府或者政府部门的名义举办营业性演出；营业性演出不得冠以“中国”“中华”“全国”“国际”等字样。否则，按照演出条例第四十八条的规定予以处理。

其次，营业性演出不得违反宪法规定的基本原则，不得危害国家利益、社会公德等内容，一经发现应当立即采取措施予以制止并同时向演出所在地县级人民政府文化主管部门、公安部门报告。[①]否则，按照演出条例第四十六条的规定予以处理。

【典型案例】

2018年12月31日，张某某、杨某某跨年表演的相声节目涉嫌含有危害社会公德内容被立案调查。最后，青岛市某艺术公司因违反了《营业性演出管理条例实施细则》相关规定，被罚款人民币5万元整；天津某文化传播有限公司为该场演出举办单位，根据《营业性演出管理条例》的规定被依法吊销其营业性演出许可证。此外，青岛市文化市场行政执法局于2019年6月30日下达了《关于对北京某文化传播有限公司整改意见的告知函》，对演员张某某、杨某某进行批评教育，并进行严肃处理。

再次，演出条例和演出实施细则的第二十八条都专门规定了营业性演出中禁止出现假唱、假演奏的行为。演出举办单位应当派专人对演唱、演奏行为进行监督，并作出记录备查。若发生欺骗观众或为演员假唱提供条件的行为，则按照演出条例第四十七条的规定予以处理。

① 参见：《营业性演出管理条例》第二十六条。

【典型案例】

2016年9月，合肥某文化经纪有限公司在合肥市体育中心体育馆内举办演唱会，韩国某表演团体演唱了4首歌曲。安徽省合肥市文化市场综合执法支队采取现场监管和技术监控的手段，发现其演出中存在以假唱欺骗观众的行为，违反《营业性演出管理条例》第二十八条的规定，依据《营业性演出管理条例》第四十七条的规定，给予当事人罚款5万元的行政处罚。

最后，营业性演出广告内容必须真实、合法，不得误导、欺骗公众①，否则由工商行政管理部门责令停止发布，并依法予以处罚。

第二节　娱乐场所监管

随着经济的不断发展，人们日益追求多种多样的精神文化生活方式。当前，娱乐场所提供的各项娱乐休闲服务已成为现代社会大众消费的主流形式之一。在我国，娱乐场所监管经历了怎样的发展历程？娱乐场所该如何设立和经营？

一、娱乐场所监管历史沿革

我国文化主管部门在文化市场监管工作中，一般把娱乐场所分为歌舞娱乐场所和游艺娱乐场所两大类：歌舞娱乐场所是指提供伴奏音乐、歌曲点播服务或者提供舞蹈音乐、跳舞场地服务的经营场所；游艺娱乐场所是指通过游戏游艺设备提供游戏游艺服务的经营场所。②

自20世纪80年代至21世纪，我国公共娱乐场所经历了从无到有、从禁止到有限向公众开放的过程，娱乐场所监管也经历了从有限监管到逐步开放的模式。由于本章上一节在文化演出监管概述中已对相关文化体制改革背景

① 参见：《营业性演出管理条例》第二十四条。

② 参见：《娱乐场所管理办法》第二条。

进行了介绍，因此本节关于文化体制改革背景的内容将不再赘述。根据我国娱乐场所的发展背景，我们将娱乐场所的监管历史分为三个阶段。

（一）娱乐场所监管初步构建阶段（1980—2000年）

1. 历史背景

传统歌舞娱乐行业诞生于改革开放伊始。20世纪80年代，我国歌舞娱乐业逐渐发展起来，主要有歌厅、舞厅、卡拉OK等形式。1984年，国内第一家商业舞厅在上海开业。

KTV起源于日本，从早期在酒馆里的3人走唱乐队发展到卡拉OK，后传到我国台湾地区发展成KTV并得以迅速发展。20世纪80年代，深圳从台湾地区引进KTV，但当时还相对小众。1995年，量贩式KTV开始营业，点播技术的进步使得传统的舞厅变成歌舞厅并快速在国内传播，吸引了许多消费者。目前我国的营业性歌舞娱乐场所主要有歌厅（含有歌手演唱的酒吧、咖啡厅等），舞厅，卡拉OK厅（含附设卡拉OK设备的茶座、餐厅等），其他营业性歌舞娱乐场所等形式。[①]

歌舞娱乐业的兴起在一定程度上满足了人们精神生活层面的需求，也一定程度上推动了经济发展。然而，一些新问题也随之而来。由于营业性娱乐场所具有公众性和复杂性，在经营过程中容易成为涉及黄、赌、毒、黑等违法行为的高发地，也容易成为安全隐患和扰民的投诉举报热点地。

营业性游艺娱乐场所主要包括电子游戏厅、游艺厅等，在20世纪七八十年代登陆我国。随着电脑游戏和家用游戏的不断发展，部分游艺娱乐场所在20世纪90年代末期逐渐衰退。

2. 主要法规与政策

随着歌舞娱乐场所的兴起，1993年文化部颁布《营业性歌舞娱乐场所管理办法》，对营业性歌舞娱乐场所的申报与审批、场地与设施、经营与管理、奖励与处罚作出了规定。1997年颁布《文化部关于修订〈营业性歌舞娱乐场所管理办法〉〈文化市场稽查暂行办法〉〈美术品经营管理办法〉等行政

① 参见：《营业性歌舞娱乐场所管理办法》第二条。

规章的决定》，修改了《营业性歌舞娱乐场所管理办法》第二十三条中的处罚事项，规定主要由文化行政部门根据违法情节轻重给予处罚，并取消了关于“提请公安、工商管理部门吊销《安全合格证》《营业执照》”的规定。1999年，国务院颁布《娱乐场所管理条例》，第一次通过法律的形式明确了娱乐场所的概念、范围，全面规范了娱乐场所的设立、经营活动、治安管理、法律责任等方面，将娱乐场所的管理纳入了法治化的轨道，为娱乐场所的健康有序发展提供了基本保障。

为了加强对游艺型娱乐场所的监管，2000年《国务院办公厅转发文化部等部门关于开展电子游戏经营场所专项治理意见的通知》要求，“各地要立即停止审批新的电子游戏经营场所”，停止“面向国内的电子游戏设备及其零附件生产、销售活动”，从源头上禁止了新设游艺型娱乐场所和新造大型游戏机进入市场。此外，还对当时正在经营的游艺娱乐场所进行了整顿，如无证无照经营，场所设立的地址、安保消防、内容不规范等问题。

3.特点

这一阶段，娱乐场所经营带来新形式。然而，市场规模迅速扩大带来经济效益的同时也出现了大量违法、违规的经营现象。为了规范娱乐场所经营活动，弥补市场有效管理的空白，国家开始了对娱乐场所的监管。

（二）娱乐场所监管建设起步阶段（2001—2010年）

1.历史背景

随着社会主义市场经济的深入，娱乐场所的数量、规模、经营方式都有了很大的变化。20世纪末，多元娱乐形式（如新娱乐和广场舞）的兴起，分流了歌舞厅绝大多数的消费者。

2007年，为深入贯彻党的十七大会议精神，文化部、中央综治办、公安部、卫生部、国家工商总局、国家环保总局、国家版权局联合发布《关于印发〈2008—2010年全国娱乐场所阳光工程实施方案〉的通知》，指出加强娱乐场所管理，构建文明娱乐环境的具体规划。据当时对全国文化市场经营情况的统计，2007年全国设立娱乐场所82174家，其中歌舞厅19283家，KTV共27207家，电子游戏及游艺机经营场所25452家，综合娱乐场所4385家。

2. 主要法规与政策

由于当时娱乐场所经营活动出现了一系列问题，如治安问题、消防问题、扰民问题和有的国家机关工作人员及其亲属开办娱乐场所或者参与娱乐场所经营活动，严重损害政府形象。旧的《娱乐场所管理条例》与新出现的问题不相适应，因此政府对于娱乐场所的监管进一步发生转变。

2003年发布了《文化部关于进一步加强和改进歌舞娱乐场所管理的通知》，切实解决歌舞娱乐场所存在的突出问题，主要提出了进一步加强歌舞娱乐场所的内容规范和安全、健康发展，加强对歌舞娱乐场所表演和播放节目的审查、监督和引导力度，积极探索监管有效机制，加强对经营者的培训工作等内容。2006年发布了《文化部办公厅关于进一步加强歌舞娱乐场所内容管理、有效维护内容安全的通知》，继续从内容规范上作出了强调，并指出要积极配合公安等部门，加大执法力度，严厉打击违法违规活动。

在国家行政审批制度改革期间，国务院于2002年取消了旧的《娱乐场所管理条例》中由公安部门负责娱乐场所开业审批权的规定，这直接导致了2006年国务院修订《娱乐场所管理条例》，新的《娱乐场所管理条例》于2006年3月1日起正式施行。2006年的《娱乐场所管理条例》保留了旧的《娱乐场所管理条例》中行之有效的制度，重点围绕一些出现的新问题进行了修改，提高了娱乐场所的准入门槛和审批条件，强化了娱乐场所经营业主应承担的法律责任，加大了文化主管部门、公安部门对违法违规经营娱乐场所的处罚权，强化了娱乐场所及其从业人员主体责任，也明确规定了每日凌晨2时至上午8时为娱乐场所禁止营业时间[①]。同年3月发布了《文化部关于贯彻〈娱乐场所管理条例〉的通知》，针对新修订的《娱乐场所管理条例》作出了一系

① 日本和我国台湾地区的有关法律对这类场所的营业时间也有同样限制。如日本《有关风俗营业等的规定以及业务的适正化等的法律》规定，风俗营业场所的营业时间不得超过晚上12点。日本所谓的风俗营业场所与《娱乐场所管理条例》调整的娱乐场所范围大体相当。我国台湾地区的“舞厅、舞场、酒家、酒吧及特种咖啡茶室业管理规则”规定，每日凌晨3点至上午9点不得营业。

列规范，要求严格管理娱乐场所开办条件、审批程序，加强监管、引导行业自律，也提出要明确文化行政部门的监管职责，规范行政行为。同年11月印发了《文化部关于〈娱乐场所管理条例〉贯彻执行中若干问题的意见》（以下简称“意见”），对《娱乐场所管理条例》的适用范围，娱乐场所设立地点、营业面积、消费者数量核定，以及行政机关监管要求，如行政许可听证、娱乐场所巡查制度、违法行为警示记录系统等方面作出了解释。2007年印发了《文化部办公厅关于解决娱乐场所审批中有关问题的通知》，重点对《娱乐场所管理条例》和意见实施前娱乐场所的新建、改建、扩建的申请进行了解释。

3. 特点

从这一阶段的监管过程来看，政府管制不断升级。从一般规范性文件到部门规章再到国务院行政法规，法律文件位阶不断提高，监管内容逐渐增多，措施也越来越多样化。

（三）娱乐场所监管迅速发展阶段（2011年至今）

1. 历史背景

随着互联网技术的普及和娱乐消费选择的日益丰富，我国KTV业态逐步进入转型升级的调整期。同时，随着移动互联网的兴起和人们碎片化娱乐需求的增多，场景灵活、使用方便的新兴业态“线上KTV”和迷你歌咏亭[①]应运而生，持续为我国歌舞娱乐行业注入活力。2012年，线上KTV业态萌芽代表应用“唱吧”面世。2013年起，随着互联网技术的普及和娱乐消费选择的日益丰富，迷你歌咏亭的出现满足了人们碎片化娱乐的需求。2013年，第一台迷你歌咏亭设备诞生，并于2015年量产。2013—2016年，凭借着便捷、免费和碎片化娱乐等优势，线上KTV获得大批拥簇。2016年下半年，迷你歌咏亭业态广泛布局一、二线城市各大商业中心，引发投资热潮。同年，国务院印发“十三五”规划纲要，提出“健全现代文化市场体系，落实完善文化经济政策。深入开展‘扫黄打非’，加强市场监管，提升综合执法能力”。2018

① 参见：《文化部关于引导迷你歌咏亭市场健康发展的通知》（文市发〔2017〕20号）。

年，根据党的十九届三中全会审议通过的《中共中央关于深化党和国家机构改革的决定》《深化党和国家机构改革方案》和第十三届全国人民代表大会第一次会议批准的《国务院机构改革方案》，中华人民共和国文化和旅游部设立，将原文化部和原国家旅游局的职责进行了整合。

2. 主要法规与政策

2013年，文化部发布《娱乐场所管理办法》，规定了娱乐场所设立地点的界定方法，游戏游艺设备内容审核程序、设备核查要点、歌舞娱乐场所歌曲点播系统核查要点，以及文化部门行政指导服务内容。

随着我国文化产业和文化市场的迅速发展，国务院于2016年修订《娱乐场所管理条例》以适应文化市场管理工作新形势的需要。新形势下修订的《娱乐场所管理条例》立足于娱乐场所及其产业的变化，力争从监管层面上保障人民群众生命财产安全，保护消费者和未成年人的合法权益，明确了政府有关部门的职责和权限，加大了对违法行为的处罚力度。

2017年发布了《文化部关于引导迷你歌咏亭市场健康发展的通知》，对陆续出现的KTV新型业态“迷你歌咏亭”加强引导规范，实施告知性备案并加强内容管理，保障设备运行安全。同年，根据12月15日发布的《文化部关于废止和修改部分部门规章的决定》重新修订《娱乐场所管理办法》，将“设立娱乐场所”修改为“依法登记的娱乐场所申请从事娱乐场所经营活动”，以及规定了依法登记的娱乐场所申请从事娱乐场所经营活动应当提交的文件内容等方面。截至2019年，全国歌舞娱乐市场规模为1545.5亿元，全国游戏游艺市场规模为1675.1亿元。为加强游戏游艺设备管理，规范娱乐市场秩序，促进行业健康发展，满足人民群众日益增长的美好生活需要，2019年11月，文化和旅游部发布《游戏游艺设备管理办法》，迎合了现实管理问题的需要，对游戏游艺设备实施分类管理政策，加强对游戏游艺新业态的监管。

【前沿探讨】

《娱乐场所管理条例》第二十三条规定，“歌舞娱乐场所不得接纳未成年人。除国家法定节假日外，游艺娱乐场所设置的电子游戏机不得向未成年人提供”。但随着新型娱乐方式的不断发展，游艺娱乐场所的游戏设备丰富多样，有音乐体感、运动健身、益智教育、亲子互动等，父母带着孩子在游艺娱乐场所享受亲子娱乐已成为常态。为了适应现实管理的需要和公众诉求，《游戏游艺设备管理办法》明确游戏游艺设备分为电子游戏设备（机）和游艺娱乐设备，把游戏内容、形式等方面不适宜未成年人独立或者长时间使用的游戏游艺设备纳入电子游戏设备（机）管理，其他纳入游艺娱乐设备管理，并从生产到流通、经营环节实施全程分类贴标管理，便于公众识别哪些设备适合未成年人玩。①

3. 特点

这一阶段，在政府不断转变职能、加强依法行政的背景下，进一步规范了市场主体，规定了政府部门的职责权限和工作流程。立法行为也体现了管理重心下移、服务中心下移、发展重心下移的原则，对于维护消费者在进行文化消费时的合法权益，对于保护人民群众的文化权利有着重要的意义。

二、娱乐场所监管制度

娱乐场所是指以营利为目的，并向公众开放、消费者自娱自乐的歌舞、游艺等场所。②为了加强娱乐场所经营活动管理、维护娱乐场所健康发展，设立及经营娱乐场所需要通过文化主管部门审核取得《娱乐经营许可证》。根据《娱乐场所管理条例》第三条、第九条和《娱乐场所管理办法》第四条的规定，娱乐场所的审批、设立和日常经营活动的监管主要由县级以上人民政府文化主管部门负责；中外合资经营、中外合作经营的娱乐场所主要由所在地省、自治区、直辖市人民政府文化主管部门负责。

① 《游戏游艺设备管理办法》政策解读［EB/OL］.（2020-01-09）［2021-04-21］. http://zwgk.mct.gov.cn/zfxxgkml/zcfg/zcjd/202012/t20201205_915478.html.

② 参见：《娱乐场所管理条例》第二条。

（一）行政许可制度

1. 审批条件

（1）经营主体要求

《娱乐场所管理条例》第五条、第六条规定了娱乐场所设立主体的要求。

开办娱乐场所或是在娱乐场所内的从业人员[①]不得有曾涉黄、涉毒、涉赌、涉黑，从事邪教、迷信活动和其他违法犯罪的行为。外国投资者可以依法在中国境内设立娱乐场所。[②]因擅自从事娱乐场所经营活动被依法取缔的，其投资人员和负责人终身不得投资开办娱乐场所或者担任娱乐场所的法定代表人、负责人。娱乐场所被吊销或者撤销娱乐经营许可证的，自被吊销或撤销之日起，其法定代表人、负责人5年内不得担任娱乐场所的法定代表人、负责人。[③]

《娱乐场所管理条例》还特别规定了国家机关及其工作人员不得开办、参与或变相参与娱乐场所经营活动的要求。若公职人员涉嫌上述行为，则对直接负责的主管人员和其他直接责任人员依法给予撤职或者开除的行政处分。[④]若公职人员明知其亲属开办娱乐场所或者发现其亲属参与、变相参与娱乐场所的经营活动，不予制止或者制止不力的，也将被依法给予行政处分；情节严重的，将被依法撤职或开除。[⑤]

（2）经营场所要求

娱乐场所不得设立在居民楼、博物馆、图书馆和被核定为文物保护单位的建筑物内；不得设立在居民住宅区和学校、医院、机关周围；不得设立在车站、机场等人群密集的场所；不得设立在建筑物地下一层以下；也不能设

① 参见:《娱乐场所管理条例》第十四条、第五十七条。

② 原《娱乐场所管理条例》第六条规定，外国投资者可以与中国投资者依法设立中外合资经营、中外合作经营的娱乐场所，而不能独资经营。为了贯彻实施《中华人民共和国外商投资法》，2020年11月29日国令第732号《国务院关于修改和废止部分行政法规的决定》对其进行了修改。

③ 参见:《娱乐场所管理条例》第五十三条。

④ 参见:《娱乐场所管理条例》第五十五条。

⑤ 同上。

立在与危险化学品仓库毗连的区域。[1]此外，若是设立含有电子游戏机的游艺娱乐场所，则应当符合国务院文化主管部门关于总量和布局的要求。《娱乐场所管理条例》第八条规定了娱乐场所的使用面积不得低于国务院文化主管部门规定的最低标准。其中，新设立的歌舞娱乐场所营业面积不得少于200平方米；设包厢、包间的，每个包厢、包间营业面积不得少于8平方米，单个消费者人均占有营业面积不得低于1.5平方米。[2]

2. 审批程序

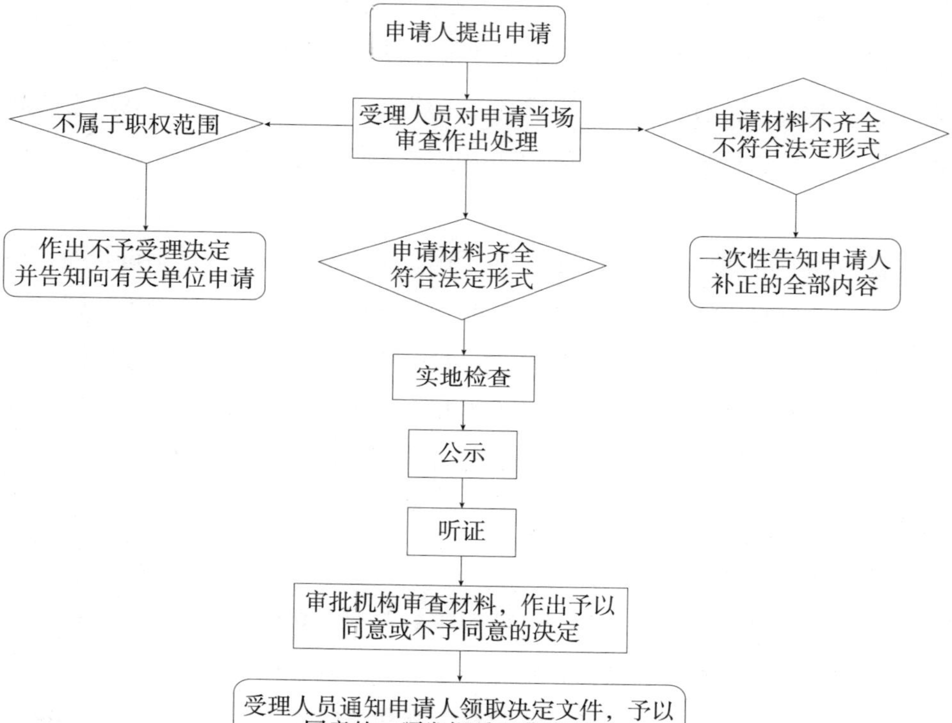

图 2-1　娱乐场所行政审批流程

（1）提交申请

依法登记的娱乐场所申请从事娱乐场所经营活动，应当提交以下文件：

① 参见：《娱乐场所管理条例》第七条。

② 参见：《文化部关于〈娱乐场所管理条例〉贯彻执行中若干问题的意见》的相关规定。

（一）申请书；（二）营业执照；（三）投资人、法定代表人、主要负责人的身份证明以及无《娱乐场所管理条例》第四条、第五条、第五十三条规定情况的书面声明[①]；（四）房产权属证书，租赁场地经营的，还应当提交租赁合同或者租赁意向书；（五）经营场所地理位置图和场所内部结构平面图；（六）消防、环境保护部门的批准文件或者备案证明[②]。此外，依法登记的中外合资、中外合作经营娱乐场所申请从事娱乐场所经营活动，还应当提交商务主管部门的批准文件。[③]

（2）核查材料

当申请人提交申请后，受理申请的文化主管部门应向公安部门或者其他有关单位核查申请者书面说明的真实性。申请材料齐全且符合法定形式的，应当场或在5个工作日内作出受理决定；申请材料不全或不符合法定形式的，应当场或在5个工作日内出具《行政许可申请材料补正告知书》，一次性告知申报单位需要补正的全部内容。逾期不告知的，视为受理。

（3）实地核查

若申请者所提交的书面说明经核查属实，则文化主管部门应当就其娱乐场所的设立地点、周边环境、面积等进行实地检查。此外，还应对歌舞娱乐场所使用的歌曲点播系统和游艺娱乐场所使用的游戏游艺设备进行内容核查。[④]

【前沿探讨】

根据《游戏游艺设备管理办法》第十五条、第十八条、第二十三条规定，娱乐场所以及其他经营场所不得购置未张贴正规电子标识的游戏游艺设备，应当严格落实游戏游艺设备电子标识管理要求。2020年11月18日，文化和旅游部市场管理司发布《文化和旅游部办公厅关于启用游戏游艺设备内容审核

---

① 申请人应当对书面声明内容的真实性负责。

② 如《公众聚集场所投入使用、营业前消防安全检查合格证》，建设项目竣工环境保护验收决定。

③ 参见：《娱乐场所管理办法》第十一条。批准文件，如外商投资企业批准证书。

④ 参见：《娱乐场所管理办法》第十三条。

系统 做好游戏游艺设备电子标识管理工作的通知》，要求利用全国文化市场技术监管与服务平台对游戏游艺设备进行内容审核，由平台自动生成电子标识，扫描电子标识二维码便可直接链接至省级文化和旅游行政部门公布该款游戏游艺设备审核信息的网站，查看游戏游艺设备的操作说明、外观图片等基本信息。对拒不张贴电子标识的，纳入重点监管对象；发现未经文化和旅游行政部门内容核查的，或者擅自变更实质性内容的，可以按照《娱乐场所管理办法》第三十条规定予以处罚；发现含有《娱乐场所管理条例》第十三条规定的禁止内容的，应当按照第四十八条规定予以处罚。

（4）公示

申请者提交材料齐全，符合条件且实地检查合格的，应当在设立场所、文化主管部门办公场所显著位置向社会公示10日。[①]

（5）举行听证

文化主管部门审批娱乐场所应当举行听证。有关听证的程序，依照行政许可法的规定执行。

（6）作出决定

文化主管部门应根据听证结果作出行政许可决定。予以批准的，核发娱乐经营许可证；不予批准的，应当书面告知申请人并说明理由。[②]

（7）备案

娱乐场所依法取得营业执照和相关批准文件、许可证后，应当在15日内向所在地县级公安部门备案。若未按规定向公安部门备案的，则由县级公安部门责令改正并给予警告。[③]

娱乐场所备案项目包括：（一）名称；（二）经营地址、面积、范围；（三）地理位置图和内部结构平面示意图；（四）法定代表人和主要负责人姓名、身份证号码、联系方式；（五）与保安服务企业签订的保安服务合同及保安人员配备情况；（六）核定的消费人数；（七）娱乐经营许可证号、营业

① 参见：《娱乐场所管理办法》第十二条。

② 参见：《娱乐场所管理办法》第十四条。

③ 参见：《娱乐场所管理条例》第四十七条。

执照号及登记日期；（八）监控、安检设备安装部位平面图及检测验收报告；（九）设有电子游戏机的游艺娱乐场所备案时，除符合前款要求外，还应当提供电子游戏机机型及数量情况。①

在娱乐场所的设立上，取得营业执照②和许可证是必备的条件。若擅自从事娱乐场所经营活动，将被依法予以取缔③，同时，其投资人员和负责人终身不得投资开办娱乐场所或者担任娱乐场所的法定代表人、负责人④。若以欺骗等不正当手段取得娱乐经营许可证的，则由原发证机关撤销其娱乐经营许可证。⑤

（8）变更

娱乐场所改建、扩建营业场所或者变更场地、主要设施设备、变更投资人员、投资比例以及娱乐经营许可证载明事项的，应当向原发证机关申请重新核发娱乐经营许可证，可以一次申请多项变更，相同资料按要求只提交一份。同时，还应向公安部门备案，备案时需携带娱乐经营许可证、营业执照及消防、卫生、环保等部门批准文件的复印件；需要办理变更登记的，应当依法向工商行政管理部门办理变更登记。在经营过程中若未按规定变更有关事项、变更登记、更换营业执照，则将由县级人民政府文化主管部门责令改正，给予警告；情节严重的，会被责令停业整顿1个月至3个月。⑥

【典型案例】

2018年4月，北京市文化市场综合执法总队执法人员依法对北京某歌厅进行检查，发现该歌厅扩大营业场所面积，未申请重新核发娱乐经营许可证。经查，该歌厅扩建营业场所、未申请重新核发娱乐经营许可证的行为违反了《娱乐场所管理条例》第十二条的规定。依据该条例第四十九条的规定，依法对该歌厅作出行政处罚。

① 参见：《娱乐场所治安管理办法》第五条。

② 经营者未依法取得营业执照从事经营活动，则由工商行政管理部门依据《无证无照经营查处办法》予以查处。

③ 参见：《娱乐场所管理条例》第四十一条。

④ 参见：《娱乐场所管理条例》第五十三条。

⑤ 参见：《娱乐场所管理条例》第四十二条。

⑥ 参见：《娱乐场所管理条例》第四十九条。

（9）延续

娱乐经营许可证有效期2年。娱乐经营许可证有效期届满30日前，娱乐场所经营者应当持许可证、营业执照副本以及营业情况报告到原发证机关申请换发许可证。原发证机关应当在有效期届满前做出是否准予延续的决定，逾期未做决定的，视为准予延续。[①]办理延续时需携带《娱乐场所换证登记表》，《娱乐经营许可证》正、副本，营业执照副本复印件。娱乐经营许可证有效期届满未延续的，由原发证机关向社会公告注销娱乐经营许可证，并函告公安机关、工商行政管理部门。[②]

（10）注销

依申请注销的娱乐场所，应提交注销申请书和《娱乐经营许可证》正、副本，核对无误的，当场予以注销。

（二）行为规范

1. 内容规范

“国家鼓励娱乐场所传播民族优秀文化艺术，提供面向大众的、健康有益的文化娱乐内容和服务。”[③]《娱乐场所管理条例》第十三条规定了娱乐场所内提供的娱乐服务不得违反宪法规定的基本原则，不得危害国家利益，不得涉及黄、赌、毒，不得侵害他人的合法权益等方面内容。同时，第十四条也规定了娱乐场所及其从业人员不得为进入娱乐场所的人员实施涉黄、涉赌、涉毒，从事邪教、迷信活动和其他违法犯罪行为提供条件。若娱乐场所为涉黄、赌、毒、邪教、迷信等其他违法犯罪行为提供场所，则由县级公安部门没收违法所得和非法财物，并责令停业整顿3个月至6个月；情节严重的，由原发证机关吊销娱乐经营许可证，对直接负责的主管人员和其他直接责任人员处1万元以上2万元以下的罚款。[④]

---

① 参见：《娱乐场所管理办法》第十七条。

② 参见：《娱乐场所管理办法》第十八条。

③ 参见：《娱乐场所管理办法》第三条。

④ 参见：《娱乐场所管理条例》第四十三条。

【典型案例】

2019年3月15日晚，南宁市某KTV两个包厢内存在涉嫌提供以营利为目的的陪侍服务。经进一步调查取证，依法对该KTV处以责令停业整顿6个月的处罚。

此外，若歌曲点播系统、曲目、屏幕画面、游戏项目内容不合规，则由县级人民政府文化主管部门没收违法所得和非法财物，并处违法所得1倍以上3倍以下的罚款；没有违法所得或者违法所得不足1万元的，并处1万元以上3万元以下的罚款；情节严重的，责令停业整顿1个月至6个月。

【典型案例】

2017年，广州某娱乐有限公司在其KTV点播系统曲库内提供2首已被列入文化部网络音乐产品黑名单的歌曲供消费者点唱，造成社会危害。广州市文化市场综合行政执法总队对广州某娱乐有限公司传播内容违规歌曲的行为作出了罚款1万元的行政处罚。

2.硬件设施规范

（1）噪声标准

《娱乐场所管理条例》第七条规定了娱乐场所的边界噪声应当符合国家规定的环境噪声标准。歌舞厅扩声系统的声压级，正常使用应在96分贝以下。场外噪声不得超过《中华人民共和国城市区域环境噪声标准》中的有关规定。①

【前沿探讨】

在澳大利亚，只有持有夜总会执照的场所才能提供娱乐经营活动。若持有任何其他类型的酒精执照想要举办或者进行会发出噪声的娱乐活动，需要遵循酒精和博彩法规办公室（The Office of Liquor and Gaming Regulation）的相关规定，如提供一份声学报告。

① 参见：《营业性歌舞娱乐场所管理办法》第十条。

（2）监控、装修

歌舞娱乐场所应当在规定的位置安装闭路电视监控设备，并保证其在营业期间正常运行，录像设备的资料需留存30日用以备查，并不得删改或挪作他用。[①]对于歌舞娱乐场所内的包厢和包间装修，应当安装透明门窗展现室内整体环境且不能有内锁装置。[②]若娱乐场所的硬件设施不符合规范，监控设备未留存或删改录像资料，则由县级公安部门责令改正，给予警告；情节严重的，责令停业整顿1个月至3个月。[③]

（3）亮度标准

《娱乐场所管理条例》第十七条规定歌舞娱乐场所在营业期间，其场所内的亮度不得低于国家规定的标准。其中，舞厅不得低于4勒克司[④]，歌厅、卡拉OK厅不得低于6勒克司，包厢亮度不得低于3勒克司。[⑤]

（4）标志标识

娱乐场所应当在显著位置悬挂娱乐经营许可证、营业执照、未成年人禁止或限入的警示标志，并注明公安、文化主管部门的举报电话。未按规定悬挂标志的，由县级人民政府文化主管部门、县级公安部门依据法定职权责令改正，给予警告。[⑥]

3. 产品规范

《娱乐场所管理条例》第十八条规定，歌舞娱乐场所应当使用依法出版、生产、进口的音像制品，播放的曲目和屏幕画面不得涉及黄、赌、毒、邪教、迷信等其他违法犯罪行为，且使用的歌曲点播系统不得与境外曲库联接。

游艺娱乐场所应当使用依法出版、生产、进口的电子游戏，其电子游戏

① 参见《娱乐场所管理条例》第十五条："歌舞娱乐场所应当按照国务院公安部门的规定在营业场所的出入口、主要通道安装闭路电视监控设备，并应当保证闭路电视监控设备在营业期间正常运行，不得中断。"

② 参见：《娱乐场所管理条例》第十六条。

③ 参见：《娱乐场所管理条例》第四十四条。

④ Lux，法定符号Lx，简称"勒"，是照度的国际单位，又称米烛光。被光均匀照射的物体，在1平方米面积上所得的光通量是1流明时，它的照度是1勒克司。

⑤ 参见：《营业性歌舞娱乐场所管理办法》第十条。

⑥ 参见：《娱乐场所管理条例》第五十一条。

机内的游戏项目不得涉及黄、赌、毒、邪教、迷信等其他违法犯罪行为。此外，游艺娱乐场所不得设置具有赌博功能和以现金、有价证券作为奖品的游戏设备，否则将由县级公安部门没收违法所得和非法财物，并处违法所得2倍以上5倍以下的罚款；没有违法所得或者违法所得不足1万元的，并处2万元以上5万元以下的罚款；情节严重的，责令停业整顿1个月至3个月。[①]

4. 从业及从业人员规范

娱乐场所应当与从业人员签订文明服务责任书，并建立从业人员名簿和营业日志。从业人员名簿中应当有真实姓名、居民身份证复印件、外国人就业许可证复印件等内容，营业日志中应记载营业期间从业人员的工作职责、工作时间、工作地点；营业日志不得删改，并应当留存60日备查。[②]若未按规定建立从业人员名簿和营业日志，将由县级人民政府文化主管部门、县级公安部门依据法定职权责令改正，给予警告；情节严重的，责令停业整顿1个月至3个月。[③]

此外，从业人员在营业期间应统一着工作服，佩带工作标志并携带居民身份证或者外国人就业许可证，并遵守职业道德和卫生规范，不得侵害消费者的人身和财产权利。[④]否则，将由县级人民政府文化主管部门责令改正，给予警告；情节严重的，责令停业整顿1个月至3个月。

5. 营业时间规范

《娱乐场所管理条例》第二十八条特别规定了娱乐场所不得营业的时间为每日凌晨2时至上午8时。否则，将由县级人民政府文化主管部门责令改正，给予警告；情节严重的，责令停业整顿1个月至3个月。

6. 未成年人保护义务

根据《娱乐场所管理条例》第二十三条、第二十四条的规定，娱乐场所不得接纳未成年人也不能招用未成年人，否则由劳动保障行政部门责令改正，

① 参见：《娱乐场所管理条例》第四十五条。
② 参见：《娱乐场所管理条例》第二十五条。
③ 参见：《娱乐场所管理条例》第五十条。
④ 参见：《娱乐场所管理条例》第二十七条。

并按照每招用一名未成年人每月处5000元罚款的标准给予处罚。

除国家法定节假日外，游艺娱乐场所设置的电子游戏机不得向未成年人提供。若游艺娱乐场所在国家法定节假日外向未成年人提供服务，则由县级人民政府文化主管部门没收违法所得和非法财物，并处违法所得1倍以上3倍以下的罚款；没有违法所得或者违法所得不足1万元的，并处1万元以上3万元以下的罚款；情节严重的，责令停业整顿1个月至6个月。

【典型案例】

2011年6月21日，青岛市文化市场行政执法局联合市南区文化市场行政执法局依法对青岛某量贩式KTV娱乐有限公司进行检查时，发现该场所违规接纳未成年人娱乐。其行为违反了《娱乐场所管理条例》第二十三条的规定。依据《娱乐场所管理条例》第四十八条的规定，依法对该KTV作出了罚款1万元的行政处罚。

7. 安保消防义务

根据《娱乐场所管理条例》，娱乐场所的法定代表人或主要负责人需对其场所内的消防安全和其他安全负责；不得允许非法携带危险物品和传染病病原体的人员进入娱乐场所；应定期安检并配备专业保安人员；应保证疏散通道和安全出口畅通，且需要设置明显的安全出口指示标志。若娱乐场所未履行安保、消防义务，则由县级公安部门责令改正，给予警告；情节严重的，责令停业整顿1个月至3个月。①若违反有关治安管理或者消防管理法律、行政法规规定的，由公安部门依法予以处罚；构成犯罪的，依法追究刑事责任。

8. 保护消费者的义务

《娱乐场所管理条例》第二十九条规定了娱乐场所应当对提供的服务项目和商品明码标价，不得强迫、欺骗消费者。若娱乐场所侵害消费者人身权利，则应当依法承担民事责任，并由县级公安部门责令停业整顿1个月至3个月；

① 参见:《娱乐场所管理条例》第四十四条。

造成严重后果的，由原发证机关吊销娱乐经营许可证。[①]娱乐场所及其从业人员与消费者发生争议的，应当依照消费者权益保护的法律规定解决；造成消费者人身、财产损害的，由娱乐场所依法予以赔偿。[②]

第三节　监管方式

我国贯彻现代国家“多元共治”的监管理念，监管主体和方式多元化，充分发挥了政府规制、共同规制、自我规制多元监管机制，形成了以主体准入、内容审查、技术监管、执法处罚的监管体系。以下将介绍文化演出和娱乐场所的监管机制、方式及要求。

根据演出条例第五条[③]、演出实施细则第三十四条[④]、《大型群众性活动安全管理条例》第四条[⑤]、《娱乐场所管理条例》第三条[⑥]、《娱乐场所管理办法》第四条[⑦]的规定可以看出，当前我国对于文化演出和娱乐场所的监管主要由文化和旅游部门、公安部门、工商行政管理部门联合组成。其中，文化和

① 参见:《娱乐场所管理条例》第四十六条。

② 参见:《娱乐场所管理条例》第五十四条。

③ 参见《营业性演出管理条例》第五条:“国务院文化主管部门主管全国营业性演出的监督管理工作。国务院公安部门、工商行政管理部门在各自职责范围内，主管营业性演出的监督管理工作。县级以上地方人民政府文化主管部门负责本行政区域内营业性演出的监督管理工作。县级以上地方人民政府公安部门、工商行政管理部门在各自职责范围内，负责本行政区域内营业性演出的监督管理工作。”

④ 参见《营业性演出管理条例实施细则》第三十四条:“文化主管部门或者文化行政执法机构检查营业性演出现场，应当出示文化市场行政执法证件，演出举办单位应当配合。”

⑤ 参见《大型群众性活动安全管理条例》第四条:“县级以上人民政府公安机关负责大型群众性活动的安全管理工作。县级以上人民政府其他有关主管部门按照各自的职责，负责大型群众性活动的有关安全工作。”

⑥ 参见《娱乐场所管理条例》第三条:“县级以上人民政府文化主管部门负责对娱乐场所日常经营活动的监督管理；县级以上公安部门负责对娱乐场所消防、治安状况的监督管理。”

⑦ 参见《娱乐场所管理办法》第四条:“县级以上人民政府文化主管部门负责所在地娱乐场所经营活动的监管，负责娱乐场所提供的文化产品的内容监管，负责指导所在地娱乐场所行业协会工作。”

旅游部门负主责，公安部门、工商行政管理部门在各自职责范围内履行其职责。此外，文化和旅游部的内设机构“文化市场综合执法监管局”主要负责指导、推动、整合、组建文化市场综合执法队伍；指导、监督全国文化市场综合执法工作，组织查处和督办全国性、跨区域文化市场重大案件。“各级综合执法机构依照职责分工负责本行政区域内的文化市场综合行政执法工作。”[1]综上所述，文化演出和娱乐场所作为文化市场的重要组成部分主要由文化主管部门与各有关行政部门建立协作机制进行监管。其监管程序如下：第一，受理和管辖；第二，立案调查；第三，证据收集；第四，作出行政处罚决定；第五，送达；第六，结案归档。[2]

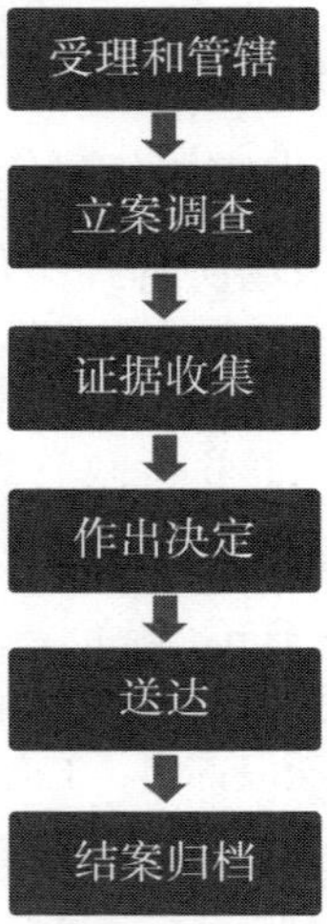

图 2–2　监管程序

除了国家行政机关的依法监管，根据演出条例第四十二条和《娱乐场所管理条例》第四十条规定，相关行业协会应当依照章程的规定，制定行业自律规范，加强对会员经营活动的指导、监督，促进公平竞争。

在文化演出监管方面，主要由中国演出行业协会加强对演出经营主体和演出从业人员的指导和监督。中国演出行业协会是由中国文化和旅游部主管的国家一级社会团体，是演出单位和演出从业人员自愿结成的全国性、行业

① 参见：《文化市场综合行政执法管理办法》第五条。

② 参见：《文化市场综合行政执法管理办法》。

性、非营利性社会组织。根据《演出经纪人员管理办法》第十八条和第十九条规定，中国演出行业协会应当依托全国文化市场技术监管与服务平台，建立演出经纪人员档案[①]，并制定演出经纪人员分类、分级管理细则。

在娱乐场所监管方面，主要由中国文化娱乐行业协会加强和规范文化娱乐行业经营秩序。中国文化娱乐行业协会是由民政部登记管理，文化部业务主管，公安部支持的国家一级协会，是连接文化娱乐市场生产、流通和消费各个环节的服务性组织，是沟通政府、文化市场经营单位、消费者之间的重要桥梁和纽带。

此外，《全国文化市场黑名单管理办法》第十三条规定，支持行业协会对列入全国文化市场黑名单的会员进行警告、通报批评、公开谴责，并采取取消评优评先资格等惩戒措施。例如，中国演出行业协会对演出经纪人员违反职业道德和行业规范的行为，应当在行业内按规定处理。演出经纪机构受到行政处罚的，中国演出行业协会应当对负责该项经纪业务的演出经纪人员予以通报批评，情节严重的，中国演出行业协会应当注销其演出经纪资格证书，自注销之日起5年内不得重新申请。[②]

有权利必有监督。文化演出和娱乐场所在经营过程中违反相关法律、法规规定的，除前文所述采用行政许可的方式之外，一般采用行政处罚、行政指导、行政约谈、信用监管、行政奖励等刚柔并济的方式给予监管，并采用行政复议、投诉举报等方式给予救济和监督。

一、行政处罚

违反相关行政许可的行为，如擅自从事经营活动、超范围从事经营活动、未按规定变更有关事项、未按规定办理备案手续等行为；违反行为规范的行为，如违反内容规范、安保消防规范、从业及从业人员规范等行为，根据演出条例第五章《法律责任》和《娱乐场所管理条例》第五章《法律责任》的

① 记录演出经纪资格证书取得、变更、撤销等信息，为行政审批、综合执法、公众查询提供服务。

② 参见：《演出经纪人员管理办法》第十七条。

规定，文化主管部门应当根据其情节严重性采取责令改正、警告，责令停止演出（或停业整顿）、取缔、吊销、撤销、没收违法所得和财物、罚款等措施；构成犯罪的，依法追究刑事责任。此外，演出实施细则第四十一条规定若文化主管部门对文艺表演团体和演出经纪机构实施行政处罚，则应当将处罚决定记录在营业性演出许可证副本上并加盖处罚机关公章，同时将处罚决定通知发证机关。

二、行政指导

在经营主体申请行政许可之前，可依法向主管部门提交咨询申请。例如，依法登记的娱乐场所申请从事娱乐场所经营活动前，可以向负责审批的文化主管部门提交咨询申请，文化主管部门应当提供行政指导。[①]筹建人需要行政指导的，应当提交《娱乐场所筹建咨询申请表》。若申请咨询事项为法律法规、设立程序等内容的，文化主管部门应当即时告知筹建人；若申请咨询事项为现场指导的，筹建人应同时提交房地产权属证书，租赁场地经营的还应当提交租赁合同或者租赁意向书，文化行政部门应当现场指导，并出具行政指导意见书。

三、行政约谈

近年来，作为一种监管工具，行政约谈的发展契合了当下创新管理体制机制的要求，在诸多领域得到广泛运用，成为政府进行行业监管的重要手段之一。在文化演出和娱乐场所经营领域，不乏一些可能存在或已经发生的违规问题。例如，证照不齐全，内容不合规，损害未成年人、消费者合法权益等行为。此时，文化主管部门可通过行政约谈的方式“以教促改”，一方面对经营者进行政策法规宣讲，另一方面有针对性地指出问题，给经营者敲响警钟，要求其积极整改。这将有利于进一步提高经营者的法律意识，强化主体责任，依法依规经营。

① 参见：《娱乐场所管理办法》第十条。

【典型案例】

2019年8月，安徽省淮北市某音乐酒馆一支新入驻乐队以台风“利奇马”命名，被指违反公序良俗、亵渎台风遇难者。淮北市文化旅游体育局于15日下午依法对涉事酒吧、淮北某餐饮有限公司法人黄某进行约谈。经查，该酒吧在未经相关部门许可的情况下，擅自发布“利奇马乐队空降淮北”的广告，违反了《营业性演出管理条例》相关规定，属于违规经营行为。按照条例相关规定，文旅体局要求乐队立即停止所有演出活动。同时要求该音乐酒馆立即删除所有涉及“利奇马”的内容，并就此事向公众公开道歉，及时消除不良影响。随后，涉事音乐酒馆发布致歉信，乐队更名。[①]

四、信用监管

2016年4月，中共中央办公厅、国务院办公厅印发了《关于进一步深化文化市场综合执法改革的意见》，明确提出建立健全文化市场警示名单和黑名单制度。为维护文化市场秩序，2018年6月文化和旅游部发布《全国文化市场黑名单管理办法》，提出完善文化市场信用监管制度。其中，文化产品黑名单由文旅部负责列入，经营主体黑名单由地方列入。[②]

全国文化市场黑名单管理是文化行政部门或者文化市场综合执法机构将严重违法失信的文化市场主体及人员列入全国文化市场黑名单，并向社会公布，实施信用约束、联合惩戒等措施的统称。[③]全国文化市场黑名单主要包括文化市场主体黑名单和人员黑名单。倘若文化市场主体违反相关法律法规[④]，

① 安徽淮北酒吧乐队取名“利奇马”文旅体局责令改正［EB/OL］.（2019-08-21）［2021-04-22］. https://www.mct.gov.cn/whzx/bnsj/whscs/201908/t20190821_845820.htm.

② 文化产品具有全国流动的特点，以及其危害程度认定具有统一性和专业性，因此，《全国文化市场黑名单管理办法》规定，文旅部在征求专家审查意见的基础上，将含有禁止内容且社会危害严重的文化产品列入黑名单。

③ 参见：《全国文化市场黑名单管理办法》第二条。

④ 参见《全国文化市场黑名单管理办法》第五条：“文化市场主体因违反相关法律法规受到行政处罚或者未经许可从事文化市场经营活动，有下列情形之一的……（一）擅自从事文化市场经营活动，造成重大事故或恶劣社会影响的；（接下页）

则由文化行政部门或文化市场综合执法机构按照属地管理及“谁负责、谁列入，谁处罚、谁列入”的原则，将文化市场主体及其法定代表人或者主要负责人列入全国文化市场管理黑名单。对此，演出条例第三十五条[①]，《娱乐场所管理条例》第三十五条[②]，《娱乐场所管理办法》第二十六条[③]、第二十八条[④]均提出了建立信用监管制度的规定。

五、行政奖励

为调动社会公众对违法违规行为举报的积极性，加大文化市场违法违规行为打击力度，充分发挥社会公众对文化市场的监督力度，国家对举报线索有功的人员采取了一定的表彰、奖励措施。如演出条例第三十四条[⑤]、《文化市场综合行政执法管理办法》第十三条[⑥]、《文化市场举报办理规范》第二十二

（二）受到文化行政部门或者文化市场综合执法机构吊销许可证行政处罚的；（三）因欺骗、故意隐匿、伪造变造材料等不正当手段取得的许可证、批准文件被文化行政部门撤销的，或者伪造、变造许可证、批准文件证据确凿的；（四）法律法规规章规定的其他应当列入全国文化市场黑名单的情形。演员、网络表演者等其他从业人员列入全国文化市场黑名单的标准、公布及惩戒措施由文化和旅游部另行规定。”

① 参见《营业性演出管理条例》第三十五条：“文化主管部门应当建立营业性演出经营主体的经营活动信用监管制度，建立健全信用约束机制，并及时公布行政处罚信息。”

② 参见《娱乐场所管理条例》第三十五条：“文化主管部门应当建立娱乐场所的经营活动信用监管制度，建立健全信用约束机制，并及时公布行政处罚信息。”

③ 参见《娱乐场所管理办法》第二十六条：“文化主管部门应当建立娱乐场所信用管理档案，记录被文化主管部门、公安机关、工商行政管理部门实施处罚的情况以及娱乐场所法定代表人、主要负责人、投资人等信息。”

④ 参见《娱乐场所管理办法》第二十八条：“违反《条例》规定，擅自从事娱乐场所经营活动的，由县级以上人民政府文化主管部门责令停止经营活动，依照《条例》第四十一条予以处罚；拒不停止经营活动的，依法列入文化市场黑名单，予以信用惩戒。”

⑤ 参见《营业性演出管理条例》第三十四条：“……公众举报经调查核实的，应当对举报人给予奖励。”

⑥ 参见《文化市场综合行政执法管理办法》第十三条：“综合执法机构应当建立健全12318文化市场举报体系，向社会公布举报方式，依法及时有效受理、办理举报，对举报有功人员可给予一定奖励……”

条[①]都规定了对提供重大举报线索，且举报内容属实、有突出贡献的人员给予一定的奖励。以北京为例，2012年北京修订《北京市文化市场违法违规行为举报奖励办法》提高了举报奖金额度。其中，娱乐场所违法违规行为的举报奖励为300元至3000元；营业性演出等违法违规行为的举报，经查证属实并依法办结案件的，给予罚款额5%至20%的奖励；没有罚款的，给予300元以上5000元以下的奖励；对重大违法违规案件、社会影响较大的案件、查缴违法物品数量或案值较大的案件，经集体讨论决定奖励金额。

此外，国家也对各有关行政部门或者综合执法机构中工作成绩显著的综合执法机构和执法人员给予表彰、奖励。[②]

六、行政复议

作为一种重要的行政救济方法，行政复议能在一定程度上解决行政争议，促进上下级之间的监督，并对作出具体行政行为的行政机关进行行政审查。2008年，根据《中华人民共和国行政复议法》《中华人民共和国行政复议法实施条例》，发布《文化部行政复议工作程序规定》以提高行政复议工作质量和效率。

当公民、法人和其他组织对文化部门作出的具体行政行为不服时，可以通过书面或口头的形式向文化部申请行政复议，具体由文化部办公厅[③]同意接收复议申请，由文化部政策法规司[④]予以办理、履行职责。

七、投诉举报

任何单位或者个人发现文化演出或娱乐场所经营活动中有违反相关法律法规行为的，有权向文化主管部门、公安部门等有关部门举报，接到举报后

---

① 参见《文化市场举报办理规范》第二十二条："执法部门应当建立文化市场举报奖励制度，对提供重大举报线索的举报人给予奖励。"

② 参见：《文化市场综合行政执法管理办法》第十二条："各有关行政部门或者综合执法机构可按有关规定对工作成绩显著的综合执法机构和执法人员给予表彰、奖励。"

③ 现称"文化和旅游部办公厅"，承担新闻宣传、政务公开、机要保密、信访、安全工作。

④ 现称"文化和旅游部政策法规司"，承担机关行政复议和行政应诉工作。

应当记录并及时依法调查、处理。为保障公民、法人和其他组织依法行使举报权利，文化部2012年印发《文化市场举报办理规范》以规范文化市场举报办理工作。

（1）举报方式

《文化市场举报办理规范》规定，各级执法部门应当建立健全12318文化市场举报体系，向社会公布文化市场举报电话、网站、电子信箱和通信地址等举报方式，主动接受社会监督。①其中，全国文化市场举报电话为12318，文化部还设立了12318举报网站用于接收文化市场网络举报。对于行政机关，《文化市场举报办理规范》规定，直辖市、副省级城市及其他具备条件的城市可以设立12318举报中心，专门负责文化市场举报办理工作；执法部门应当确定专门机构或者人员负责文化市场举报办理工作，并配备具备来电显示、自动应答、传真、语音录制等功能的电话机及接入互联网的计算机等设备②；还应当定期对举报办理人员进行培训。

（2）工作程序

第一，接收。文化市场举报应当按照接收、初审、受理、核查和回复的程序办理③，并安排专人24小时接听。

第二，登记。在接到举报后，应当立即填制《文化市场举报处理单》，录入文化市场技术监管平台，并进行初审，提出拟办意见，上报执法部门负责人审核。④

第三，审核。执法部门负责人应当在接到初审意见后二个工作日内，作出审核意见。对决定受理的举报，应当安排具体业务部门或者执法人员在五个工作日内进行核查；对需要交给下级执法部门办理的举报，应当填制《文化市场举报核查通知》，在二个工作日内转交下级执法部门；对需要移交其他职能部门处理的举报，应当填制《文化市场举报移送单》，在二个工作日内移交其他职能部门；对决定不予受理的举报，应当在二个工作日内告知举报人

① 参见：《文化市场举报办理规范》第五条。

② 参见：《文化市场举报办理规范》第七条。

③ 参见：《文化市场举报办理规范》第十二条。

④ 参见：《文化市场举报办理规范》第十五条。

并说明理由。①

第四，办理。经初步核查，认为举报内容基本属实，涉嫌存在违法行为的，执法部门应当依法及时立案调查。②

第五，答复。对举报人明确要求回复的举报，执法部门应当在初步核查后三个工作日内予以回复③；对上级执法部门交办或者其他职能部门移交的举报，应当在初步核查后三个工作日内作出书面回复；需要立案调查的，还应当在举报办理结束后回复办理结果④。

第六，录入。举报办结后，举报办理人员应当在《文化市场举报处理单》上注明办理结果，并录入文化市场技术管理平台。⑤

第七，归档。录入结果后，执法部门应妥善保管举报信息及办理过程中产生的书面材料和电子数据等资料，并按照国家档案管理的有关规定立卷存档，保管期限不得低于二年。⑥

参考文献

［1］郑禹.新旧《娱乐场所管理条例》比较［J].上海公安高等专科学校学报（公安理论与实践），2009，19(3).

［2］曲晓燕.解读《娱乐场所管理条例》：规范与发展的平衡［N].中国文化报，2006-02-20.

思考题

1.对于“黄牛”倒卖门票的行为应该如何监管？

---

① 参见：《文化市场举报办理规范》第十六条。

② 参见：《文化市场举报办理规范》第十八条。

③ 回复内容应当包括核查的时间、场所、是否发现涉嫌违法行为以及拟采取的具体措施等信息。

④ 参见：《文化市场举报办理规范》第十九条。

⑤ 参见：《文化市场举报办理规范》第二十一条。

⑥ 同上。

2. 酒吧、茶吧、咖啡厅、洗浴、桑拿、按摩等场所是否适用《娱乐场所管理条例》?

3. 某小区居民反映位于该小区单元楼一层开办的A歌厅自2017年1月开业以来，在夜间营业时产生扰民问题。经查，A歌厅未办理相关许可证和营业执照，且设立场所为商住两用楼，此楼三层以上均为居民住宅用房。对于此案该如何适用相关法律法规?

第三章　广播影视监管

本章概要

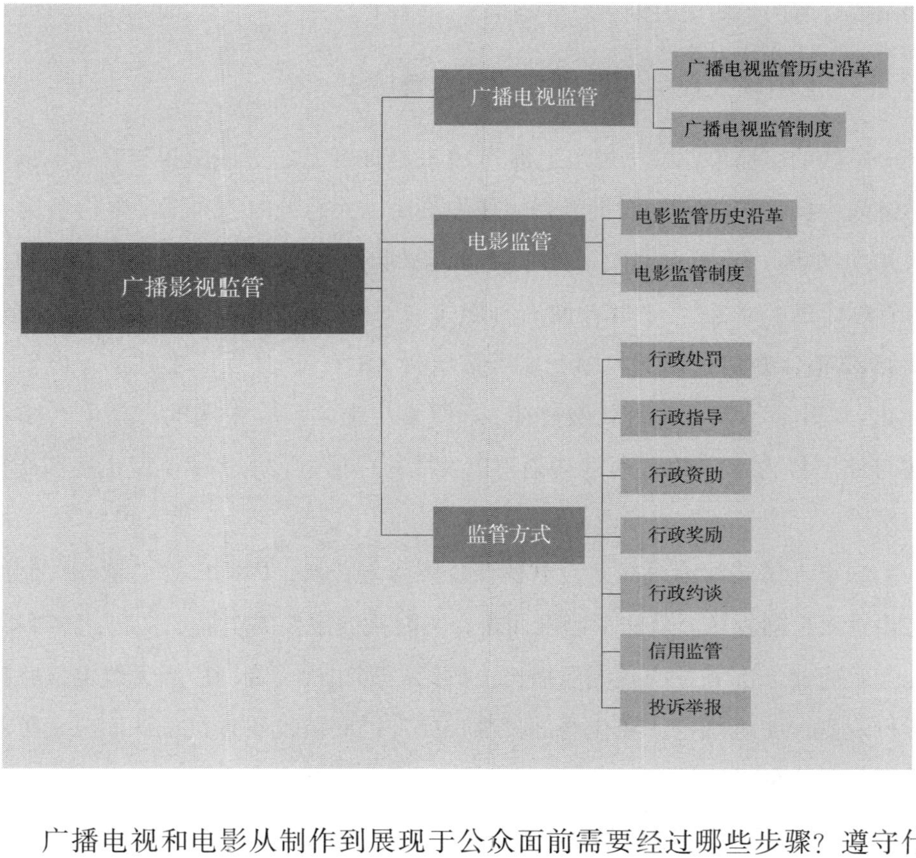

广播电视和电影从制作到展现于公众面前需要经过哪些步骤？遵守什么制度？国家如何对其进行监管，监管主体、监管内容和监管方式分别是什么？本章将从监管历史、监管制度与监管方式三个方面介绍国家对于广播影视领域的行政监管，揭晓上述问题的答案。

第一节　广播电视监管

一、广播电视监管历史沿革

广播电视监管的发展历史可以分为中华人民共和国成立前与中华人民共和国成立后两个历史时期。

（一）中华人民共和国成立前的监管历史

中国的广播事业最早可以追溯到19世纪60年代，无线电报与有线电报先后进入中国。1915年，袁世凯在担任中华民国大总统时颁布了《电信条例》，这是中国第一部无线电电信条例，这部条例对电台主体的设立、无线电的器材管理作出了规定。[①]在北洋政府时期，美国人奥斯邦与美国报纸《大陆报》于1922年合办的我国境内第一家广播电台XRO，因违反了上述的《电信条例》，仅开播不到五个月就被停播。[②]但是自此之后，中国的广播电台事业在与外国势力斗争的过程中逐渐得以发展，广播电台的法律制度也逐渐产生与发展。

中华人民共和国成立前，电视在我国尚未普及，因此广播电视相关制度主要针对广播领域。就法律制度而言，当时我国主要的广播成文法：1924年，北洋政府交通部颁发的我国广播史上的第一部法规《装用广播无线电接收机暂行规则》明确规定，经交通部批准，允许民间装设收音机，从而改变了原来严加禁止的办法；1928年，南京国民政府先后颁布《中华民国无线电台管理条例》《中华民国无线电台呼号条例》《中华民国广播无线电台条例》，开放公私团体和个人经营广播电台[③]；1930年，国民政府交通部公布的《装设广播

① 赵玉明.中国广播电视通史：上卷［M］.北京：北京广播学院出版社，2000：2.

② 《上海广播电视志》编辑委员会.上海广播电视志［M］.上海：上海社会科学院出版社，1999：2.

③ 同上。

无线电收音机登记暂行办法》，规定不论是购买或自行装置广播无线电收音机，都需要向交通部有关机构登记[①]；1936年，国民政府交通部公布了《指导全国广播电台播送节目办法》，对编排节目的时间、方法和应遵循的准则，以及内容的安排、播送时间作了详细的规定；1937年，国民政府交通部发布实施的《播音节目内容审查标准》，规定广播电台节目含有反党、反社会风俗、违法违禁等内容的予以修正与禁止[②]。

1940年，延安新华广播电台的设立标志着中国人民广播事业的创建。[③]中华人民共和国成立前，共产党对广播领域的监管以政策性文件为主：1941年5月，中宣部发出的《关于电台广播的指示》，强调广播电台在特定历史时期的重要作用，并对广播稿的撰写作出了规定；同年6月，中宣部发出的《关于党的宣传鼓动工作提纲》再次强调了广播事业的重要性[④]；1948年下发的《对新解放城市的原广播电台及其人员的政策决定》，指出中华人民共和国广播事业应归国家经营，禁止私人经营，确定了广播的国有属性[⑤]。

就监管机构而言，广播监管机构从与无线电监管机构统一中逐渐独立出来。1926年，北洋政府交通部组织"无线电广播公司"来开展广播电台的建设工作；1927年，南京国民政府成立后，重新设置交通部并任命其主管广播电台事业；1932年，成立中央广播无线电台管理处，直属于国民党中央执行委员会，专门负责管理中央广播电台；1935年，国民党设立文化委员会，直属于中央执行委员会，执掌包括广播事业在内的改进事宜[⑥]；1936年，中央广播无线电台管理处改称中央广播事业管理处，直属于中央执行委员会，抗日

---

① 赵玉明.中国广播电视通史：上卷［M］.北京：北京广播学院出版社，2000：255.

② 赵玉明.中国广播电视通史：上卷［M］.北京：北京广播学院出版社，2000：50.

③ 左漠野.当代中国的广播电视：上［M］.北京：中国社会科学出版社，1987：15.

④ 中央人民广播电台研究室，北京广播学院新闻系.解放区广播历史资料选编（1940—1949）［M］.北京：中国广播电视出版社，1985：9-10.

⑤ 张振华，张君昌，欧阳宏生.当代中国广播电视学［M］.北京：中国国际广播出版社，2014：303.

⑥ 袁荷.南京国民政府文化政策研究（1927—1949）［D］.北京：中国艺术研究院，2017.

战争爆发后，改隶于中央宣传部。1936年，成立中央广播事业指导委员会，由中央广播事业管理处、中央宣传部、中央文化事业计划委员会、交通部等诸多机构各推一名代表共同组建，成为全国广播事业的最高指导机关，同时也标志着民国时期广播管理机构完全从无线电机构中独立出来。抗战时期，不同地区根据地区情况设有不同的广播管理机构，其间抗日根据地新华社广播科与中央军委负责延安电台的广播事业。抗战胜利后，国民党的广播事业管理由交通部与广播事业指导会负责，共产党的广播事业由语言广播部、电务处管理。①

（二）中华人民共和国成立后的监管历史

中华人民共和国成立以来，电视事业逐渐发展，广播电视领域的法制建设也随着国家的命运、政治与经济的建设、社会的发展、人民生活的变化等经历了复杂而曲折的发展历程。整体而言，中国广播电视行政监管体系主要经过了以下五个时期。

1.初步构建阶段（1949—1966年）

1958年，北京电视台（现中央电视台）试播，标志着我国电视事业的正式诞生。总体而言，在1949年至1966年这17年之内，广播电视事业凭借其自身的社会作用获得了一段较为稳定的发展时期。在这一时期，中国社会在社会主义与资本主义两大阵营激烈对抗的背景之下，经历了抗美援朝、对印自卫还击战等局部战争，也经历了“三反五反”“反右”“大跃进”等政治运动。在这些事件中，广播电视扮演着社会动员与宣传鼓动的重要角色②，在当时的国家发展与社会建设中不可或缺。在这种状态下，广播事业的稳定发展推动着国家逐步探索广播电视的监管体系。同时，电视事业受经济、技术等条件的限制，发展规模较小，因此，当时广播电视领域的监管重点仍然落脚于广播领域。

就监管机构而言，1949年6月中央广播事业管理处成立，由原新华社口

① 高璐.民国时期官方广播事业管理机构的变迁［J］.新闻春秋，2018（4）：37-44.

② 孟建，黄灿.当代广播电视概论［M］.北京：中国传媒大学出版社，2011：61-64.

语广播部扩充而成，受中宣部领导。[①]同年10月，中央广播事业管理处改组为广播事业局[②]，直属政务院（1954年9月改为国务院）新闻总署。1952年因新闻总署撤销，广播事业局改称中央广播事业局，隶属政务院文化教育委员会，宣传业务由中宣部领导；1954年改称广播事业局，为国务院直属机构，技术行政由国务院第二办公室领导，宣传业务由中宣部领导。1955年，发布的《国务院关于地方人民广播电台管理办法的规定》指出："各省、自治区、直辖市、省辖市人民广播电台为各该省、自治区、直辖市、省辖市人民委员会的直属机构，受各该级人民委员会及广播事业局的领导。"1956年，国务院发出的《关于农村广播网管理机构和领导关系的通知》规定：各省、自治区、直辖市人民委员会可设立广播管理局或处，负责全省（区、市）农村广播网建设，并管理省辖市人民广播电台，本次变革使得主要监管机构一直延续到1966年。

在此期间，我国政府对于广播工作发展的方针政策进行了初步探索，发布的关于广播监管的法规主要有1950年发布的《新闻总署关于建立广播收音网的决定》，对不同的政府机构、社会组织、群众等广播使用情况作了整体性规定[③]；1956年，国务院下发的《关于农村广播网管理机构和领导关系的通知》，要求中央广播事业局和各省都应设立管理机构负责全国和各级广播网的领导建设工作；1963年下发了《国务院关于设置和使用无线电台的管理办法》，规定设置和使用无线电台，必须事先向邮电部或设置所在地的省、自治区、直辖市人民委员会提出申请，经批准并发给证明文件后，方可设置和使用。除此之外，中央广播事业局先后于1952年、1954年、1955年、1956年相继组织召开第一次至第四次全国广播工作会议，四次会议均总结了前一阶段广播事业建设和广播宣传取得的成绩，并为今后的发展制定了方针和政策。

① 中共中央关于成立中央广播事业管理处的通知［M］//中央人民广播电台研究室，北京广播学院新闻系.解放区广播历史资料选编（1940—1949）.北京：中国广播电视出版社，1985：49.

② 赵玉明.中国广播电视通史：上卷［M］.北京：北京广播学院出版社，2000：261.

③ 林颖，吴鼎铭.中央人民政府新闻总署关于建立广播收音网的决定［J］.新闻界，2015(21)：71-72.

在当时的时代背景下，我国关于广播电视事业发展的许多政策都不是对外公开的，而是作为内部精神和内部原则在体系内层层传达，借以沟通情况、交代不同时期的各种具体操作方法，对外保密且具有较强的针对性。[①]比如，《关于人民广播电台订定广播节目时间的规定》《关于人民广播器材厂营业方针给各人民电台的通知》等。[②]

中华人民共和国成立以来，我国广播电视实行“条块结合、以块为主”的领导体制，“宣传工作、事业建设和行业管理三位一体”的管理体制。[③]在监管制度的建设上，以政府或者党中央的政策文件为主要表现形式，没有形成规范的成文法律，其中效力位阶最高的为政府出台的法规。但不可否认的是，为了充分发挥广播在中华人民共和国建设时期的宣传力与号召力，国家对于广播的监管体制处在不断的探索之中，广播监管体制也由此具有了虽慢但稳的发展状态。

2.停滞阶段（1967—1976年）

1967—1976年是我国“文化大革命”的十年动乱时期。当时广播电视的内容受到严重的政治把控，广播节目只能照搬当时的《人民日报》、《解放军报》和《红旗》杂志，文艺节目也变得政治化、单调枯燥，外国音乐等节目在文艺界对“资产阶级文艺”大批判的背景之下被停止。[④]这对我国广播事业的健康发展造成了巨大的冲击，不仅刚刚诞生的电视事业无法获得稳定健康的发展环境，已经在社会生活中占有重要地位的广播事业虽因其宣传与号召作用仍然存续，但在日益严重的动乱环境之下也逐渐偏离了正确的发展方向。

在这十年中，广播电视监管陷入停滞状态，甚至呈现出倒退的趋势，

---

① 郭镇之.广播电视与法制管理：兼论建立中国广播电视的内容标准［J］.新闻与传播评论，2003（0）：127-142+246.

② 哈艳秋.当代中国广播电视史［M］.北京：中国国际广播出版社，2018.

③ 涂昌波.广播电视法律制度概论［M］.2版.北京：中国传媒大学出版社，2011：88.

④ 孟建，黄灿.当代广播电视概论［M］.2版.北京：中国传媒大学出版社，2011：66.

管理机构遭到严重打击，政府出台的相关监管方针与政策受到政治运动与思想运动的影响，疲于应对混乱的发展现状，故此十年可以被视作广播电视监管体系发展的停滞时期。

3. 恢复阶段（1977—1984年）

“文化大革命”结束后的两年时间，国家的主要做法是采取相应的措施恢复被“文化大革命”所破坏的事务，广播电视监管领域的主要措施就是将广播事业局划归国务院领导，宣传业务归中宣部领导，解除军事管制，广播电视监管体系整体处于恢复的状态。

党的十一届三中全会之后，思想解放与改革开放的浪潮逐渐扩大，广播电视行业逐渐显现出改革与发展的勃勃生机。20世纪70年代末开始，电视机逐渐在中国家庭中普及，一些新的广播电视机构逐渐设立，广播电视格局逐渐完善。自1982年开始，电视领域的管理逐渐与广播领域融合。同年5月，国家设立广播电视部，成为国务院组成部门之一，广播电视监管机构设置雏形初现。

4. 迅速发展阶段（1985—2010年）

党的十一届三中全会提出了“有法可依、有法必依、执法必严、违法必究”的社会主义法制建设16字方针。1987年，党的十三大也提到“法制要贯穿改革的全过程”，报告中还特别提到，“必须抓紧制定新闻出版……法律……使宪法规定的公民权利和自由得到保障，同时依法制止滥用权利和自由的行为”。与此同时，随着1983年第十一次全国广播电视会议提出的“四级办广播、四级办电视、四级混合覆盖”的广播电视事业建设方针的实施，广播电视及相关事业逐渐发展的同时，面临着新时期出现的各种新问题：版权纠纷、录像放映中的违法违纪现象、广播电视设施保护、业务范围日益扩展，等等。

在法治化的背景之下，广播电视领域又出现了众多法律问题，对广播电视加强监督管理已经成为不可阻挡的国家与社会的共同要求。

首先，在监管机构方面。1986年，广播电视部与文化部电影局合并为广播电影电视部，仍为国务院组成部门之一；1998年，广播电影电视部改组为国家广播电影电视总局，为国务院直属机构。

其次，在相关监管制度方面。1985年，广播电视部开始制订立法计划。1986年，广播电影电视部对之前的相关法规进行清理，并开始调研起草《中华人民共和国广播电视法》（以下简称“广播电视法”）。1987年以来，全国人大代表多次提出制定广播电视法的议案，但由于诸多方面的原因，广播电视法没有出台，但是广播电视的相关法规逐渐增加，主要包括国务院1987年出台的《广播电视设施保护条例》（2000年国务院令第295号公布，1987年版同时废止）、《卫星地面接收设施接收外国卫星传送电视节目管理办法》（1990年国务院批准，广电部、公安部、国家安全部令第1号，2018年国务院令第703号《国务院关于修改部分行政法规的决定》修订）、《有线电视管理暂行办法》（1990年国务院批准，广电部令第2号，2018年国务院令第703号《国务院关于修改部分行政法规的决定》修订）、《卫星电视广播地面接收设施管理规定》（1993年国务院令第129号发布，2013年国务院令第638号《国务院关于废止和修改部分行政法规的决定》修订）、《〈卫星电视广播地面接收设施管理规定〉实施细则》（1994年广电部令第11号）、《中华人民共和国无线电管理条例》（1993年国务院、中央军委令第128号发布，2016年国务院、中央军委令第672号修订）、《广播电视管理条例》（1997年国务院令第228号发布，2013年国务院令第645号《国务院关于修改部分行政法规的决定》第一次修订，2017年国务院令第676号《国务院关于修改和废止部分行政法规的决定》第二次修订）、《中华人民共和国电信条例》（2000年国务院令第291号发布，2014年国务院令第653号《国务院关于修改部分行政法规的决定》第一次修订，2016年国务院令第666号《国务院关于修改部分行政法规的决定》第二次修订）、《信息网络传播权保护条例》（2006年国务院令第468号发布，2013年国务院令第634号《国务院关于修改〈信息网络传播权保护条例〉的决定》修订）、《广播电台电视台播放录音制品支付报酬暂行办法》（2009年国务院令第566号发布，2011年国务院令第588号《国务院关于废止和修改部分行政法规的决定》修订），对广播电视的设置、审查、播送、基础设施管理等方面进行了较为全面的规范。

与此同时，各地的有权机关纷纷制定广播电视的地方性法规，部门规章与地方政府规章数量不断增加。2010年，国家广播电影电视总局下发《关于公布继续有效的广播影视部门规章和规范性文件目录的通知》，认定39个广播电影电视规章和301个规范性文件继续有效。

在此时期，整个广播电视监管呈现出一种欣欣向荣的趋势。监管制度结合当时广播电视行业存在的问题对症下药，相关制度包含行政法规、地方性法规、规章与规范性文件四个效力等级，并且数量巨大。同时，监管机构成为国务院直属机构，广播电视行业由国务院直属管理，监管力度增强，整个时期的监管制度得到迅速发展。

5.综合完善阶段（2011年至今）

在前期的监管制度与社会主义市场经济的迅速发展过程中，广播电视机构因既作为利益主体，又行使着行政管理职能而产生的矛盾日益突出。在此情况下，国家将监管机构划归国务院直属，同时国家广播电影电视总局2010年下发的《关于深化文化市场综合执法改革中加强和履行广播影视行政管理职能的意见》，对广播影视主要执法职责进行了明确规定，对国家广播电影电视总局以及省、地市、县等地方各级广播影视行政部门的管理职能进行了细化规定，通过依法行政来缓解广电系统层级之间的矛盾。2013年，国家新闻出版总署与国家广播电影电视总局合并，组建“国家新闻出版广播电影电视总局”，不日更名为“国家新闻出版广电总局”。2018年，在《深化党和国家机构改革》中决定不再保留国家新闻出版广电总局，在国家新闻出版广电总局广播电视管理职责的基础上组建“国家广播电视总局”，作为国务院直属机构。

通过监管机构的不断变更，广播电视管理体制逐渐转变为“管办分离”，即国家广播电视总局负责“管”，中央广播电视总台负责“办”，局和台机构分设、职能分开。此时国家广播电视总局主要职责包括了对广播电视领域的政策制定、指导监督、协助推进等各方面的管理，从制度与机构上保障了监管的全面性与有效性，使得广播电视在互联网等新媒体不断发展的当下仍然能够有有力的管理机构为其制定适合自身的发展制度与监管制度。

在这一时期，对发展时期出台的相关行政法规的修订、适用，以及陆续出台的规章，皆是紧跟时代发展与广播电视领域的现实问题，对广播电视监管制度进行了更加细致全面的完善。

表 3–1　平稳发展与完善时期出台规章简述

文件名称	时间	内容概要
《广播电视广告播出管理办法》及《〈广播电视广告播出管理办法〉的补充规定》	2009 年国家广播电影电视总局令第 61 号，2011 年国家广播电影电视总局令第 66 号	规范广播电视广告播出秩序
《电视剧内容管理规定》	2010 年国家广播电影电视总局令第 63 号	规范电视剧（含电视动画片）内容管理和播出管理
《有线广播电视运营服务管理暂行规定》	2011 年国家广播电影电视总局令第 67 号	从服务要求、监督管理、法律责任方面规范有线广播电视运营服务行为，提高服务质量，维护用户合法权益
《广播电视视频点播业务管理办法》	2004 年国家广播电影电视总局令第 35 号，2015 年国家新闻出版广电总局令第 3 号《关于修订部分规章和规范性文件的决定》修正	规定业务许可、节目管理与法律责任，加强对视频点播业务的监督管理
《专网及定向传播视听节目服务管理规定》	2015 年国家新闻出版广电总局令第 6 号	规定了服务单位设立、节目内容标准等
《广播电视设备器材入网认定管理办法》	2018 年国家广播电视总局令第 1 号	保证广播电视节目信号安全、优质、高效播出与传输，维护广播电视用户合法权益，规范广播电视设备器材入网认定管理

续表

文件名称	时间	内容概要
《未成年人节目管理规定》	2019 年国家广播电视总局令第 3 号	列出了未成年人节目不得含有的十六项内容，规定未成年人节目不得宣扬童星效应或者包装、炒作明星子女等以规范未成年人节目，保护未成年人身心健康，保障未成年人合法权益，教育引导未成年人培育和践行社会主义核心价值观
《国家广播电视总局立法工作规定》	2020 年国家广播电视总局令第 4 号	规定了规范性文件的起草、合法性审核、集体审议、发布、清理等事项
《国家广播电视总局行政规范性文件管理规定》	2020 年国家广播电视总局令第 5 号	从立项、起草、审查、决定和公布五个方面规范国家广播电视总局立法工作，提高立法质量和效率
《广播电视行业统计管理规定》	2020 年国家广播电视总局令第 6 号	广播电视主管部门应当依托大数据统计信息系统，统筹收视收听率（点击率）统计工作，对数据的采集、发布进行监督。任何机构和个人不得干扰、破坏广播电视主管部门依法开展的收视收听率（点击率）统计工作，不得制造虚假的收视收听率（点击率）
《防范和惩治广播电视和网络视听统计造假、弄虚作假责任制规定》	2020 年国家广播电视总局令第 71 号	提出全面防范和严肃惩治统计造假、弄虚作假，健全落实广播电视和网络视听统计工作责任制

目前广播电视领域的监管由广电总局整体负责，并由国务院直属领导；相关领域除专门的法规、规章与政策文件等规范外，还包括散见于其他部门

法中的法律规范；监管制度涵盖广播电视各机构设立与资格取得，电视节目创作、制作、发行放映、后期业务、进出口、广播电视交流活动等各方面的许可与经营规范；监管方式既包括传统的行政处罚、行政强制等，又包括信用监管、约谈等新兴监管方式。监管体系在新时期政治、经济、文化、科技等各个方面的影响下逐渐完善。

二、广播电视监管制度

监管制度可以分为许可制度与行为规范制度。

（一）许可制度

1.许可制度概述

许可制度是一种准入制度，主要是广播电视领域相关主体的资质获得。目前各国存在两种许可制度：一种是分别许可制度，即公共媒体直接取得资质，商业媒体由法律授权的监管机构颁发许可证，美国、日本、英国、德国、法国是实行这种许可制度的典型代表；另一种是澳大利亚、新加坡、俄罗斯、韩国实行的统一许可制度，即无论公共媒体还是商业媒体，在需要准入才可进入的领域内一律需要经过审查以获得许可证。

我国对于广播电视领域不同主体的设立或者资格的取得采用的是统一许可制度。行政许可的主要功能是控制或降低社会风险、合理配置资源、确定主体资格。结合行政许可的功能与广播电视的行业特征，在广播电视领域设置许可制度的原因如下。

第一，广播电视的受众对象是社会大众，广播电视的优劣决定着其带给社会的影响是积极的或消极的。简言之，其对于公共利益的保护与发展有着较大的风险，利用许可的方式来审核该领域的进入者，以提前控制或者降低损害公共利益的风险。

第二，广播电视所利用的频道资源是一种稀缺资源，必须要将其合理配置，让善于使用与经营的人从事相关工作，才能保障频道资源能够在有限的数量中发挥最大的作用。

第三，广播电视具有较强的文化属性，在国家日益重视文化建设与人民对于文化生活需求不断提高的当下，其不可避免地承担着社会责任。为保证经营者能够承担相应的社会责任，必须要对其严格把关。

在详细了解我国广播电视领域的许可事项之前，首先要清楚行政审批与行政许可之间的区别。两者之间是种属关系，行政许可是行政审批，但行政审批不一定都是行政许可。依据行政许可法的规定，行政许可由法律、行政法规和国务院有普遍约束力的决定设定，地方性法规可以依据法定条件设定行政许可，省、自治区、直辖市人民政府规章可以依据法定条件设定临时性行政许可，其他规范性文件一律不得设定行政许可。而行政审批的设定无严格限制。

我国曾有一段时期实行高度集中的计划经济体制，在此影响之下，除法律、法规与国务院决定之外的大多规范文件或多或少地对某类事项设定了行政审批，行政审批被广泛应用到行政管理之中。在这些已设定的行政审批制度中，既包括针对行政系统内部的对内审批，又包括针对社会公众的对外审批，而对外审批中既包含符合法律规范的行政许可项目，又包含不符合法律规范但被惯常认为是行政许可的审批项目。

随着社会主义市场经济的建立与完善，行政审批制度所存在的欠缺法律规范、束缚社会主义市场经济的发展等问题日益凸显。为解决这些问题，国家开始对行政审批进行改革，包括取消、调整、下放行政审批项目与对确需保留的行政审批设定行政许可等。力求通过改革行政审批完善国家的行政许可制度，激发市场活力，实现行政管理的合法性与合理性。

2004年6月发布了《国务院对确需保留的行政审批项目设定行政许可的决定》，其中明确指出："由法律、行政法规设定的行政许可项目，依法继续实施；对法律、行政法规以外的规范性文件设定，但确需保留且符合《中华人民共和国行政许可法》第十二条规定事项的行政审批项目，根据《中华人民共和国行政许可法》第十四条第二款的规定，现决定予以保留并设定行政许可，共500项。”这一文件的出台为许多确需实行许可制度的事项提供了合法的依据。2004年8月又出台了《国务院办公厅关于保留部分非行政许可审批项目的通知》，其中明确指出：“经国务院同意，对未设定行政许可的行政审批项目中的211项暂予保留。”但也明确这些项目，主要是政府的内部管理事项，不属于行政许可。这一文件因2015年发布的《国务院关于宣布失效一批国务院文件的决定》而失效。①

国务院针对行政审批采取的一系列改革措施，明确体现了政府将行政许可项目从行政审批项目中予以明确的决心，也为了解行政许可项目、遵守行政许可制度提供了便利，推动了行政许可制度的合法化与合理化。对此，根据国家法律、行政法规与国务院具有普遍性约束力的决定，笔者对广播影视领域的行政许可制度进行了整理，并在本节的广播电视监管制度与下一节的电影监管制度中予以介绍，下文中提到的审批皆为许可审批的意思。

许可制度具体内容包括申请者的申请程序与审批机关的审批程序。广电总局审批程序如图3-1所示，其他审批机关的审批程序除各地的具体审批部门有所差别之外，流程大体一致，具体的办事流程可在具体办理部门查询。本部分的许可制度内容主要是对广播电视领域各主体分别有哪些许可事项的总结介绍。依据行政许可法、行政处罚法、《广播电视管理条例》等相关规定，未经许可从事相关业务的，承担予以取缔、没收违法所得与罚款等行政责任。②

2. 各环节许可制度具体内容

广播电视领域的许可事项主要有以下几项。

---

① 国务院办公厅关于保留部分非行政许可审批项目的通知［EB/OL］.（2016-05-30）［2021-04-08］. http://www.gov.cn/zhengce/content/2016-05/30/content_5078063.htm.

② 参见：《广播电视管理条例》第四十七条至第五十一条。

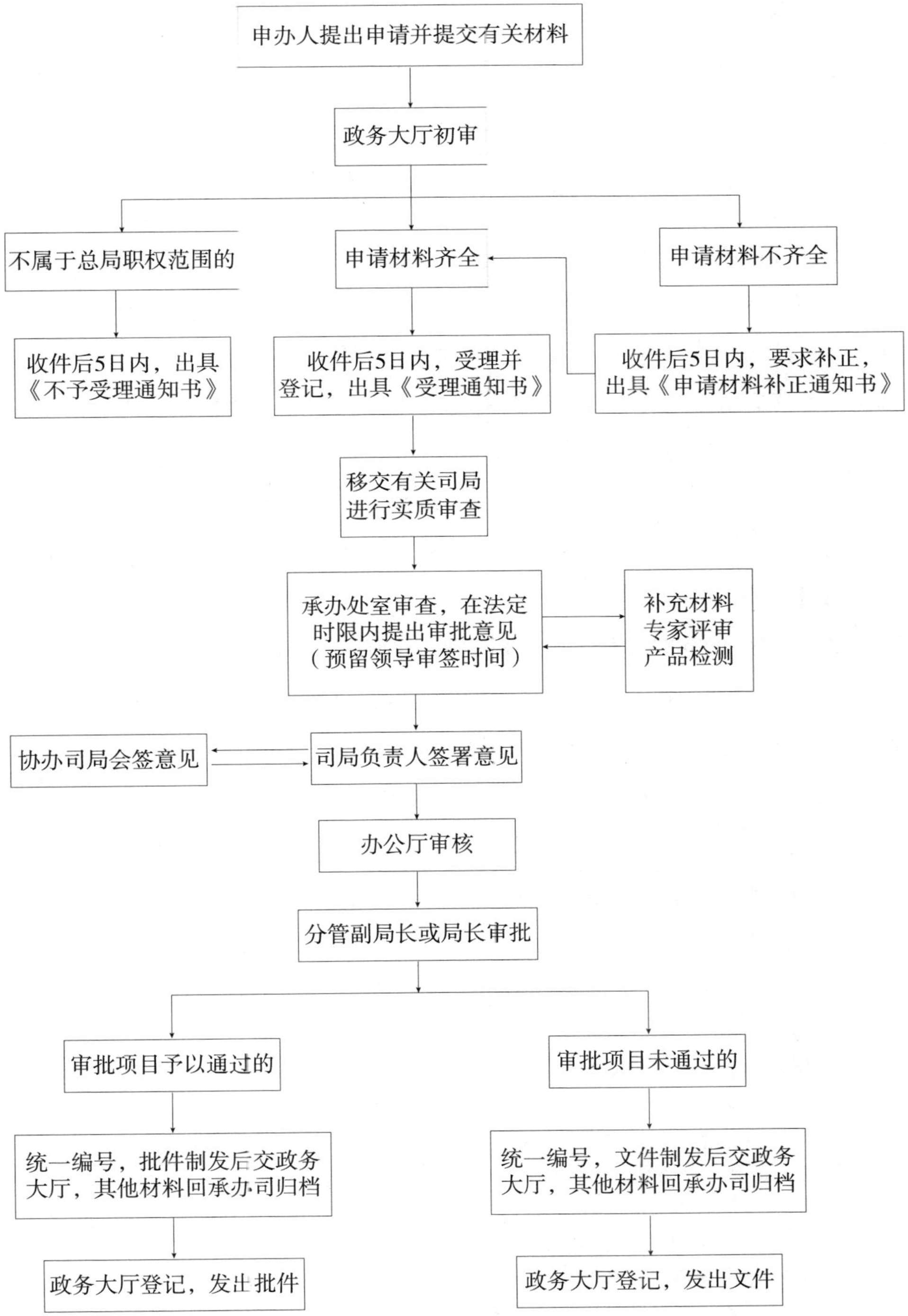

图 3–1　广电总局许可流程

（1）制作环节

第一，广播电视制作经营机构设立许可。在京的中央单位及其直属机构（以下简称“中直制作机构”）申请《广播电视节目制作经营许可证》，报广电总局审批；其他机构申请《广播电视节目制作经营许可证》，向所在地广播电视行政部门提出申请，经逐级审核后，报省级广播电视行政部门审批。[①]

第二，电视剧制作业务许可。电视剧的制作在取得《广播电视节目制作经营许可证》之后，需另行取得《电视剧制作许可证》，包括甲种与乙种两种。《电视剧制作许可证（甲种）》有效期限为2年，有效期届满前，对持证机构制作的所有电视剧均有效，审批机关是广电总局。《电视剧制作许可证（乙种）》仅限于该证所标明的剧目使用，有效期限不超过1年。特殊情况下经发证机关批准后，可适当延期。中直制作机构直接向广电总局提出申请，其他机构向所在地广播电视行政部门提出申请，经逐级审核后，报省级广播电视行政部门审批。[②]

第三，发行许可。发行、播放电视剧、动画片等广播电视节目，应取得相应的发行许可。[③]报广电总局备案公示的中直制作机构报广电总局审批，其他报省级广播电视行政部门备案公示的制作单位报省级广播电视行政部门审批。[④]

第四，中外合作制作电视剧（含电视动画片）业务许可。[⑤]我国禁止境外资金未经批准擅自进入广播电视节目制作经营领域。所有的广播电视节目制作经营单位不得有外资成分，合作制作须经许可，报广电总局审批。[⑥]

（2）播出环节

第一，广播电台、电视台的设立、终止许可。中央的广播电台、电视台

① 参见：《广播电视管理条例》第三十一条，《广播电视节目制作经营管理规定》第四条、第八条。

② 参见：《广播电视管理条例》第三十五条，《广播电视节目制作经营管理规定》第十二条至第十九条。

③ 参见：《国务院对确需保留的行政审批项目设定行政许可的决定》附件第314项，《广播电视节目制作经营管理规定》第二十四条、第二十五条。

④ 参见：《电视剧内容管理规定》第十五条至第二十二条。

⑤ 参见：《国务院对确需保留的行政审批项目设定行政许可的决定》附件第307项。

⑥ 参见：《广播电视节目制作经营管理规定》第二十条。

由广电总局设立，地方的广播电台、电视台原则上由县、不设区的市以上地方人民政府广播电视行政部门提出申请，本级人民政府审查同意后逐级上报经广电总局审查批准后设立。其中，中央的教育电视台由国务院教育行政部门设立，报广电总局审查批准。地方的教育电视台由设区的市、自治州以上地方人民政府教育行政部门提出申请，同级广播电视行政部门同意并经本级人民政府审查同意后逐级上报经国务院教育行政部门审核，由广电总局审查批准后设立。广播电台、电视台终止的，按照原审批程序申报，其许可证由广电总局收回。①申请设立广播电视站，须由申请单位向当地县级以上广播电视行政部门提出申请，逐级审核同意后，报省级广播电视行政部门审批。②

第二，广播电台、电视台变更台名、台标、节目设置范围或节目套数许可。设区的市、自治州以上人民政府广播电视行政部门或教育行政部门设立的广播电台、电视台变更台名、节目设置范围或者节目套数的，省级以上人民政府广播电视行政部门设立的广播电台、电视台或者省级以上人民政府教育行政部门设立的电视台变更台标的应当经广电总局批准。③县、不设区的市人民政府广播电视行政部门设立的广播电台、电视台变更台名、节目设置范围或节目套数的应当经省级广播电视行政部门审批。④地市级、县级人民政府广播电视行政部门、教育行政部门设立的广播电台、电视台变更台标的，应当经所在地省、自治区、直辖市人民政府广播电视行政部门批准。⑤

第三，广播电视视频点播业务许可。⑥《视频点播业务许可证》分为甲、乙两种。持有《广播电视视频点播业务许可证（甲种）》的机构，可在许可证

① 参见:《广播电视管理条例》第十条、第十一条、第十四条,《广播电台电视台审批管理办法》第五条至第七条。

② 参见:《广播电视管理条例》第十五条,《广播电视站审批管理暂行规定》第五条。

③ 参见:《广播电视管理条例》第十三条。

④ 参见《国务院关于取消和下放一批行政许可事项的决定》附件2：国务院决定下放审批层级的行政许可事项目录第3项，下放后审批部门为省级广电部门。

⑤ 参见国务院《关于取消和下放50项行政审批项目等事项的决定》（第9项）：“地市级、县级广播电台、电视台变更台标审批下放省级新闻出版广电行政部门。”

⑥ 参见《国务院对确需保留的行政审批项目设定行政许可的决定》附件第303项：开办视频点播业务审批，实施机关为广电总局、省级人民政府广播电视行政主管部门。

载明的行政区域内从事视频点播业务。禁止外商独资、中外合资、中外合作机构申请开办视频点播业务，但是外商独资、中外合资、中外合作的为三星级以上或相当于三星级以上的宾馆饭店的机构可以申请（乙种）。《广播电视视频点播业务许可证（甲种）》的申请经过省级广电行政部门初审后，报广电总局决定。《广播电视视频点播业务许可证（乙种）》的申请向当地县级以上广播电视行政部门提出，经逐级审核后，报省级广播电视行政部门审批。获得该证的机构，可在许可证载明的宾馆饭店内从事视频点播业务。①

第四，广播电视传送业务许可。按传送范围划分，广播电视节目传送业务许可分为跨省（市）传送与省级行政区域内传送。②按传送方式划分，广播电视传送业务分为有线传送和无线传送。省级行政区域内有线传送和无线传送，由省级广电行政部门审批③；跨省的有线传送与无线传送，申请单位向所在地广电行政部门申请，经逐级审核，报广电总局审批。④

第五，付费频道开办、终止和节目设置调整及播出区域、呼号、标识、识别号业务许可。审批机关是广电总局。⑤

第六，信息网络传播视听节目业务许可。审批机关是广电总局。⑥

（3）涉外活动

第一，以卫星方式进口、转播境外电视节目业务许可。广播电台、电视台以卫星传送方式引进其他境外电视节目的，省级广播电视行政部门正式受理申请后，应在行政许可法规定的期限内作出详细、明确的初审意见，报广

① 参见：《广播电视视频点播业务管理办法》第四条至第十二条。

② 参见：《广播电视节目传送业务管理办法》第十条。

③ 参见《国务院对确需保留的行政审批项目设定行政许可的决定》附件第305项：省级行政区域内或跨省经营广播电视节目传送业务审批，实施机关为广电总局。

④ 参见《国务院关于第六批取消和调整行政审批项目的决定》附件2《国务院决定调整的行政审批项目目录》（一）下放管理层级的行政审批项目第67项：省级行政区域内经营广播电视节目传送业务审批，下放后实施机关为省级人民政府广播电影电视行政部门。

⑤ 参见《国务院对确需保留的行政审批项目设定行政许可的决定》附件第310项：付费频道开办、终止和节目设置调整及播出区域、呼号、标识、识别号审批，实施机关为广电总局。

⑥ 参见《国务院对确需保留的行政审批项目设定行政许可的决定》附件第304项：网上传播视听节目许可证核发，实施机关为广电总局。

电总局审查批准。[①]

第二，引进用于广播电台、电视台播放的境外广播电视节目许可。引进境外电视剧的，由省级广播电视行政部门作出初审意见，报广电总局审查批准。地（市）级电视台、省级电视台申请引进其他境外电视节目，报省级广播电视行政部门审查批准；题材涉及重大、敏感内容的，由省级广播电视行政部门报广电总局审批。[②]

第三，举办国际性广播电视节目交流、交易活动许可。可分为国际性广播电视节目交流、交易活动，国内区域性广播电视节目交流、交易活动两类。举办国际性广播电视节目交流、交易活动，经广电总局批准，并由指定的单位承办。举办国内区域性广播电视节目交流、交易活动，经举办地的省、自治区、直辖市人民政府广播电视行政部门批准，并由指定的单位承办。[③]其中，在京的中央单位及其直属机构举办上述活动、其他单位在境内举办上述活动涉及多个国家（地区）的，须报广电总局批准；如只涉及单一国家（地区），须报省级广播电视行政部门批准。在境内外举办国际性广播影视节（展）、中外政府间广播影视节（展）和设评奖的全国性广播影视节（展），由广电总局举办或与国家相关政府部门、地方政府等联合举办。全国性广播影视社会团体、行业组织经广电总局批准可以举办设评奖的全国性广播影视节（展）。国际性广播影视科研、学术交流活动可由全国性广播影视社会团体、行业组织或广播影视科研、教学、研究机构举办。[④]

第四，境外卫星电视频道落地许可。此类事项由指定机构向广电总局提出，由广电总局进行审批。[⑤]

第五，境外广播电视机构在华设立办事机构许可。其必须满足“申请机

① 参见：《广播电视管理条例》第四十一条，《境外电视节目引进、播出管理规定》第三条、第十一条。

② 参见：《广播电视管理条例》第三十九条，《境外电视节目引进、播出管理规定》第三条、第十一条、第十三条。

③ 参见：《广播电视管理条例》第四十五条，《国务院关于第三批取消和调整行政审批项目的决定》附件1《国务院决定取消的行政审批项目目录》第230项。

④ 参见：《广播影视节（展）及节目交流活动管理规定》第二条至第六条。

⑤ 参见：《国务院对确需保留的行政审批项目设定行政许可的决定》附件第308项，《境外卫星电视频道落地管理办法》第二条、第七条。

构在所在国（地）为合法存续的机构；申请机构对中国友好，具有良好信誉；业务范围符合中国法律、行政法规、规章的规定和申请设立的目的”的要求，报广电总局审批。[①]

（4）基础设施、设备

第一，卫星电视广播地面接收设施许可。国家对卫星地面接收设施的生产、进口、销售、安装和使用实行许可制度。一是生产与销售许可，经工业产品生产许可证主管部门许可的生产企业可进行销售。二是进口许可，进口卫星电视广播地面接收设施的，审批机关为广电总局。[②]三是安装服务机构设立许可，设立卫星地面接收设施安装服务机构，应根据拟申请服务区的范围，向所在地县级以上人民政府广播电视行政部门提出申请，经逐级审核后，报省、自治区、直辖市以上人民政府广播电视行政部门审批。[③]四是使用（设置）许可，单位设置卫星地面接收设施接收境外电视节目的，必须向当地县级以上（含县级）广播电视行政部门提出申请，经地、市级广播电视行政部门和国家安全部门签署意见后，报所在省、自治区、直辖市广播电视行政部门审批。单位设置卫星地面接收设施接收境内电视节目的，向当地县级以上（含县级）广播电视行政部门提出申请，报地、市级广播电视行政部门审批，省、自治区、直辖市的直属单位可直接报省、自治区、直辖市广播电视行政部门审批。[④]此外，满足条件的个人安装和使用卫星地面接收设施，必须向所在单位提出申请，经当地县、市人民政府广播电视行政管理部门同意后报省、自治区、直辖市人民政府广播电视行政管理部门审批。[⑤]

第二，广播电视专用频段频率使用许可。广播电视专用频段频率使用许

① 参见：《国务院对确需保留的行政审批项目设定行政许可的决定》附件第306项，《境外机构设立驻华广播电视办事机构管理规定》第四条、第五条。

② 参见：《卫星电视广播地面接收设施管理规定》第三条至第五条。

③ 参见：《卫星电视广播地面接收设施安装服务暂行办法》第四条至第七条。此部分需要注意的是，服务区范围为全国的申请单位，直接向广电总局提出申请，无须经省局初审，具体可见广电总局官方网站对此事项的审批服务指南。

④ 参见：《卫星电视广播地面接收设施管理规定》第七条，《〈卫星电视广播地面接收设施管理规定〉实施细则》第五条。

⑤ 参见：《卫星电视广播地面接收设施管理规定》第八条，《〈卫星电视广播地面接收设施管理规定〉实施细则》第六条。

可证分为甲类与乙类两种，甲类许可证的审批机关为广电总局；乙类许可证的申请者为取得《广播电视节目传输业务许可证（无线）》的单位，向所在地县级以上广播电视行政部门提出书面申请，经逐级审核后，报省级广播电视行政部门审批。①

第三，无线广播电视发射设备订购许可。申请人为持有《广播电视节目传送业务经营许可证（无线）》《广播电视频率使用许可证》的单位，审批机关为广电总局。②其中，小功率无线广播电视发射设备订购许可的审批机关为省级广播电视行政部门。③

第四，广播电视设施迁建许可。申请人应为拟迁建广播电视设施所有单位，审批机关为广电总局。④

第五，广播电视设备器材入网认定许可。申请人为符合条件的生产企业，审批机关为广电总局。⑤

（5）从业人员

广播电视播音员、主持人资格认定。广播电视播音员、主持人在通过相应的资格考试之后，向审批机关申请执业注册，获得执业资质。省、自治区、直辖市人民政府广播电视行政部门初审，报广电总局审批。⑥

在上述的诸多许可事项之中，需要注意的是广播电视制作经营单位与电视剧制作单位的机构许可与业务许可。我国《广播电视管理条例》规定，无论是广播电视节目制作经营机构设立，还是从事广播电视节目制作经营活动，

① 参见：《广播电视管理条例》第十八条，《广播电视无线传输覆盖网管理办法》第二十条、第二十一条。

② 参见：《国务院对确需保留的行政审批项目设定行政许可的决定》附件第311项，《广播电视无线传输覆盖网管理办法》第二十三条。

③ 参见：《国务院关于第六批取消和调整行政审批项目的决定》附件2《国务院决定调整的行政审批项目目录》第66项。

④ 参见：《广播电视设备保护条例》第十八条，《广播电视无线传输覆盖网管理办法》第二十八条。

⑤ 参见：《国务院对确需保留的行政审批项目设定行政许可的决定》附件第312项。

⑥ 参见：《国务院对确需保留的行政审批项目设定行政许可的决定》附件第313项，《国务院关于第六批取消和调整行政审批项目的决定》附件1《国务院决定取消的行政审批项目目录》第80项。

都需要取得《广播电视节目制作经营许可证》(依法设立的广播电台、电视台除外),并且规定取得的条件之一就是申请者首先是具有独立法人资格的机构,即说明广播电视节目制作业务准入与机构设立的条件程序相同,但是电视剧制作业务除外,其必须在电视剧制作单位的设立,即取得《广播电视节目制作经营许可证》之后另行申请电视剧制作许可。

(二)行为规范制度

广播电视各环节的行为与内容同样是监管的主要对象,广播电视节目制度、传播制度、涉外制度等都是对广播电视领域不同行为的规范。广播电视领域的行为规范制度是指各环节主体在通过许可制度获得相应资质后,从事相关业务中应当遵守的行为规范制度。

1.各环节普遍性行为规范制度

普遍性行为规范制度是指在广播电视领域的制作、播出、引进、基础设施设备与从业人员等各环节主体普遍应当遵守的制度与相应的义务。

(1)正确使用许可资质制度

各环节主体在经过许可制度获得相应的资质后,要正确使用该资质,包括在许可的范围内从事相关活动、获得许可的内容发生变动时及时备案或者变更许可、妥善使用许可证不得擅自出借、故意毁损等。《广播电视节目制作经营管理规定》第二十一条就规定了:"取得《广播电视节目制作经营许可证》的机构应严格按照许可证核准的制作经营范围开展业务活动。广播电视时政新闻及同类专题、专栏等节目只能由广播电视播出机构制作,其他已取得《广播电视节目制作经营许可证》的机构不得制作时政新闻及同类专题、专栏等广播电视节目。"正确使用许可资质,履行许可制度之下的主体义务,才能保证国家在广播电视领域实行许可制度目的的实现,否则许可制度形同虚设,既浪费行政资源,又不利于相关市场的发展。

(2)内容规范制度

内容规范制度,亦可称为禁载、禁播制度。在内容规范方面各国采取的方式主要有两种,即分级制与许可制。分级制是指按照节目内容所适合的观众将节目进行等级划分，不同等级的广播电视节目的观众或者观看条件不同，美国、韩国等多数国家采取的是内容分级制度。在分级制度之下，低俗、血腥与暴力的节目依然会与特定的观众见面，内容规范对广播电视节目的影响在于其为何等级，不会影响节目的发行。我国在内容规范方面实行的是许可制度，对所有广播电视节目采取“一刀切”的方式，即审查合乎标准之后，获得发行许可证，才可发行与观众见面。

在许可制的内容规范之下，各主体会有更多的内容合规的注意性义务与自我审查义务，这种制度是从广播电视节目的生成之初即对内容的一种约束。广播电视节目的内容是社会文化生活的重要组成部分，是其产生社会影响的主要因素，对其进行规范是监管制度的重要内容之一。内容规范制度具体表现为节目内容要符合国家相关法律法规的规定。《中华人民共和国广告法》《广播电视管理条例》《电视剧内容管理规定》《未成年人节目管理规定》《中外合作制作电视剧管理规定》《广播电视广告播出管理办法》《境外电视节目引进、播出管理规定》等对于各种广播电视节目可呈现或者禁止的内容作出了明确规定，在符合法律规定的情况下制作的节目内容才能实现社会效益与经济效益兼顾的目的，若违反内容规范制度，依据《广播电视管理条例》等相关法律，会被责令停止相关节目的制作或者播放，处以罚款，情节严重的还会被吊销许可证。[①]

表 3–2　广播电视节目内容规范摘述

相关规定	主要内容
《广播电视管理条例》	第三十一条　广播电视节目由广播电台、电视台和省级以上人民政府广播电视行政部门批准设立的广播电视节目制作经营单位制作。广播电台、电视台不得播放未取得广播电视节目制作经营许可的单位制作的广播电视节目。 第三十二条　广播电台、电视台应当提高广播电视节目质量，增加国产优秀节目数量，禁止制作、播放载有下列内容的节目：（一）危害国家的统一、主权和领土完整的；（二）危害国家的安全、荣誉和利益的；（三）煽动民族分裂，破坏民族团结的；（四）泄露国家秘密的；（五）诽谤、侮辱他人的；（六）宣扬淫秽、迷信或者渲染暴力的；（七）法律、行政法规规定禁止的其他内容。

① 参见：《广播电视管理条例》第四十九条。

续表

相关规定	主要内容
《广播电视管理条例》	第三十三条　广播电台、电视台对其播放的广播电视节目内容，应当依照本条例第三十二条的规定进行播前审查，重播重审。 第三十四条　广播电视新闻应当真实、公正。 第三十六条　广播电台、电视台应当使用规范的语言文字。广播电台、电视台应当推广全国通用的普通话。 第四十四条　教育电视台应当按照国家有关规定播放各类教育教学节目，不得播放与教学内容无关的电影、电视片。
《广播电视节目制作经营管理规定》	第二十一条　取得《广播电视节目制作经营许可证》的机构应严格按照许可证核准的制作经营范围开展业务活动。广播电视时政新闻及同类专题、专栏等节目只能由广播电视播出机构制作，其他已取得《广播电视节目制作经营许可证》的机构不得制作时政新闻及同类专题、专栏等广播电视节目。 第二十二条　广播电视节目制作经营活动必须遵守国家法律、法规和有关政策规定。禁止制作经营载有下列内容的节目：（一）反对宪法确定的基本原则的；（二）危害国家统一、主权和领土完整的；（三）泄露国家秘密、危害国家安全或者损害国家荣誉和利益的；（四）煽动民族仇恨、民族歧视，破坏民族团结，或者侵害民族风俗、习惯的；（五）宣扬邪教、迷信的；（六）扰乱社会秩序，破坏社会稳定的；（七）宣扬淫秽、赌博、暴力或者教唆犯罪的；（八）侮辱或者诽谤他人，侵害他人合法权益的；（九）危害社会公德或者民族优秀文化传统的；（十）有法律、行政法规和国家规定禁止的其他内容的。 第二十三条　制作重大革命和历史题材电视剧、理论文献电视专题片等广播电视节目，须按照广电总局的有关规定执行。
《电视剧内容管理规定》	第五条　电视剧不得载有下列内容：（一）违反宪法确定的基本原则，煽动抗拒或者破坏宪法、法律、行政法规和规章实施的；（二）危害国家统一、主权和领土完整的；（三）泄露国家秘密，危害国家安全，损害国家荣誉和利益的；（四）煽动民族仇恨、民族歧视，侵害民族风俗习惯，伤害民族感情，破坏民族团结的；（五）违背国家宗教政策，宣扬宗教极端主义和邪教、迷信，歧视、侮辱宗教信仰的；（六）扰乱社会秩序，破坏社会稳定的；（七）宣扬淫秽、赌博、暴力、恐怖、吸毒，教唆犯罪或者传授犯罪方法的；（八）侮辱、诽谤他人的；（九）危害社会公德或者民族优秀文化传统的；（十）侵害未成年人合法权益或者有害未成年人身心健康的；（十一）法律、行政法规和规章禁止的其他内容。国务院广播影视行政部门依据前款规定，制定电视剧内容管理的具体标准。

续表

相关规定	主要内容
《未成年人节目管理规定》	第九条　未成年人节目不得含有下列内容：（一）渲染暴力、血腥、恐怖，教唆犯罪或者传授犯罪方法；（二）除健康、科学的性教育之外的涉性话题、画面；（三）肯定、赞许未成年人早恋；（四）诋毁、歪曲或者以不当方式表现中华优秀传统文化、革命文化、社会主义先进文化；（五）歪曲民族历史或者民族历史人物，歪曲、丑化、亵渎、否定英雄烈士事迹和精神；（六）宣扬、美化、崇拜曾经对我国发动侵略战争和实施殖民统治的国家、事件、人物；（七）宣扬邪教、迷信或者消极颓废的思想观念；（八）宣扬或者肯定不良的家庭观、婚恋观、利益观；（九）过分强调或者过度表现财富、家庭背景、社会地位；（十）介绍或者展示自杀、自残和其他易被未成年人模仿的危险行为及游戏项目等；（十一）表现吸毒、滥用麻醉药品、精神药品和其他违禁药物；（十二）表现吸烟、售烟和酗酒；（十三）表现违反社会公共道德、扰乱社会秩序等不良举止行为；（十四）渲染帮会、黑社会组织的各类仪式；（十五）宣传、介绍不利于未成年人身心健康的网络游戏；（十六）法律、行政法规禁止的其他内容。 以科普、教育、警示为目的，制作、传播的节目中确有必要出现上述内容的，应当根据节目内容采取明显图像或者声音等方式予以提示，在显著位置设置明确提醒，并对相应画面、声音进行技术处理，避免过分展示。
《广播电视广告播出管理办法》	第七条　广播电视广告是广播电视节目的重要组成部分，应当坚持正确导向，树立良好文化品位，与广播电视节目相和谐。 第八条　广播电视广告禁止含有下列内容：（一）反对宪法确定的基本原则的；（二）危害国家统一、主权和领土完整，危害国家安全，或者损害国家荣誉和利益的；（三）煽动民族仇恨、民族歧视，侵害民族风俗习惯，伤害民族感情，破坏民族团结，违反宗教政策的；（四）扰乱社会秩序，破坏社会稳定的；（五）宣扬邪教、淫秽、赌博、暴力、迷信，危害社会公德或者民族优秀文化传统的；（六）侮辱、歧视或者诽谤他人，侵害他人合法权益的；（七）诱使未成年人产生不良行为或者不良价值观，危害其身心健康的；（八）使用绝对化语言，欺骗、误导公众，故意使用错别字或者篡改成语的；（九）商业广告中使用、变相使用中华人民共和国国旗、国徽、国歌，使用、变相使用国家领导人、领袖人物的名义、形象、声音、名言、字体或者国家机关和国家机关工作人员的名义、形象的；（十）药品、医疗器械、医疗和健康资讯类广告中含有宣传治愈率、有效率，或者以医生、专家、患者、公众人物等形象做疗效证明的；（十一）法律、行政法规和国家有关规定禁止的其他内容。

续表

相关规定	主要内容
《广播电视广告播出管理办法》	第九条　禁止播出下列广播电视广告：（一）以新闻报道形式发布的广告；（二）烟草制品广告；（三）处方药品广告；（四）治疗恶性肿瘤、肝病、性病或者提高性功能的药品、食品、医疗器械、医疗广告；（五）姓名解析、运程分析、缘份测试、交友聊天等声讯服务广告；（六）出现“母乳代用品”用语的乳制品广告；（七）法律、行政法规和国家有关规定禁止播出的其他广告。 第十二条　除福利彩票、体育彩票等依法批准的广告外，不得播出其他具有博彩性质的广告。 第二十三条　播出商业广告应当尊重公众生活习惯。在 6:30 至 7:30、11:30 至 12:30 以及 18:30 至 20:00 的公众用餐时间，不得播出治疗皮肤病、痔疮、脚气、妇科、生殖泌尿系统等疾病的药品、医疗器械、医疗和妇女卫生用品广告。 第二十四条　播出机构应当严格控制酒类商业广告，不得在以未成年人为主要传播对象的频率、频道、节（栏）目中播出。广播电台每套节目每小时播出的烈性酒类商业广告，不得超过 2 条；电视台每套节目每日播出的烈性酒类商业广告不得超过 12 条，其中 19:00 至 21:00 之间不得超过 2 条。 第二十五条　在中小学生假期和未成年人相对集中的收听、收视时段，或者以未成年人为主要传播对象的频率、频道、节（栏）目中，不得播出不适宜未成年人收听、收视的商业广告。
《中外合作制作电视剧管理规定》	第十七条　国家鼓励中外合作制作体现中华民族优良传统和人类文明进步内容的电视剧，鼓励中外合作制作旨在塑造中国动画品牌形象的电视动画片。中外合作制作的电视剧（含电视动画片）中不得含有下列内容：（一）反对宪法确定的基本原则的；（二）危害国家统一、主权和领土完整的；（三）泄露国家秘密、危害国家安全或者损害国家荣誉和利益的；（四）煽动民族仇恨、民族歧视，破坏民族团结，或者侵害民族风俗、习惯的；（五）宣扬邪教、迷信的；（六）扰乱社会秩序，破坏社会稳定的；（七）宣扬淫秽、赌博、暴力或者教唆犯罪的；（八）侮辱或者诽谤他人，侵害他人合法权益的；（九）危害社会公德或者民族优秀文化传统的；（十）有法律、行政法规和国家规定禁止的其他内容的。
《境外电视节目引进、播出管理规定》	第十五条　引进境外电视节目应严格把握导向和格调，确保内容健康、制作精良。境外电视节目中不得载有以下内容：（一）反对中国宪法确定的基本原则的；（二）危害中国国家统一、主权和领土完整的；（三）泄露中国国家秘密、危害中国国家安全或者损害中国荣誉和利益的；（四）煽动中国民族仇恨、民族歧视，破坏中国民族团结，或者侵害中国民族风俗、习惯的；（五）宣扬邪教、迷信的；（六）扰乱中国社会秩序，破坏中国社会稳定的；（七）宣扬淫秽、赌博、暴力或者教唆犯罪的；（八）侮辱或者诽谤他人，侵害他人合法权益的；（九）危害中国社会公德或者中国民族优秀文化传统的；（十）其他违反中国法律、法规、规章规定的内容。

【典型案例】

2011年6月，某市广播电视台影视频道某栏目播出一档亲子节目。9月，广电总局《关于对某市广播电视台违规问题的通报》指出，该市广播电视台未经总局批准，擅自将影视频道更名为“第三频道”，并变更了频道标识和节目设置范围。该频道于2011年初开办了一档反映百姓日常生活状态的栏目，委托某传媒公司制作，并已经陆续播出数十期节目。该栏目播出的这档亲子节目，展现一个“不孝”儿子对父亲出言不逊、百般欺辱的过程。节目由该传媒公司策划，雇用群众演员表演，用夸张的手法表演儿子对老人不敬、不孝，肆意渲染家庭矛盾，刻意放大扭曲的伦理道德观。据查，在已播出的该栏目中，还有其他多期类似节目。该广播电视台为片面追求收视率和市场份额，对节目审查把关不严，误导了广大受众，造成严重不良影响，也极大地损害了广播电视媒体的社会形象。广电总局决定：一、责令该市广播电视台影视频道暂停播出30日。该频道须对照总局批准的频道名称、标识和节目设置范围等进行全面清理整顿，并追究相关责任人的责任。责成该省广电局对该频道的整改情况进行监督检查和核查验收。验收工作结束后，向总局提出书面报告，经总局审核同意后，方可恢复该频道播出。二、责成该省广电局依法吊销涉案传媒公司的《广播电视节目制作经营许可证》。此后起三年内，不得许可该公司及现在的法定代表人从事广播电视节目制作经营业务。三、责成该省广电局采取有效措施，加强对全省广播电视播出机构和节目制作经营机构的监管，发现问题及时予以纠正。

（3）安全保障制度

安全保障制度，即相关主体的安全保障义务。这是一种法律依据诚信及公平原则确立的法定义务，是出于对商业活动中，社会经济价值及道德需要的综合考虑所确立的。具体是指经营者在经营场所对消费者、潜在的消费者或者其他进入服务场所的人之人身、财产安全依法承担的安全保障义务。其义务主体为服务场所的经营者，包括服务场所的所有者、管理者、承包经营者等对该场所负有法定安全保障义务或者具有事实上控制力的公民、法人或其他社会组织。各主体对于主体场所具有事实上的控制力，应当为场所人员提供一个安全的环境。例如，制作机构在制作过程中对制作场所具有事实上的控制力，应当为参与制作人员提供一个安全的制作环境，对未尽到相应的安全保障义务所造成的损失，相关主体要承担赔偿责任。

（4）行业统计诚信制度

任何单位与个人都不得制作虚假的收视收听率。诚信是每个主体在进行相关行为时都应当恪守的原则，广播电视行业的诚信制度的内容远不止保证收听收视率真实这一项内容。考虑到近几年广播电视行业收视收听率造假的现象已经对该行业的发展产生不良影响，政府也在监管广播电视收听收视率方面采取专门措施，故在此将收视收听率的诚信统计制度专门列出。2018年，广电总局组织广播电视规划院等10余家单位完成了涵盖有线电视、IPTV、互联网电视的千万级样本规模收视调查技术实验。2018年12月，由广电总局委托广播电视规划院基于自主技术建设的广播电视节目收视综合评价大数据系统正式开通试运行。与目前世界上主要采用的两种方式——日记卡和收视率测量仪的传统样本户采集方式相比，该系统采用海量数据采集模式，具有“全网络、全样本、大数据、云计算”的特点，更适用于当前电视节目观看方式多渠道、多样化的新趋势。该系统于2019年12月正式上线，并在旗下微信公众号“中国视听大数据”开始发布“黄金时段电视剧收视情况”。[①] 2020年，《广播电视行业统计管理规定》公布。该规定指出，广播电视主管部门应当依托大数据统计信息系统，统筹收视收听率（点击率）统计工作，对数据的采集、发布进行监督。任何机构和个人不得干扰、破坏广播电视主管部门依法开展的收视收听率（点击率）统计工作，不得制造虚假的收视收听率（点击率）。出现统计造假、弄虚作假行为的，所在单位的主要负责人承担第一责任，分管负责人承担主要责任，统计人员承担直接责任。同年10月，《防范和惩治广播电视和网络视听统计造假、弄虚作假责任制规定》发布，规定

① 国家广电总局：任何机构个人不得制造虚假的收视收听率（点击率）[EB/OL].（2020-04-13）[2021-04-09]. https://baijiahao.baidu.com/s?id=1663841577175830765&wfr=spider&for=pc.

按照“集体领导与个人分工负责相结合”的原则，建立“谁主管、谁负责，谁统计、谁负责”“一级抓一级、层层抓落实”的责任体系。

收视收听率是指在某个时段收看收听某个广播电视节目的目标观众人数占总目标人群的比重，其常常作为评价一项广播电视节目质量与参与人员业务能力的主要标准。然而数十年来，片方花钱买假数据、卫视收视率造假等收视收听率造假现象屡禁不止，“注水”一直是行业的顽疾，甚至成为行业内公开的秘密。这会对广播电台节目调整、节目质量的提高、传媒企业的商业选择产生严重的负面影响，不利于我国广播电视媒体的良性发展，必须加以规制与监管。

2. 各环节具体行为规范制度

具体行为规范制度是指各环节主体在业务过程中应当遵守的，区别于其他环节的制度。

（1）广播电视节目制作

①备案公示制度。广播电视节目既实行许可制度，又实行备案公示制度，包括电视剧（动画片）剧目公示、重大题材实行立项公示与摄制公示、电视纪录片题材公示。广电总局对电视剧和电视动画片实行强制备案公示制度，对电视纪录片实行题材公告制度（非强制备案），最终决定权均在广电总局。

电视剧方面，《电视剧内容管理规定》指出国产剧、合拍剧的拍摄制作实行备案公示制度。[①]2013年，国家新闻出版总局据此制定《电视剧拍摄制作备案公示管理办法》，详细规定用于境内电视台播出或者境内外发行的国产电视剧（不含电视动画片）拍摄制作的备案公示制度的相关内容，“国家新闻出版总局（以下简称总局）负责向总局直接备案制作机构（以下表述为‘中直单位制作机构’）电视剧拍摄制作的备案管理、全国电视剧拍摄制作的公示管理。省级广播影视行政部门负责本行政区域内制作机构电视剧拍摄制作的备案管理。解放军总政宣传部艺术局、中央电视台负责所辖制作机构电视剧拍摄制作的备案管理”“已公示电视剧目的打印文本是该剧目制作完成后送审的必备材料，各级管理部门需进行认真查验。未经备案公示的，剧情与备案公

① 参见:《电视剧内容管理规定》第八条。

示内容严重不符的完成片，各级审查机构不予受理审查”。[①]

获得制作许可，具备制作资质的机构在拍摄电视剧之前应当根据上述内容向相应的广电总局、省级广电行政部门、解放军总政宣传部艺术局、中央电视台[②]进行剧本或题材备案。省级广电行政部门核准备案后通过总局政府网站的电视剧电子政务平台上报，由总局统一汇总公示，中直所辖制作机构将备案材料，通过总局政府网站的电视剧电子政务平台上报，由总局负责核准备案并办理公示。备案审查公示之后方可进行拍摄制作，否则按违规处理。在制作过程中应当按照公示的内容拍摄制作电视剧，发生变更的应当重新履行备案手续或变更手续。申请备案时提交如下内容：《电视剧拍摄制作备案公示表》或者《重大革命和重大历史题材电视剧立项申报表》，并加盖对应的公章；如实准确表述剧目主题思想、主要人物、时代背景、故事情节等内容的不少于1500字的简介；重大题材或者涉及政治、军事、外交、国家安全、统战、民族、宗教、司法、公安等敏感内容的（以下简称“特殊题材”），应当出具省、自治区、直辖市以上人民政府有关主管部门或者有关方面的书面意见。[③] 2016年，《国家新闻出版广电总局办公厅关于进一步完善规范电视剧拍摄制作备案公示管理工作的通知》进一步要求，“电视剧拍摄制作备案公示阶段不再受理剧名变更申请”“申报电视剧拍摄制作备案公示剧目的1500—2000字剧情梗概，须对思想内涵作出概括说明”。

电视动画片方面，《广电总局关于印发〈国产电视动画片制作备案公示管理制度暂行规定〉的通知》要求：“凡持有《广播电视节目制作经营许可证》的制作机构均可申请制作动画片。国产电视动画片经国家广电总局备案公示后方能投产制作。未经备案公示的国产电视动画片，不予审查完成片，不予发放《动画片发行许可证》，各级电视播出机构不予播出。”制作备案实

① 参见：《电视剧拍摄制作备案公示管理办法》第三条、第十四条。

② 2018年，根据《深化党和国家机构改革方案》，整合中央电视台（中国国际电视台）、中央人民广播电台、中国国际广播电台，组建中央广播电视总台，对内仍保留原呼号。

③ 参见：《电视剧内容管理规定》第九条至第十四条，《电视剧拍摄制作备案公示管理办法》第四条至第十一条。

行月报制与两级管理制，即由国家广电总局和省级广播电视行政部门两级管理。国家广电总局负责中直单位动画制作机构制作国产电视动画片的备案管理和全国国产电视动画片的备案核准和公示管理，省级广播电视行政部门负责本辖区所属动画制作机构制作国产电视动画片的备案管理，并将备案材料报广电总局进行核准公示。同时，报国家广电总局公示的国产电视动画片题材须提交下列文字材料：完整填写由国家广电总局统一制定的制作备案公示表，包括加盖对应的公章；对主题思想、主要角色、故事情节有明确表述的一千五百字左右的剧情简介；申请备案的特殊题材的国产电视动画片，须附相关主管部门或有关方面的书面意见。国家广电总局按规定对国产电视动画片备案材料进行查验、核准后，通过国家广电总局政府网站向社会公示。[①]

电视纪录片方面，《广电总局关于实行电视纪录片题材公告制度的通知》（以下简称“通知”）指出，国家广电总局自2013年起实行电视纪录片题材公告制度，汇总全国电视纪录片创作生产、中外合拍、引进境外电视纪录片（含素材）等题材信息，向社会公告。电视纪录片题材实行中央、省（自治区、直辖市）两级汇总，国家广电总局统一公告制度。

第一，中央和国家有关单位所辖机构计划制作电视纪录片题材信息、中外合拍电视纪录片题材信息、从境外引进电视纪录片（含素材）题材信息，报国家广电总局。

第二，军队系统机构计划制作电视纪录片题材信息、中外合拍电视纪录片题材信息、从境外引进电视纪录片（含素材）题材信息，由解放军总政治部宣传部汇总后报国家广电总局。

第三，地方机构计划制作电视纪录片题材信息、中外合拍电视纪录片题材信息、从境外引进电视纪录片（含素材）题材信息，由其所在地省级广播影视行政部门汇总后报国家广电总局。

通知还作出如下规定：“国家广电总局对全国电视纪录片题材信息进行汇总分析，与制作机构沟通协调后，制定《全国电视纪录片题材目录》，向社会

---

① 参见：《广电总局关于印发〈国产电视动画片制作备案公示管理制度暂行规定〉的通知》。

公告。”“列入《全国电视纪录片题材目录》的国产电视纪录片及其制作机构，可优先参评国家广电总局推荐优秀国产纪录片和年度优秀国产纪录片及创作人才扶持项目。”“电视纪录片题材公告实行半年制。每年1月，发布全国上半年电视纪录片题材公告，中央和国家有关单位、军队系统、各省级广播影视行政部门请于1月1日前，将上半年电视纪录片题材报国家广电总局。每年7月，发布全国下半年电视纪录片题材公告……”“电视纪录片题材公告由国家广电总局印发中央和国家有关单位、军队系统、各省级广播影视行政部门[①]，并通过国家广电总局政府网站和中国纪录片网同时向社会公布，以供查阅。”报送电视纪录片题材，须统一使用国家广电总局制定的表格，分为《国产电视纪录片题材信息表》《中外合拍电视纪录片题材信息表》《引进境外电视纪录片（含素材）题材信息表》。

2006年，国家广播电影电视总局取消原有的“电视剧题材规划立项审批”制度，实行“电视剧拍摄制作备案公示”制度，既是一种赋予电视节目更大的创作自由，加快推进电视剧产业的发展，顺应构建文化市场需要的举措，同时也是一项对电视节目制作实施监管的举措。申请人将内容概要、题材设置、拍摄变更等内容报备上述相应的部门或单位，广播电视行政部门通过备案、公示与留档，便于掌握电视节目的制作情况，一方面有助于监管机构实施管理职能，另一方面也为社会监督提供了途径，更好地督促电视节目制作机构合法合规的经营发展。

②制作活动规范制度，包括人员使用与制作过程两个方面。在人员使用中，一方面，由于广播电视节目的大众性与对人民文化生活的影响，我国对于节目制作中关于外国人员的使用作出了大量的规定，采取谨慎的态度来控制外籍人员在制作中的参与。例如，《外国人参加广播影视节目制作活动管理规定》中规定了境外人员参加电视节目制作的条件与可参与的节目范围，即严格的审批条件与特定节目不得聘用外国人的节目范围限制[②]；另一方面，拍

① 依据国家机构改革，此处实为“各省级广播电视行政部门”。考虑到此处是对规范性文件的直接引用，而文件中尚未对此进行修改，故文中与文件内容保持一致，未进行修改。

② 参见：《外国人参加广播影视节目制作活动管理规定》第六条、第七条。

摄人员的薪酬与分配是节目质量的重要影响因素，同时也关系到收入分配平等的重要社会问题。这一因素已经逐渐成为国家与社会大众关注的焦点之一。因此，为了保证节目的质量，以及免受不良舆论的影响，在人员薪酬方面也要注意合法合规。

在制作过程中，要注意不得侵犯他人的合法权利，注意制作方式与制作行为的合理性与合法性。例如，《未成年人节目管理规定》中规定，在邀请未成年人参与节目制作时，既要事先经其法定监护人同意，又不能以恐吓、诱骗或者收买等方式迫使、引诱未成年人参与节目制作。在制作过程中也要充分考虑到未成年人及其亲属的隐私，充分保障参与制作的未成年人的人身和财产安全。违反相应规定的，主管部门可以对负有责任的主管人员或者直接责任人员给予处分、处理，责令限期改正，给予警告，可以并处三万元以下的罚款。[①] 人与事物等是节目内容的主要组成要素，其涉及的人身权利、知识产权、物权等是制作过程中必须注意的问题。侵犯他人权利的节目不论在商业价值，还是社会价值上都难以得到充足的实现。

【前沿探讨】

2018年10月，《国家广播电视总局关于进一步加强广播电视和网络视听文艺节目管理的通知》指出，“严格执行已出台的电视剧网络剧（含网络电影）成本配置比例行业自律规定，每部电视剧网络剧（含网络电影）全部演员片酬不超过制作总成本的40%，其中主要演员不超过总片酬的70%。如果出现全部演员总片酬超过制作总成本40%的情况，制作机构需向所属协会（中广联制片委员会、电视剧制作产业协会或中国网络视听节目服务协会）及中广联演员委员会进行备案并说明情况。无正当理由或隐瞒不报的，一经查实，由所属协会上报国家广播电视总局，视情况依法采取暂停直至永久取消剧目播出、制作资质等处罚措施”。2020年2月，《国家广播电视总局关于进一步加强电视剧网络剧创作生产管理有关工作的通知》进一步要求，“在电视剧网

① 参见：《未成年人节目管理规定》第四条、第十二条至第十五条、第三十六条、第三十七条。

络剧完成片审查阶段，制作机构须将制作成本决算配置比例情况报告、演员片酬合同复印件，提交至有关广播电视主管部门备案。每部电视剧网络剧全部演员总片酬不得超过制作总成本的40%，其中主要演员片酬不得超过总片酬的70%”。

（2）广播电视节目播出

一是播前审查、重播重审制度。[①]国家对于广播电视节目实行内容审查制度，为进一步建立完善节目审查标准、实施细则和问责制度，认真梳理制作、播出各环节风险点，强化管控措施，加强属地管理和审查监看。各级广播电台、电视台主要负责人是落实意识形态工作责任制的第一责任人，要主动履行节目管理责任，亲自审查，严格把关，既能发现问题及时报告、及时处理，又能防止不适应社会发展新情况的节目被重复播放，对社会造成不良影响。

二是境内节目播放合理安排制度。即节目播放过程中应当注意节目之间的时间安排与前后衔接等问题，保证节目安排的有序性与合理性。广电总局出台的文件中涉及广播电视节目播放的诸多规定，如《未成年人节目管理规定》出于对未成年人的保护，规定了法定节假日和学校寒暑假每日8:00至23:00，以及法定节假日和学校寒暑假之外时间的每日15:00至22:00，播出的节目应当适宜所有人群收听收看。[②]《广播电视广告播出管理办法》规定了广播电视广告播出应当合理编排。其中，商业广告应当控制总量、均衡配置。[③]节目的播出方式关系着观众的观看质量与节目内容对观众的影响，各类节目之间的合理安排既是对各类节目的平等保护，又是对观众的负责。《广播电视管理条例》规定了节目安排违反相关法律规定的，要承担被责令停止、罚款，甚至吊销许可证的行政责任。[④]

---

① 参见：《广播电视管理条例》第三十三条。

② 参见：《未成年人节目管理规定》第二十三条。

③ 参见：《广播电视广告播出管理办法》第十三条。

④ 参见：《广播电视管理条例》第五十条。

【典型案例】

2011年，国家广播电影电视总局下发《关于进一步加强电视上星综合频道节目管理的意见》（以下简称“意见”）。该意见提出，对节目形态雷同、过多过滥的婚恋交友、才艺竞秀、情感故事、游戏竞技、综艺娱乐、访谈脱口秀、真人秀等类型节目实行播出总量控制。每天19:30至22:00，全国电视上星综合频道播出上述类型节目总数控制在9档以内，每个电视上星综合频道每周播出上述类型节目总数不超过2档。每个电视上星综合频道每天19:30至22:00播出的上述类型节目时长不超过90分钟。

2013年，国家新闻出版广电总局出台的《关于做好2014年电视上星综合频道节目编排和备案工作的通知》文件，要求每季度总局通过评议会择优选择一档歌唱类选拔节目安排在黄金时段播出，其余不得安排在19:30至22:30之间播出；总局将对电视晚会进行调控，原则上重要节假日期间每日不超过3台。

（3）节目主持人、嘉宾管理制度

《关于进一步加强广播电视主持人和嘉宾使用管理的通知》指出，各广播电视机构要严格执行主持人上岗管理规定；加强主持人职务行为信息管理；播出广播电视节目前，需对主持人的持证和注册情况进行审核，对嘉宾身份信息进行核实，并综合考虑主持人和嘉宾的专业素质和社会形象，判断其是否适宜发声出镜；要对主持人和嘉宾在节目中的言行举止认真审查把关，有问题的一律不得播出；加强主持人和嘉宾教育培训，做好主持人资质清查和主持人、嘉宾管理制度建设工作。各播出机构在主持人和嘉宾使用管理中负有主体责任。广播电视主持人和嘉宾承担着坚持正确导向、传播先进文化、引领文明风尚的重要职责。主持人无证上岗、未按规定注册、个别主持人和嘉宾言行失当等违规现象会造成不良社会影响，播出机构作为广播电视节目进入公众视野的最后一道防线，负有审查与防范不当人员的不当行为，推动形成良好行业风气的责任。

【典型案例】

针对群众反映强烈的养生类节目乱象，国家新闻出版广电总局下发的《关于做好养生类节目制作播出工作的通知》要求，电视养生类节目只能由电视台策划制作，不得由社会公司制作。凡在专家资源、节目资金、制作能力等方面不具备条件的电视台，不得盲目跟风制作养生类节目。鼓励上星综合频道制作的优秀养生类节目在地面频道播出。养生类节目应为广大观众提供真实、科学、实用、权威的资讯信息，不得夸大夸张或虚假宣传、误导观众。要做到以下几点：第一，主持人必须取得播音员主持人执业资质，依法持证上岗，主持中要有效控制节目进程，引导嘉宾围绕主题介绍相关知识。演员和各类社会名人不得担任养生类节目主持；第二，聘请医学、养生、营养等方面专家作为嘉宾的，该嘉宾必须具备省级以上卫生行政部门认定的副高以上专业职称、资格，并在节目中据实提示。

（4）节目安全播出保障制度

国务院制定了《广播电视设施保护条例》以维护广播电视设施的安全，确保广播电视信号顺利、优质地播放和接收。《广播电视安全播出管理规定》第七条规定，安全播出责任单位（从事广播电视播出、传输、覆盖等业务的单位）应当加强制度建设，采取多种措施保障广播电视安全播出。[①]广播电视播出、传送机构在取得经营许可之后，要保证自身的播出、传送业务能力，对国家的信任与许可、广大人民的文化生活需求负责，为经营活动的持续进行，获得经济效益与社会效益，要及时开展技术维护、运行管理、应急处置及其他相关活动保证广播电视节目的顺利播出。

3.广播电视涉外活动

（1）境外时事性新闻节目禁止引进制度

该制度规定是涉及广播电视和网络视听节目服务传输安全的基础性条款。我国的新闻制作主体固定，即广播电视时政新闻及同类专题、专栏等节目只能由广播电视播出机构制作。同时，广播电视播出、传输、制作、经营，投

① 参见：《广播电视安全播出管理规定》第七条。

资新闻机构（包括但不限于通讯社），投资互联网新闻信息服务、网络视听节目服务等业务，历来就被纳入我国发布的《外商投资准入特别管理措施（负面清单）》中，明确禁止外商投资。出于政治、经济与文化各方面的考虑，境外时事类新闻节目无论是行业准入、新闻节目制作，还是播放，始终在我国禁止范围之内，当然亦在引进禁止范围之内。

（2）节目重塑制度

境外节目引进后，必须经过包装、编辑方可在境内播出。《境外电视节目引进、播出管理规定》第十七条规定，节目中不得出现境外频道台标或相关文字的画面，不得出现宣传境外媒体频道的广告等类似内容。引进节目在内容上整体符合国家要求之后，要对其中的细枝末节或者些许不当内容在不影响节目本身的情况下予以适当的包装、编辑，使其更好地符合国内观看习惯，更高质量地满足观众对境外电视节目的观看需求，避免节目内容之外的因素造成不必要的影响。

（3）国际性广播电视节目交流、交易活动举办单位的事后汇报备案制度

《广播影视节（展）及节目交流活动管理规定》第十七条规定，举办单位应在广播影视节（展）结束后30日内，将举办节（展）情况报广电总局备案。通过上述的事前申请与事后汇报备案制度，既能够保证交流活动健康、顺利地开展，便于国家监管与规制，又能够使国家对相关情况有基础的把握，便于国家了解行业发展与制定相关政策等。

（4）节目交流、交易举办单位的主题遴选制度

《广播影视节（展）及节目交流活动管理规定》第十二条规定，广播影视节（展）的举办单位、参展单位应遴选内容健康，思想性、艺术性、观赏性较高的影视片（剧）和其他广播影视节目参加节（展）。广播电视节目的交流、交易活动是国际性广播电视节目成品，既是市场流通的重要渠道，也是国内观众接触境外电视节目的公众场所。举办单位作为活动开展的组织者，应当为节目交流提供健康积极的、高质量的主题保障。

（5）境内外友好交往制度

在广播电视领域的涉外交往中，尊重他国的法律法规，秉持互惠互利的

态度，通过节目交流推动文化交往。《境外卫星电视频道落地管理办法》规定了申请落地的境外卫星电视频道所播放的内容应不违反中国法律、法规、规章的规定；具备与中国广播电视互利互惠合作的综合实力，承诺并积极协助中国广播电视节目在境外落地；申请落地的频道及其直接相关机构对中国友好、与中国有长期友好的广播电视交流和合作等内容，鲜明地表现出我国在广播电视涉外交往中秉持的友好与互惠互利的态度，广播电视领域的任何主体在进行涉外交往中都应秉持这一态度，这关系着我国广播电视领域与文化的长远发展。

4. 广播电视的基础设施、设备

（1）利益关联避免制度

《卫星电视广播地面接收设施安装服务暂行办法》第九条规定，卫星地面接收设施安装服务机构和卫星地面接收设施生产企业之间，除依法形成的供货关系外，不得存在其他利益关联。存在违反本办法规定的利益关联的，由县级以上人民政府广播影视行政部门责令改正，可以并处3万元以下的罚款；情节严重的，由原发证机关吊销《卫星地面接收设施安装服务许可证》。安装企业与生产企业相分离，断开设施设备的自动供应链，避免与减少违法违规基础设施与设备进入社会市场，打击非法生产、销售、安装广播电视设备设施行为，维护广播影视事业建设和节目传播的正常秩序。

（2）设施设备质量管理与保护制度

《广播电视设施保护条例》第四条规定，任何单位和个人均有保护广播电视设施的义务。《卫星电视广播地面接收设施安装服务暂行办法》规定，卫星地面接收设施安装服务机构应当遵守确保卫星地面接收设施安装施工质量，遵循牢固稳定、安全可靠、经济适用、便于维护的原则。在广播电视的基础设备设施方面，最主要的经营制度就是保护相关设施的安全。广播电视节目的制作、播放与传输等最基础的保障就是稳定运行的基础设施与设备，基础设施与设备一旦被破坏，可能会造成整个区域，甚至整个国家广播电视节目传输的瘫痪，使国家、社会的财产安全与文化建设都遭到损失。考虑到基础设施设备被破坏之后可能造成的巨大危害，必须保护其安全。依据《广播电视管理条例》与其他法律规范，破坏广播电视设施不仅要承担行政责任，还要承担赔偿损失的民事责任及相应的刑事责任。

5.广播电视编辑记者、播音员主持人

（1）注册变更、延续制度

广播电视编辑记者、播音员主持人在资格考试合格之后，可以申请相关执业资格注册，经审查获得注册之后，对于该注册在法定期限届满与其他情况下应当及时延续注册与变更注册。注册有效期届满需要延续的，申请人应当在有效期届满30日前提出延续申请，填写《延续注册申请表》，由所在的制作、播出机构向注册机关办理延续注册手续。注册有效期内，持证人变更工作单位并继续从事广播电视采访编辑、播音主持工作的，应当在变更工作单位后1个月内填写《变更注册申请表》，并提交执业证书，由变更后所在的制作、播出机构向所在地注册机关办理变更注册手续。[①]

广播电视编辑记者、播音员主持人执业证书是其执业凭证，加强对执业资格的管理是健全和完善广播电视编辑记者、播音员主持人人员管理制度，加强相关人才资源管理的重要手段，便于国家掌握相关专业人才的分布和数量，以便于各有关业务、行业主管部门对人才队伍建设进行统筹规划。借助现代信息技术，建立一个便捷、完备的证书注册管理系统及开放型的信息查询系统，以便于社会对从业人员的查询与监督。

（2）执业规范制度

《广播电视编辑记者、播音员主持人资格管理暂行规定》规定了广播电视编辑记者、播音员主持人在执业活动中应当履行的义务。[②]广播电视作为党

① 参见：《广播电视编辑记者、播音员主持人资格管理暂行规定》第十九条、第二十条。

② 参见《广播电视编辑记者、播音员主持人资格管理暂行规定》第二十七条："广播电视编辑记者、播音员主持人在执业活动中应当履行以下义务：（一）遵守法律、法规、规章；（二）尊重公民、法人和其他组织的合法权益；（三）坚持正确的舆论导向；（四）恪守职业道德，坚持客观、真实、公正的原则；（五）严守工作纪律，服从所在机构的管理，认真履行岗位职责；（六）努力钻研业务，更新知识，不断提高政策理论水平和专业素养；（七）树立良好的公众形象和健康向上的精神风貌；（八）依法应当履行的其他义务。"

和政府的“喉舌”和当今的主流媒体，其社会影响力日益广泛，在宣传党和国家的方针政策、丰富广大人民群众的精神文化生活、传递中国声音等方面具有不可替代的作用。为了能够从容应对挑战和竞争，必须提高节目的质量，提高宣传的质量，提高整体实力和参与竞争的能力，为此就必须加强我们的队伍建设，提高从业人员的素质，特别是提高关键、要害岗位人员的素质。播音员与主持人是影响节目质量的关键性因素，在执业过程中履行义务、遵守执业道德与行为规范，不仅是国家提高广播电视节目质量的需要，也是播音员与主持人工作的必然要求。

第二节 电影监管

一、电影监管历史沿革

我国电影领域的监管可以分为中华人民共和国成立前与中华人民共和国成立后两个历史时期。

（一）中华人民共和国成立前的监管历史

中国对于电影事业的管理最早可以追溯到清末民初时期，电影在传入中国后被称为“西洋影戏”，即被视作戏剧的一种，在管理制度上或多或少地借鉴戏剧管理的经验。晚清时期，电影放映场所的管理主体是各地方政府，管理的目的是维护治安，强化道德风尚与维护政治统治，各地政府的监管也由此出发制定相关的管理制度。其中，可知具体内容的电影管理规则最早出现在1909年，褚庆荣拟在上海同益茶楼放映电影，上海一路巡警分局同意褚的申请，并与其约法三章：“每夜准演至十二点钟即止”“不准男女杂座”“伺应之人均应周到，不得于开演之时、灯光明暗之际，致使座客遗失物件，别起争端”。此规定主要涉及治安、风化等内容，反映出政策制定者的关切。1911年，上海城自治公所颁布《取缔章程》。该章程共五条：“一、男女不准混杂；二、不得有淫亵之影片；三、停场时刻至迟以十二点钟为限；四、准巡警随时查察；五、此照不准顶替执用”。①

北洋政府时期也制定了相应的规章措施管理电影放映场所安全，管理的对象主要集中于国人经营的放映场所。管理已经不仅局限于用单纯的行政命令禁止放映场所的经营，而更多采用法律法规进行管理，较晚清时期更加规范和合理。负责电影放映场所管理的主要机构是各地的警察厅，其管理目的是确保放映场所的经营不影响社会治安及道德风化。当时主要有京师警察厅、淞沪警察厅和天津警察厅进行放映场所的管理活动。京师警察厅开展影院管理的时间较早，并形成了较为完善的规范。1921年，京师警察厅制定的《京师警察厅修订取缔电影园规则致内务部呈》②中不仅规定了包含社会治安、道德风化等内容，还涉及“电影园”（电影院）的开设、设备、票价、票房、捐税等更为细化的内容。淞沪警察厅将包括电影放映场所在内的公共场所纳入管理范围。1923年，淞沪警察厅订立了《取缔影戏园规则布告》③，共十二条，规定“如有奸盗淫邪，妨碍风俗之影片，应即禁止开演”“男女分座、晚间12点停演”等。天津警察厅所制定法规中也多有安全、风化方面的考虑。三者所制定的法规多有相似之处，都对影院安全、放映影片的内容、社会治安、捐税征收、男女分座及营业时间进行了明确的规定。这也反映出管理机构对影院放映的基本要求，即不能有伤风化、妨碍治安。如有违反，职能部门将采取严厉措施。④1926年，《审查影剧章程》通过，并于1927年末修订，其中包括对影片的奖励、改编与禁止性行为的规定。

南京国民政府时期，国民党掌握国家政权，电影逐渐被当作国民党和国民政府的宣传利器。在此背景之下，国民政府迫切需要一套电影政策来维护电影业的秩序，关于电影检查等内容的制度不断出台，包括《电影检查法》、

---

① 王瑞光.清末民初戏剧管理制度对中国早期电影管理制度的影响探析［J］.电影文学，2018（17）：28-32.

② 丁芮.北洋政府时期京师警察厅研究［D］.北京：中国社会科学院，2011：100.

③ 汪朝光.影艺的政治：民国电影检查制度研究［M］.北京：中国人民大学出版社，2019：14.

④ 王瑞光.清末民初戏剧管理制度对中国早期电影管理制度的影响探析［J］.电影文学，2018（17）：28-32.

《电影片检查暂行标准》，以及《各地教育行政机关会同警察机关稽查电影办法》等一系列电影检查规范文件。监管机构也逐渐确立，1930年，电影检查委员会成立；1933年，中央宣传委员会设立了电影事业指导委员会，负责指导电影事业与设计电影宣传工作，电影检查委员会受其指导①；1935年，国民党设立文化委员会，直属于中央执行委员会，执掌包括电影事业在内的改进事宜②；1936年，电影事业指导委员会改组为电影事业处，电影检察委员会成为其平级单位，同受中央执行委员会宣传部指导。抗日战争时期，沦陷区在日本的掌控下实行其本国的电影检查制度，抗战胜利后内战的爆发使得国民政府的文化政策更加紧缩，对电影检查的力度扩大，其修正了之前的《电影检查法》与一系列电影检查制度。③在中华人民共和国成立前，1948年，中共中央宣传部发布《关于电影工作的指示》。该指示是中国共产党关于中华人民共和国电影的第一个重要文献，其中包括电影剧本审查方针、电影剧本故事的范围及“请即考虑成立新华影片公司，对全国的电影院供给影片”等内容。1949年成立的“中央电影局”全盘接管国民党时期的电影企事业单位，由中宣部领导。

（二）中华人民共和国成立后的监管历史

中华人民共和国成立后，电影事业的发展状况也随着中国的社会情况不断变化，与之相应的监管制度在不同历史时期因受政治、经济、文化等多方面的影响呈现不同的发展状态。整体而言，中国电影行政监管主要经过了以下五个阶段。

1.初步构建阶段（1949—1966年）

1949年到1966年的十七年被认为是中华人民共和国成立初期中国电影蓬

① 韩菁.南京国民政府时期电影检查制度的设计与运作（1927—1937）[D].开封：河南大学，2016.

② 袁荷.南京国民政府文化政策研究（1927—1949）[D].北京：中国艺术研究院，2017.

③ 黄晶.南京国民政府后期电影检查制度研究（1945—1949）[D].上海：华东政法大学，2013.

勃发展，电影事业取得较快发展的时期，被众多电影史学者誉为“十七年”时期。这样的发展离不开中华人民共和国政府对电影事业的支持与鼓励，这时期的电影监管制度采取较为宽松的监管态度。

1953年通过《中央人民政府政务院关于加强电影制片工作的决定》，提出电影艺术应当具有“文化娱乐的重大作用”。1956年，毛泽东主席提出“双百方针”。在这样的电影作用认定与文化背景之下，电影局的监管以鼓励支持电影事业的发展为主要目的，对电影事业进行改造与发展方向的领导，与计划经济体制相适应的电影发行放映管理体制初步建立，在此时期内颁布的相关法规也多以鼓励发展为制定方针，主要包括1950年颁布的《中央电影局各厂剧本及影片审查办法》，办法规定了各国营厂生产的故事片的主题和故事梗概、文学剧本、美术片的分场剧本及大型纪录片的拍摄纲要、各片种正式拷贝的送局审查制度。1950年，国务院还颁布了《电影业登记暂行办法》《电影新片颁发上映执照暂行办法》《电影旧片清理暂行办法》《国产影片输出暂行办法》《国外影片输入暂行办法》5个暂行办法，对电影行业的登记、新片上映、旧片清理与影片进出口作出了规定；1953年发布《中央人民政府政务院关于建立电影放映网和电影工业的决定》，规定了电影放映的方针、工作的管理等方面的内容；1954年，公布了《中央人民政府政务院关于加强电影制片工作的决定》，对电影制片的方针与任务，电影题材及电影剧本的组织工作，电影剧本和影片的审查制度，影片生产制度和技术质量问题，提高、培养和补充电影干部问题等作了详细的规定。[①]1957年，文化部党组向中共中央呈报《关于改进电影制片若干问题的报告》，提出对电影制片事业的组织形式和领导方式的改进方案。[②]

1958年，中央电影局发行处与中国电影发行公司总公司合并，成立了新的机构，即中国电影发行放映公司（中影公司）。它是具有行政管理和企业经营双重性质的机构。同年，各行政区代办处被取消，改名为电影发行放映公

① 涂敏. 新中国电影政策研究［D］. 广东：广东海洋大学，2010：8-11.

② 何海凤. 1950年代新中国电影政策研究［D］. 呼和浩特：内蒙古师范大学，2015：24.

司，其行政关系隶属于地方政府。[①]在支持发展的政策要求之下，电影监管的内容以指导为主，整个监管体制处于萌芽初建的状态。

2. 停滞阶段（1967—1976年）

十年“文化大革命”时期，中国文艺界遭受着巨大的冲击，电影事业作为文化的一部分也不能幸免，电影传播由百花齐放转变为政治本位，传播媒介数量锐减，公共领域服务功能弱化。[②]在此期间对于电影事业的监管较之前增强了管制的力度，监管体制也逐渐偏离了正确的发展方向，出台的一系列文化高压政策使得整个监管体制的发展陷入停滞，甚至倒退的境地。

3. 恢复发展阶段（1977—1992年）

“文化大革命”结束之后，国家制定了一系列鼓励电影创作的政策以减轻“文化大革命”对电影业造成的创伤，电影领域的监管制度逐渐恢复到之前的支持鼓励方向。1978年后开始的改革开放政策也影响到电影行业及其管理，为应对电影体制改革的需要，国家出台的相关管理制度除鼓励发展之外，还增加了改革规制的内容。

1979年，国务院颁布《关于改革电影发行放映管理体制的请示报告》，对影院的资金缴纳、收入分成情况作出规定，为影院发展所需的资金提供了保障；文化部在1980年下发的1588号文件与广电部1987年出台的975号文件改革了发行机构与制片机构的结算方式；1986年，电影局正式从文化部划归广播电影电视部领导。随后相关机构采取一系列措施对电影事业的改革进行了管理，但是由于当时的社会环境没有脱离计划经济体制的影响，电影管理制度在恢复之前的指导规制的状况下，没有取得较大的发展。

4. 全面发展时期（1993—2010年）

1992年，邓小平南方谈话和党的十四大的召开，促使中国电影业终于向市场经济体制改革迈出了重要的一步。1993年，广播电影电视部正式下发

① 曹荣荣. 试析新中国电影发行放映管理体制的演变［J］. 电影评介，2012（14）：79-80+88.

② 张晔. “文革”时期的中国电影传播［J］. 电影评介，2013（6）：25+30.

《关于当前深化电影行业机制改革的若干意见》，标志着电影改革正式拉开帷幕，中影公司的全国垄断经营被打破，中国电影行业迎来全面改革与迅速发展。为应对电影行业迅速发展的需求，国家出台一系列的法规政策，在支持电影行业的发展的同时进行规制，避免电影行业在市场经济的浪潮下走入错误的发展方向。1998年3月，国家设立国家广播电影电视总局作为国务院直属机构，替代原先的广播电影电视部，具备更多的行政管理职权，负责电影事业的改革、法律法规的研究起草、发展方针政策的制定、对电影领域的监管等。

在此期间，国家出台了涉及电影领域的一系列法律文件：2001年生效的《印发〈关于改革电影发行放映机制的实施细则（试行）〉的通知》（广发办字〔2001〕1519号）、《广播电影电视行政复议办法》（国家广播电影电视总局令第5号）；2002年生效的《电影管理条例》（中华人民共和国国务院令第342号）、《关于成立电影院线报批程序的通知》（广影字〔2002〕第69号）；2003年生效的《关于加强影院及院线计算机售票管理的通知》（广影字〔2003〕第415号）、《关于进一步推进电影院线公司机制改革的意见》（广影字〔2003〕第576号）；2004年生效的《外商投资电影院暂行规定》（国家广播电影电视总局、中华人民共和国商务部、中华人民共和国文化部令第21号）、《关于加强特种电影统一进口管理的通知》（广影字〔2004〕第067号）、《关于加强影片贴片广告管理的通知》（广发影字〔2004〕700号）、《中外合作摄制电影片管理规定》（国家广播电影电视总局令第31号）、《电影企业经营资格准入暂行规定》（国家广播电影电视总局、中华人民共和国商务部令第43号）；2005年生效的《〈外商投资电影院暂行规定〉的补充规定》（国家广播电影电视总局令第49号）、《〈电影企业经营资格准入暂行规定〉的补充规定》（国家广播电影电视总局、中华人民共和国商务部令第50号）、《关于印发〈数字电影发行放映管理办法（试行）〉的通知》（广发影字〔2005〕537号）、《关于加强对计算机售票影院管理的通知》（〔2005〕影字593号）；2006年生效的《〈外商投资电影院暂行规定〉的补充规定二》（国家广播电影电视总局、中华人民共和国商务部、中华人民共和国文化部令第51号）、《电影剧本（梗概）备案、电影片管理规定》（国家广播电影电视总局令第52号）、《国家广播电影电视总局关于印发〈关于进一步完善国产影片发行放映的考核奖励办法（修订）〉的通知》（〔2006〕影字284号）；2007年生效的《关于加强院线公司影院计算机售票管理的通知》（〔2007〕影字224号）、《关于发布〈数字影院（中档）放映系统技术要求（1.3k）〉的通知》（广发〔2007〕75号）、《关于发布〈数字影院暂行技术要求（2K）〉的通知》（广发〔2007〕84号）、《广电总局关于印发〈组建数字电影（中档技术）院线公司的实施办法（试行）〉的通知》（广发〔2007〕87号）；2008年生效的《国产影片发行放映考核奖励办法》（〔2008〕影字358号）、《关于〈数字电影发行放映管理办法（试行）〉的补充规定》（广发〔2008〕62号）、《国家新闻出版广电总局电影局关于进一步规范城市专业数字电影院（厅）发行放映工作的通知》（〔2008〕影字430号）等。

纵观整个时期，在监管机构的管理下，监管制度的效力得到了提升，监管内容包含了电影制作、发行、放映、投资等方面，整个监管制度得到了全面发展，出台的很多法规制度等奠定了之后电影监管制度完善的基础，因此这个时期可以视作电影行政监管的全面发展时期。

5. 平稳发展与完善时期（2011年至今）

通过观察电影领域管理制度的出台，可以发现大批量的法律法规出台截至2010年，2011年后，国家在政治、经济与文化等各个方面都进入了平稳发展期，电影监管经过前期的发展已经形成较为稳定的监管体系，电影管理制度的发布重点在于根据时代发展的新需要不断完善之前的监管体系。2016年通过的电影领域的第一部专门法《中华人民共和国电影产业促进法》（以下简称“电影产业促进法”），从电影创作摄制、发行放映、产业支持保障与法律责任方面对电影行业行为进行规制；2018年通过并施行了《点播影院、点播院线管理规定》，明确了点播影院行政管理部门，以点播院线为抓手，实现全面管理，引导点播与传统影院市场分层，强调技术手段完善监管。

2018年《深化党和国家机构改革》中，决定由中央宣传部统一管理电影工作："为更好发挥电影在宣传思想和文化娱乐方面的特殊重要作用，发展和繁荣电影事业，将国家新闻出版广电总局的电影管理职责划入中央宣传部。中央宣传部对外加挂国家电影局牌子。调整后，中央宣传部关于电影管理方面的主要职责是，管理电影行政事务，指导监管电影制片、发行、放映工作，组织对电影内容进行审查，指导协调全国性重大电影活动，承担对外合作制片、输入输出影片的国际合作交流等。"

截至目前，电影领域的监管由中央宣传部整体负责；相关领域除专门的法律、法规、规章与政策文件等，还包括散见于其他部门法中的法律规范；监管制度涵盖电影各机构设立与资格取得，电影创作、制作、发行放映、后期业务、进出口、产业保障与投资、电影交流活动等各方面的许可与经营规范；监管方式既包括传统的行政处罚、行政强制等，又包括信用监管、约谈等新兴监管方式。监管体系在新时期政治、经济、文化、科技等各个方面的影响下逐渐完善。

表 3–3　电影监管机构变革历史

时间	监管机构名称	所属系统
1949 年 4 月	中央电影局	中央管理（中宣部）
1949 年 7 月	中央电影局	中央管理（文化部）
1958 年	中国电影发行放映公司	行政系统
1986 年	广播电影电视部	行政系统
1998 年	国家广播电影电视总局	行政系统
2013 年	国家新闻出版广电总局	行政系统
2018 年 3 月	国家电影局	中央管理（中宣部）

二、电影监管制度

2017年，电影产业促进法在我国正式施行，从事电影创作、摄制发行、放映、举办或参加电影节（展）与电影产业的相关促进、保障等活动，都应当符合电影产业促进法的规定。这是我国第一次以国家法律的形式对电影予以全面规范，当下我国电影领域已经形成了法律、法规、规章与规范性文件具备的行政监管法律体系。从1986年到2018年，广播电视与电影都由同一部门进行管理，二者同作为社会主义市场经济下文化产业的重要组成部分，对于塑造人们的人生观、世界观与价值观，影响人们思维方式、行为方式与生活方式方面有着同样重要的作用，尤其在电影市场繁荣发展的当下，相关的监管制度显得尤为重要。

同广播电视领域的监管制度一样，电影领域的监管制度也包括许可制度与行为规范制度。由于社会地位与影响力等因素，二者在监管制度设立的原因、内容方面也大体一致。依据电影产业促进法与相关法律规定，本节监管制度的内容同广播电视监管制度一般，以电影环节为展开角度进行讲述。

（一）许可制度

电影产业促进法规定国家鼓励电影的创作，相较于《电影管理条例》的规定，取消了电影制片主体资格的审批。在原来的法律体系下，电影制片主体是需要审批的，而电影产业促进法实施后，取消了电影制片单位审批和《摄制电影片许可证（单片）》审批。根据该法第十三条规定，拟摄制电影的法人、其他组织可以直接向国家电影局或省、自治区、直辖市电影主管部门①办理电影剧本梗概备案或特殊题材的剧本报送审查，不再要求申报主体为此前法规规定的"取得《电影摄制许可证》的企业、其他组织"，即有意向拍摄电影的法人、其他组织，均可以将通过备案审查的剧本进行拍摄，不再需要向相关部门申请拍摄资质。此举取消了电影摄制的准入门槛，有利于更多的市场主体加入，增加市场竞争。

此外，在电影片审查许可与电影节（展）审查许可审批方面，电影产业

① 如前文所述，2018年机构改革后，电影管理职责划入中央宣传部，加挂国家电影局牌子，但相关法律规范中尚未改变相关称呼。故从现实出发，本文以"国家电影局"代替法律条文中的"国务院电影主管部门"，以"某电影主管部门"代替"某人民政府电影主管部门"。

促进法将电影审查的部分权利下放到了省级电影主管部门（电影局），将举办涉外电影节（展）的审批权利部分下放到了省级电影主管部门（电影局）。

综合2018年广电总局公布的“广播影视方面行政审批事项公开目录”、国家电影局公布的行政审批事项清单、电影产业促进法与其他相关法律法规，电影领域的许可事项包括电影制作、发行放映、进口出口等，在此将其分为电影制作环节、发行放映环节与涉外活动三个方面进行分类说明。依据行政许可法、行政处罚法、电影产业促进法等相关规定，未经许可从事相关业务的，承担予以取缔、没收违法所得与罚款等行政责任。[①]

1. 电影制作环节

（1）中外合作摄制电影片许可

我国法律禁止境外组织在境内独立与境外个人在境内从事电影摄制活动，但国内电影制片单位经国家电影局批准，可以与境外电影制片者合作摄制电影片。由中方合作者事先向国家电影局提出立项申请，国家电影局征求有关部门的意见后，经审查符合规定的，发给申请人一次性《中外合作摄制电影片许可证》。[②]

（2）电影剧本（不含一般题材）备案核准

拟摄制的电影涉及重大题材或者国家安全、外交、民族、宗教、军事等方面题材的，应当将电影剧本报送国家电影局审查，审查通过后颁发批准文件才可投拍。[③]

2. 电影发行环节

（1）电影发行许可

电影摄制完成后应当经过电影主管部门审查，审查通过获得《电影公映许可证》方可发行、放映、参加电影节（展）等。电影发行许可包括两类，国产影片发行许可和进口影片发行许可，后者主要在随后的“涉外活

---

① 参见：《中华人民共和国电影产业促进法》第四十七条、第四十九条。

② 参见：《中华人民共和国电影产业促进法》第十四条，《电影管理条例》第十八条、第十九条。

③ 参见：《中华人民共和国电影产业促进法》第十三条。

动”部分详细讲述，此部分主要讲述国产影片的发行许可。其中，一般题材的电影由省级电影主管部门负责属地审查；重大革命和重大历史题材影片、重大文献纪录影片由省级电影主管部门初审后送国家电影局终审；中外合作影片由省级电影主管部门审查通过后，经中国电影合作制片公司审核通过；中央和国家机关（军队）所属电影制片单位摄制的各类影片由国家电影局审查。各类电影片审查通过后由审查机关颁发《影片审查决定书》，制片单位持《影片审查决定书》与相关文件送国家电影局领取《电影公映许可证》。①

（2）一般发行、放映单位设立

企业具有与所从事的电影发行活动相适应的人员、资金条件的，经批准可以从事电影发行活动。企业、个体工商户具有与所从事的电影放映活动相适应的人员、场所、技术和设备等条件的，经批准可以从事电影院等固定放映场所电影放映活动。变更业务范围，兼并或者因合并、分立而设立新的电影发行单位、电影放映单位的需按同样程序经过审批。②

表 3–4　一般发行、放映单位设立许可事项介绍

	发行公司	放映公司
申报条件	①有电影发行单位、电影放映单位的名称、章程；②有确定的业务范围；③有适应业务范围需要的组织机构和专业人员；④有适应业务范围需要的资金、场所和设备；⑤法律、行政法规规定的其他条件。	
许可机关	国家电影局或所在地省、自治区、直辖市电影主管部门。	所在地县或者设区的市电影主管部门。

① 参见：《中华人民共和国电影产业促进法》第十七条至第二十一条，《国家新闻出版广电总局关于试行国产电影属地审查的通知》。

② 参见：《中华人民共和国电影产业促进法》第二十四条、第二十五条，《电影管理条例》第三十六条至第三十九条。

（3）点播影院、院线设立[①]

表 3–5 点播影院、院线设立指引

	企业、个体工商户设立点播影院	企业设立点播院线
申报条件	①放映设备、放映质量和计费系统符合国务院电影主管部门规定的技术规范；②所设单个影厅的银幕宽度不超过 6 米，观众有效座位数不超过 20 个；③有拟加入的点播院线或者处于筹建期的点播院线；④法定代表人或者主要负责人未处于电影从业禁止期间。	①有与其业务相适应的影片来源；②计费系统符合国家电影局规定的技术规范；③法定代表人或者主要负责人未处于电影从业禁止期间；④省内点播院线所辖点播影院数量不少于 30 家，跨省点播院线所辖点播影院数量不少于 60 家。只符合前款第一项至第三项条件的，由有关电影主管部门发给有效期为 3 个月的同意筹建证明文件，筹建期间内达到前款第四项条件的，方可向有关电影主管部门申请颁发许可证件。
许可机关	向所在地县级电影主管部门提出申请。	省内点播院线，由所在地省、自治区、直辖市电影主管部门审批；设立跨省点播院线，由国家电影局审批。

（4）跨省、自治区、直辖市的电影发行单位设立、变更业务范围或者兼并、合并、分立，由国家电影局审批[②]

（5）设立外商投资电影院[③]

3. 涉外活动

（1）电影片进口许可

国家对电影的进口实行许可制度，未经许可，任何单位和个人不得从事电影片进口活动。进口业务由国家指定单位经营。目前我国进口发行影片由

---

① 参见：《中华人民共和国电影产业促进法》第二十四条、第二十五条，《点播影院、点播院线管理规定》第五条至第八条。

② 参见：《电影管理条例》第三十七条。

③ 参见：《电影管理条例》第四十一条，《外商投资电影院暂行规定》。

合营中方向所在地省级商务行政部门提出申请，提交以下材料：①设立外商投资电影院项目申请书；②合营中方的法人资格证明材料、影院土地使用权的有关材料、银行资信证明；③合营外方的资格证明材料、银行资信证明、会计师事务所出具的财务状况证明材料；④工商行政部门出具的外商投资电影院名称预核准通知书；⑤可行性研究报告、合同、章程；⑥法律、法规和审批机构要求提供的其他材料。

↓

所在地省级商务行政部门在征得省级电影主管部门同意后，依照国家有关外商投资的法律、法规进行审批，报商务部、国家电影局、文化部备案。对批准设立的外商投资企业颁发《外商投资企业批准证书》。

↓

获批准设立的外商投资电影院，应自收到《外商投资企业批准证书》之日起一个月内，持《外商投资企业批准证书》到省级工商行政部门办理注册登记手续。

↓

外商投资电影院完成建设、改造任务后，经有关部门验收合格，持《外商投资企业批准证书》《营业执照》向省级电影主管部门申领《电影放映经营许可证》，方可从事电影放映业务。

图 3–2　外商投资电影院设立流程

国家指定的中国电影集团公司（以下简称“中影集团”）[①]统一经营管理，未经指定的其他单位与个人不得从事电影进口业务。中影集团在进口供公映的电影片时，进口前应当报送国家电影局审查以获得临时进口批准文件，随后持批准文件到海关办理电影片临时进口手续；临时进口的电影片经国家电影局审查合格并发给《电影片公映许可证》和进口批准文件后，由中影公司持进口批准文件到海关办理进口手续。

此外，科学技术、工业、农业、教育、卫生、新闻、外贸、外事等单位，因业务需要进口的专业性纪录、科教影片，属于中央系统单位进口的，由国

① 《进口影片管理办法》第二条规定，影片进口统一由中国电影发行放映公司经营管理。1992年，中国电影发行放映公司更名为中国电影发行放映输出输入公司。1995年，再次更名为中国电影公司。1999年，经国务院批准，中国电影公司与北京电影制片厂等8家单位组建中国电影集团公司，沿用至今。转引自：《影博·影响》编辑部.中国电影发行放映公司［J］.影博·影响，2018（2）.

家电影局审批，属于地方单位进口的，由省、自治区、直辖市电影主管部门审批；进口供科学研究、教学参考的专题片，进口单位应当经国家电影局审查批准；外国、港澳地区及台湾省的团体或个人运进给机关、团体、学校等单位的故事片，凡属国务院系统的单位接受的，须经国家电影局审批；属地方单位接受的，须经省、自治区、直辖市电影主管部门审批。[①]

与进口相对应的就是出口活动，依据相关规定，电影制片单位即可按照国家规定出口本单位摄制并被许可公映的电影片及其复制品，应当持《电影片公映许可证》到海关办理电影片出口手续。其中，中外合作摄制电影片出口的应当由中方合作者办理出口手续。需要注意的是，中外合作摄制电影片素材出口的、中方协助摄制电影片或者电影片素材出境的，应当由中方持国家电影局的批准文件办理出口手续。[②]

（2）举办涉外电影节（展）许可

在境内举办涉外电影节（展），须经国家电影局或者省级电影主管部门批准，其中地方对等交流互办单一国家电影展映活动的由省级电影主管部门审批。[③]在境内外举办国际性广播影视节（展）、中外政府间广播影视节（展）和设评奖的全国性广播影视节（展），由国家电影局举办或与国家相关政府部门、地方政府等联合举办；地方性涉外电影节（展）由地方政府或省级电影主管部门举办；国际性电影科研、学术交流活动可由全国性广播影视社会团体、行业组织或广播影视科研、教学、研究机构举办。

此外，需要注意的是，拟参加境内电影展（节）或是境外电影展（节）的电影片应当按照进出口程序持国家电影局的批准文件办理影片临时进出口手续。[④]

---

① 参见：《电影管理条例》第五条、第二十七条、第三十条至第三十二条，《进口影片管理办法》第二条至第五条。

② 参见：《电影管理条例》第三十四条。

③ 参见：《中华人民共和国电影产业促进法》第三十五条，《国务院关于取消和下放50项行政审批项目等事项的决定》附件2《国务院决定部分取消和下放管理层级的行政审批项目目录》第7项。

④ 参见：《电影管理条例》第三十五条。

（二）行为规范制度

1.电影领域普遍性行为规范制度

整体性经营制度是指电影领域各环节各主体在业务开展过程中普遍遵守的行为规范制度。

（1）许可规范使用制度

该制度既包括电影相关活动应当在许可范围内进行，又包括许可证的规范取得与使用。许可制度是国家权力的重要体现，也是国家对获得许可主体能力的肯定，许可规范使用才能发挥国家在相关领域设置许可制度的作用，保证电影产业的健康发展。不当取得或者使用许可证的，由原发证机关吊销有关许可证、撤销有关批准或者证明文件；县级以上人民政府电影主管部门没收违法所得；违法所得五万元以上的，并处违法所得五倍以上十倍以下的罚款；没有违法所得或者违法所得不足五万元的，可以并处二十五万元以下的罚款。[①]

（2）内容规范制度

电影内容的审查制度与广播电视的内容审查制度大体一致，我国实行的是内容审查许可发行制度。该制度包括摄制主体的内容提前审查制度、发行放映单位的禁播制度等，是整个电影领域中要遵守的管理制度。电影内容是社会文化生活的重要组成部分，是其产生社会影响的主要因素，对其进行规范是监管制度的重要内容之一。内容规范制度是指电影内容要符合国家相关法律法规，其中主要是禁止性内容[②]。在符合法律规定的情况下制作的节目内容才能实现社会效益与经济效益兼顾的目的。违反内容规范制度，依据法律法规规定会被责令停止相关电影的制作或者播放，处以罚款，情节严重的还会被吊销许可证。[③]

① 参见：《中华人民共和国电影产业促进法》第四十七条至第四十九条。

② 参见：《中华人民共和国电影产业促进法》第十六条。

③ 参见：《电影管理条例》第五十六条。

表 3–6　电影内容规范摘述

相关规定	主要内容
《中华人民共和国电影产业促进法》	第十六条　电影不得含有下列内容：（一）违反宪法确定的基本原则，煽动抗拒或者破坏宪法、法律、行政法规实施；（二）危害国家统一、主权和领土完整，泄露国家秘密，危害国家安全，损害国家尊严、荣誉和利益，宣扬恐怖主义、极端主义；（三）诋毁民族优秀文化传统，煽动民族仇恨、民族歧视，侵害民族风俗习惯，歪曲民族历史或者民族历史人物，伤害民族感情，破坏民族团结；（四）煽动破坏国家宗教政策，宣扬邪教、迷信；（五）危害社会公德，扰乱社会秩序，破坏社会稳定，宣扬淫秽、赌博、吸毒，渲染暴力、恐怖，教唆犯罪或者传授犯罪方法；（六）侵害未成年人合法权益或者损害未成年人身心健康；（七）侮辱、诽谤他人或者散布他人隐私，侵害他人合法权益；（八）法律、行政法规禁止的其他内容。
《电影管理条例》	第二十五条　电影片禁止载有下列内容：（一）反对宪法确定的基本原则的；（二）危害国家统一、主权和领土完整的；（三）泄露国家秘密、危害国家安全或者损害国家荣誉和利益的；（四）煽动民族仇恨、民族歧视，破坏民族团结，或者侵害民族风俗、习惯的；（五）宣扬邪教、迷信的；（六）扰乱社会秩序，破坏社会稳定的；（七）宣扬淫秽、赌博、暴力或者教唆犯罪的；（八）侮辱或者诽谤他人，侵害他人合法权益的；（九）危害社会公德或者民族优秀文化传统的；（十）有法律、行政法规和国家规定禁止的其他内容的。电影技术质量应当符合国家标准。
《电影剧本（梗概）备案、电影片管理规定》	第十四条　电影片有下列情形，应删剪修改：（一）曲解中华文明和中国历史，严重违背历史史实；曲解他国历史，不尊重他国文明和风俗习惯；贬损革命领袖、英雄人物、重要历史人物形象；篡改中外名著及名著中重要人物形象的；（二）恶意贬损人民军队、武装警察、公安和司法形象的；（三）夹杂淫秽色情和庸俗低级内容，展现淫乱、强奸、卖淫、嫖娼、性行为、性变态等情节及男女性器官等其他隐秘部位；夹杂肮脏低俗的台词、歌曲、背景音乐及声音效果等；（四）夹杂凶杀、暴力、恐怖内容，颠倒真假、善恶、美丑的价值取向，混淆正义与非正义的基本性质；刻意表现违法犯罪嚣张气焰，具体展示犯罪行为细节，暴露特殊侦查手段；有强烈刺激性的凶杀、血腥、暴力、吸毒、赌博等情节；有虐待俘虏、刑讯逼供罪犯或犯罪嫌疑人等情节；有过度惊吓恐怖的画面、台词、背景音乐及声音效果；（五）宣扬消极、颓废的人生观、世界观和价值观，刻意渲染、夸大民族愚昧落后或社会阴暗面的；（六）鼓吹宗教极端主义，挑起各宗教、教派之间，信教与不信教群众之间的矛盾和冲突，伤害群众感情的；（七）宣扬破坏生态环境，虐待动物，捕杀、食用国家保护类动物的；（八）过分表现酗酒、吸烟及其他陋习的；（九）违背相关法律、法规精神的。

（3）安全保障制度

电影产业促进法规定电影院应当遵守治安、消防、公共场所卫生等法律、行政法规，维护放映场所的公共秩序和环境卫生，保障观众的安全与健康。[①] 电影院作为经营单位，对于经营场所存在事实上的控制能力，未尽到安保义务不仅可能会面临来自电影主管部门的行政处罚，还可能会受到公安机关、消防部门、卫生管理部门等的行政处罚。

【典型案例】

2016年2月17—27日，某市公安消防支队对全市商场、影院进行为期10天的专项检查。2016年3月2日，该市公安消防支队通报，共检查单位535家，发现火灾隐患或违法行为777处，督促整改564处，临时查封8家，"三停"3家，警告8人，拘留5人。该省公安厅、省文化厅决定，自2016年3月1日起，在全省开展公共娱乐场所消防安全专项治理，全面排查整治电影院、商场、歌舞游艺娱乐场所、互联网上网服务营业场所、洗浴场所等的消防安全问题。

2.各环节具体行为规范制度

（1）电影摄制具体行为规范制度

第一，备案制度，主要包括一般题材电影剧本梗概备案与参加境外电影节（展）备案。电影产业促进法规定，拟摄制电影的法人、其他组织应当将一般题材的电影剧本梗概向国家电影局或者省、自治区、直辖市电影主管部门备案；取得电影公映许可证的影片拟参加境外电影节（展）的，送展法人、其他组织应当在该境外电影节（展）举办前，将相关材料报国家电影局或者省、自治区、直辖市电影主管部门备案。随着国家对电影摄制资格的放开，电影拍摄的门槛降低，通过备案与留档，便于电影主管部门掌握电影制作情况与境外参展情况，了解电影内容，有助于监管机构实施管理职能，更好地督促电影摄制合法合规的经营发展与实现影片健康有序的"走出去"。[②]

---

① 参见：《中华人民共和国电影产业促进法》第三十三条。

② 参见：《中华人民共和国电影产业促进法》第十三条、第二十一条。

第二，制作场地维护制度。电影产业促进法规定，从事电影摄制活动的，应当遵守有关环境保护、文物保护、风景名胜区管理和安全生产等方面的法律、法规，并在摄制过程中采取必要的保护、防护措施。[①]在电影制作过程中，出于电影场景效果与电影整体质量的考虑，外景的拍摄是必不可少的。在追求天然生态环境能够带给影片高质量效果的同时，因为制作的需要，必定会对于入镜的事物进行调整。在借用拍摄的过程中必须要注意对拍摄事物、拍摄场地的保护，以免造成对生态环境、文物保护与场地安全的损害。依据《中华人民共和国生态环境保护法》《中华人民共和国文物保护法》等相关法律，对生态环境、文物等造成破坏的，不仅要遭到行政处罚，还要承担赔偿的民事责任，构成犯罪的还要承担刑事责任。

【典型案例】

某电影剧组进入云南香格里拉碧沽天池进行外景拍摄。拍摄地位于风景名胜区千湖山片区，属于“三江并流”世界自然遗产地，剧组在此搭建了3个临时工棚，1座钢筋水泥建筑物，铺设了一条长100米、宽4米的沙石路，1座长约100米、宽2.7米的木桥，1条长约20米、宽4米的栈道。相关人士调查之后表明，修建的钢筋水泥建筑物、沙石路和砍伐的高山杜鹃林很难恢复。沙石路的表层必须除去，然后再运来高山泥土铺盖。即使恢复了地貌，也肯定不是那里的原始状态。至于被毁掉的高山杜鹃林，无法恢复为原始天然林木。事先应当履行的环境影响评价也未履行。针对这一现状，云南省环境保护局依法对剧组进行处罚，罚款9万元，并责令限期恢复拍摄地生态植被。

第三，电影档案协助制度。电影产业促进法规定，摄制电影的法人、其他组织应当依照《中华人民共和国档案法》的规定，做好电影档案保管工作，并向国家设立的电影档案机构移交、捐赠、寄存电影档案。[②]为了加强电影艺术档案的收集和管理，有效地保护和利用电影艺术档案，更好地为电影创作、

① 参见:《中华人民共和国电影产业促进法》第十五条。
② 参见:《中华人民共和国电影产业促进法》第二十三条。

生产、教学、研究和普及服务，国家实行电影档案管理制度。电影摄制者是电影作品的拥有者，由其协助电影作品顺利归入国家档案，既保证归入的效率，又能避免电影档案的遗漏。

（2）电影发行放映具体行为规范制度

第一，票房诚信制度。电影产业促进法明确规定电影发行企业、电影院等应当如实统计电影销售收入，提供真实准确的统计数据，不得采取制造虚假交易、虚报瞒报销售收入等不正当手段，欺骗、误导观众，扰乱电影市场秩序。[①]按照国家相关规定，电影院的票房收入须按比例缴纳国家电影专项管理资金，此外，还须与电影出品方按一定比例进行分账。也就是说，影院上报的票房越高，其实际缴纳的专项管理资金和分给片方的金额就越高；反之，其所得的实际收入便越高。影院偷漏瞒报票房的行为若不予以禁止，电影出品方利益势必直接受到损害，其导致的后果是电影产业上游的创作和生产积极性受到打击，优质电影面临难产，观众希望看到好电影的需求也越来越难以得到满足。[②]对于电影销售中制造虚假交易、虚报瞒报销售收入等扰乱市场秩序的行为，电影产业促进法规定，虚报瞒报票房的，将对其采取按倍计罚；情节严重的，责令停业整顿；情节特别严重的，由原发证机关吊销许可证。[③]

【典型案例】

2017年3月21日，全国电影市场专项治理办公室对外通报：根据电影产业促进法第五十一条规定，对首批查出存在违法经营行为的326家影院实施严厉处罚。

通报称，有63家影院瞒报票房超过100万元，情节特别严重，责令其自3月27日起停业整顿不少于90日，视整顿情况由原发证的电影主管部门重新核发其放映许可证；另有63家影院瞒报票房在50万元至100万元之间，情节严重，责令其自3月27日起停业整顿不少于60日；对110家瞒报票房在10万

① 参见：《中华人民共和国电影产业促进法》第三十四条。

② 参见：微信公众号“人民日报政文”，《整治票房造假 捍卫电影和观众的尊严》，2017年3月22日。

③ 参见：《中华人民共和国电影产业促进法》第五十一条。

元至50万元之间的影院，处以20万元的罚款；对90家瞒报票房在10万元以下的影院，进行内部通报警示。

以上所有违法影院必须限期向片方返还截留片款，并书面报告瞒报票房、逃避监管的作弊手段；在省级电影主管部门的监督管理下，由县级电影主管部门对违规影院的主要责任人、关联责任人进行严肃处理。

此外，有2家公司违法影院数量多、占本院线影院比例大，暴露出严重管理问题，被责令即刻整改，整改期间不得开展新的影院加盟业务；视整改情况由原发证的电影主管部门重新核发其发行许可证。

第二，电影播放合理安排与质量保证制度。电影产业促进法规定，电影院应当合理安排由境内法人、其他组织所摄制电影的放映场次和时段，并且放映的时长不得低于年放映电影时长总和的三分之二，又规定了在向观众明示的电影开始放映时间之后至电影放映结束前，不得放映广告。规范电影放映场次、放映时段与广告播放既是提高观看质量的重要手段，也是支持保障各类电影协调发展的重要举措。电影院在向观众明示的电影开始放映时间之后至电影放映结束前放映广告的，由县级人民政府电影主管部门给予警告，责令改正；情节严重的，处一万元以上五万元以下的罚款。[①]

（3）涉外活动具体行为规范制度

第一，进口影片的“一家进口，两家发行”制度。2001年国家广播电影电视总局、文化部发布《关于改革电影发行放映机制的实施细则（试行）》，强调在坚持进口影片“统一进口，以进带出”，“以我为主，为我所用”的原则上实行影片进口与发行分离，组建并委托中影集团影片进出口公司统一承担外国及港澳台影片的进口。同时在保留中影集团原进口影片发行公司的基础上再组建一个进口影片股份制发行公司。[②]经过一年多的筹备，2003年华夏电影发行公司正式成立。[③]自华夏公司发行第一部进口影片后，进口影片发行业务正式由中影集团进口影片发行公司和华夏电影发行有限责任公司承担。

① 参见：《中华人民共和国电影产业促进法》第二十九条、第五十一条。

② 参见：《进口影片管理办法》第二条。

③ 中国电影年鉴社.中国电影年鉴（2004）[M].北京：中国电影年鉴社，2004：389.

影片报国家电影局审查通过并引进后，由中影集团进口影片发行公司和华夏电影发行有限责任公司供片发行。

第二，引进故事片的统一保管与借鉴性使用制度。《进口影片管理办法》规定，影片接受单位应当将接收的影片交中国电影资料馆统一保管。如因业务上特殊需要，接受单位可以凭上级主管部门的批准文件向该馆提取，供有关人员参考借鉴，但不准外借、不准招待映出、不准拿到社会上公开放映。借鉴后仍送回中国电影资料馆保管。电影资料馆收集的各类影片中有关中国社会生活的影像资料，已成为中华民族发展进程的重要历史素材之一，它对于宣传中华民族的历史、文化，再现重大历史事件和人物，以及展示我国社会主义建设的各项成就发挥了巨大的作用。引进故事片的统一保管与借鉴性使用制度既保证故事片的研究价值与宣传价值，又能够避免境外故事片不当流出所带来的负面影响。

第三，境外电影的洗印、加工、后期制作备案制度。电影产业促进法规定，公民、法人和其他组织可以承接境外电影的洗印、加工、后期制作等业务，但需要向省、自治区、直辖市人民政府电影主管部门备案。境外电影的洗印、加工、后期制作是国内机构接触国外影片的方式之一，为避免境外影片的非正常引入，对相关业务设立备案制度，有利于加强对相关业务的监管，在发生相关纠纷时有迹可循。

第三节　监管方式

一、行政处罚

违反《中华人民共和国电影产业促进法》《电影管理条例》《广播电视管理条例》等法律法规的行为处罚，包括违反许可制度擅自从事相关事项的处罚、违反内容合法合规性要求的处罚、从事相关业务过程中违反行为规范的处罚等。实施行政处罚的主体主要是广播影视主管部门，但同时公安部门、工商行政管理部门等行政部门对于广播影视领域的违法行为，在职权范围内也享有行政处罚权。

【典型案例】

2019年7月，国家广播电视总局检查发现，某省广播电视台某电影频道无视《国家广播电视总局办公厅关于停止播出影视剧项目非法集资类广告的通知》的要求，于2019年5月15日至6月30日期间，每天多次播出“认购某影视中心某部电影衍生品”广告。该广告由主持人频繁提示扫描屏幕中二维码，诱导观众添加私人微信账号后，认购1万元1股的所谓“某部电影衍生品”，成为电影投资者并获取票房收入分成，属于典型的影视剧项目非法集资广告。2020年3月中旬，广电总局已发现该电影频道播出此类非法集资广告，曾2次向所在省广播电视局和省广播电视台进行通报，该频道于2020年3月底按照省广播电视局的要求停播了相关违规广告，但是时隔不久，违规问题再次反弹。该电影频道广告播出方面的长期违规行为，反映出该频道落实意识形态工作责任制不坚决、不到位，导向意识和阵地意识淡漠，不能正确处理两个效益的关系，严重损害广播电视媒体形象。

为严肃纪律，进一步压实各级广播电视播出机构主体责任和广播电视行政部门监管责任，切实维护良好的宣传舆论氛围，根据《广播电视管理条例》《广播电视广告播出管理办法》《广播电视播出机构违规处理办法（试行）》及相关管理规定，广电总局决定：责成该省广播电视局给予该频道暂停频道播出30日的行政处罚，并督促该省广播电视台作出深刻检查，对相关责任人进行严肃处理，提出切实整改措施。经省广播电视局核查验收合格后，该电影频道方可恢复播出。

这是一个非常典型的对违规播放行为的行政处罚案例。2019年4月10日印发了《国家广播电视总局办公厅关于停止播出影视剧项目非法集资类广告的通知》，要求各广播电视播出机构、网络视听节目服务机构立即停止播出以投资影视剧项目名义宣传非法集资活动的广告，各级广播电视行政部门要切实履行属地管理职责，加强日常监管，严肃查处违规行为。

本案中的电影频道曾2次被发现播出此类非法集资广告，既违反了内容合法合规制度，又违反了播出行为规范，触犯了广电行政部门的监管底线，违反了《广播电视管理条例》《广播电视广告播出管理办法》等法律规定。广电部门作为广播电视领域的行政监管主体，依据监管制度对其进行责令停止违法行为的行政处罚。

二、行政指导

广电总局与电影局对于相关监管领域都具有指导的职责。广播影视领域的行政指导主要包括普遍性指导与个别性指导，其中普遍性指导措施包括以下几个方面。

第一，发布指导性质的文件。例如，2020年2月6日下午，广电总局发文指导网络视听平台在新冠肺炎疫情防控期间规范开展在线教育。

第二，召开座谈、专题学习等会议，传达相关精神。例如，2019年广电总局召开“全国广播电视创新创优工作座谈会”，进一步动员部署全国广播电视系统庆祝中华人民共和国成立70周年宣传工作，进一步推动广播电视创新创优工作深入开展。

第三，明晰工作流程，指导相关工作的开展。各广播影视领域的主管部门公示业务办理流程、权力清单等内容，指导有意向开展相关工作的主体更好地了解与开展相关工作。

个别性指导是指广播影视管理部门通过文件、协商、建议等方式对个别主体进行的指导。例如，2020年1月25日起，在广电总局统一部署下，网络视听节目管理司组织快手、腾讯视频、微博等主要网络视听平台开展了网络视听“共同战‘疫’”宣传工作，全力推送新冠肺炎疫情防控宣传短视频，推送的短视频统一使用蓝色包装，配以“共同战‘疫’”的醒目标识，让“战疫蓝”成为疫情防控重要时期网络视听平台的主色调，在互联网上形成强大宣传声势。截至2月2日，14家网络视听平台共推送的近百条短视频作品，全网总播放量超过14.6亿次。截至2月27日，快手在站内重点资源位突出推荐“共同战‘疫’”宣传视频，累计播放精品短视频200余条，播放量超5亿次。[①]

三、行政资助

广播影视主管部门通过设置多种资助，鼓励和支持优秀广播影视领域的发展，主要分为以下三项措施。

第一，作品资金扶持。例如，广电总局的电视剧引导扶持专项资金、剧本扶持等项目，电影局的电影精品专项资金资助等项目。

第二，课题研究资助。例如，在《国家广电总局办公厅关于申报2020年度广电总局部级社科研究项目的通知》中，承诺入选的研究项目资助额度为5万元。

第三，行业扶持。例如，北京广播电视局发文件从四个方面推进广播电视行业扶贫攻坚工作。文件指出要实施产业扶贫，发挥广播电视行业优势，推动内容传播与贫困地区经济发展有机融合，通过“公益广告、节目+扶贫”“短视频、直播+扶贫”等形式，搭建产销对接平台，帮助解决生产发展、产品积压和销路拓展问题；丰富贫困地区文化供给，坚持播出版权捐助机制，增加“扶志”“扶智”作品，在云平台开设科技专区，帮助提升当地播出机构节目制播能力；做好对口支援工作。按照扶贫框架协议，梳理项目进度，统筹推进电视剧《村第一书记》制作拍摄、北京云对和田地区的扶持宣传、阿里文娱“木兰计划”、专业人才培训等重点工作。

四、行政奖励

《广播电视管理条例》规定，国家对为广播电视事业发展作出显著贡献的单位和个人，给予奖励。电影产业促进法规定，对优秀电影以及为促进电影产业发展作出突出贡献的组织、个人，按照国家有关规定给予表彰和奖励，主要措施如下。

---

① 网络视听“共同战疫”宣传在网络空间形成声势[EB/OL].(2020-02-06)[2021-04-06]. http://www.nrta.gov.cn/art/2020/2/6/art_114_49828.html.

第一，设置荣誉性奖项。例如，广电总局办公厅组织参加中国广播电视节目奖、中国电视剧“飞天奖”。

第二，物质性奖励。包括对优秀作品的奖励、优秀个人的津贴、奖金等措施。例如，江苏省广播电视局启动2020年电视剧剧本创意大赛，将评选出10部优秀创意作品，每部给予2万元的奖励。

第三，支持激励性奖励。包括优先列入扶持项目、参加人才培训大会等。例如，江苏省广播电视局承诺电视剧剧本创意大赛获奖项目将优先享受江苏省电视剧制作播出的各项奖励政策，项目备案后直接列入江苏2019—2022年重点电视剧选题规划剧目，投拍后优先列入省级广播电视发展专项资金精品扶持参评项目，最高可获得1000万元事中扶持。

五、行政约谈

广播影视领域的行政约谈针对的行为包括节目内容违规、广告违规、经营失当等诸多种类，因此约谈的主体包括但不限于广电总局，市场监管局、税务局等行政机关都可在职责范围内对实施不当行为的广播影视相关主体进行约谈。约谈的主要目的是督促约谈对象及时整改违规措施。约谈的方式从场所角度分为线下约谈与线上约谈，线下约谈即是指行政机关与约谈对象在指定地点展开约谈；线上约谈是指“云约谈”，即通过互联网视频方式展开约谈。从人数角度分为“一对一”式的约谈与集体式约谈。“一对一”式的约谈即行政主体对一个行政相对人进行个别约谈；集体式约谈是指召开约谈会，对具有某一种问题的多个行政相对人进行统一约谈，例如，广电总局为加强元旦、春节期间广告播出管理，集中约谈广告播出问题突出的部分播出机构，要求全面落实主管责任，切实加强广告播出审核把关，维护节日期间广告播出秩序。

【典型案例】

2019年1月，针对群众反映强烈的“某国家品牌计划”广告用语涉嫌违反《中华人民共和国广告法》问题，国家市场监管总局约谈某广播电视台。

国家市场监管总局指出，一段时间以来，一些媒体和企业在广告中宣称所谓“国家品牌”，既误导消费者，又破坏公平竞争市场秩序。对此，群众反映强烈。

国家市场监管总局强调，品牌的知名度和影响力，源于消费者信赖和市场选择。利用“国家”名义为企业品牌背书，涉嫌违反《中华人民共和国广告法》《中华人民共和国反不正当竞争法》《中华人民共和国消费者权益保护法》等法律。国家市场监管总局认为，媒体利用“国家品牌”售卖广告资源，开展商业营销，人为地将企业分为三六九等，扰乱市场竞争秩序。消费者出于对新闻媒体的信任，对入选“国家品牌”的企业会更加信赖，往往将所谓的“国家品牌”作为选择企业产品的重要依据，给消费带来极大误导，严重侵害了消费者合法权益。特别是个别问题产品缴费入选所谓“国家品牌”，更是引发社会广泛质疑。媒体用国家名义为企业担保背书，发布违法广告，最终也会损害自身公信力。该广播电视台的这一节目涉嫌内容违规，应当作出整改。

六、信用监管

《国务院办公厅关于进一步激发社会领域投资活力的意见》中提出，建立文化等机构及从业人员的黑名单制度和退出机制，以违规违法行为、消防不良行为、信用状况、服务质量检查结果、顾客投诉处理结果等信息为重点，实施监管信息常态化披露。将文化等机构及从业人员的信用记录纳入全国信用信息共享平台，其中涉及企业的相关记录同步纳入国家企业信用信息公示系统，对严重违规失信者依法采取限期行业禁入等惩戒措施，建立健全跨地区跨行业信用奖惩联动机制。

广播影视领域的信用监管制度主要包括两个方面：一是跨地区跨行业信用奖惩联动措施，如2019年11月，安徽广播电视局印发《安徽省广播电视局守信联合激励和失信联合惩戒措施清单（2019年版）》，对纳入各种信用“黑面单”的广电影视人员、机构进行限制；二是建立内部“黑名单”，如2015年浙江省印发《浙江省新闻出版广播影视（版权）领域失信“黑名单”制度管理办法（试行）》，明确指出在广播电影电视领域建立失信“黑名单”制度，并向社会公开。“黑名单”内容包括失信黑名单信息名称、法人和其他组织名称、组织机构代码、自然人姓名、自然人身份证号（公布时隐去部分字段）、发布时间、发布期限、法定代表人姓名、法定代表人身份证号（公布时隐去部分字段）、处罚（移送）文号、处罚（移送）时间、处罚（移送）事由、处罚（移送）依据、处罚结果等信息。

七、投诉举报

《未成年人节目管理规定》与《电影管理条例》中都规定主管部门应当建立相应的群众举报投诉入口，并对举报事项及时调查回馈，予以公布。广播影视领域的投诉举报措施主要指主管部门通过人民群众的举报对该领域进行监管。

参考文献

［1］涂昌波.广播电视法律制度概论［M］.2版.北京：中国传媒大学出版社，2011.

［2］王瑞光.清末民初戏剧管理制度对中国早期电影管理制度的影响探析［J］.电影文学，2018（17）.

［3］郭镇之.广播电视与法制管理：兼论建立中国广播电视的内容标准［J］.新闻与传播评论，2003（1）.

思考题

1.一部电视剧从制作到播出，需要经过哪些步骤呢？具体流程是什么？可以通过小组角色扮演的方式模拟一部电视剧从制作到播出的整个过程。

2.广播影视节目的内容管理对广播影视产业会产生哪些影响？

第四章　网络视听监管

本章概要

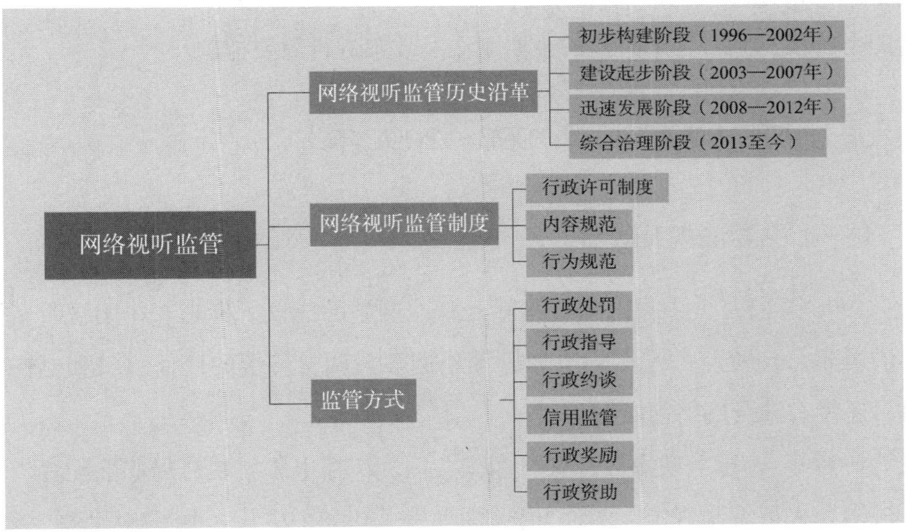

随着互联网技术的飞速发展和互联网业态的不断创新，网络视听行业呈现出日益繁荣的局面。网络视听行业的监管经历了怎样的发展历程？政府的监管主要体现在哪些方面？本章梳理了网络视听监管①的历史进程，总结各阶

① 本章所称“网络视听监管”是指对网络视听节目服务内容、活动等的监管统称。视听节目（包括影视类音像制品），是指利用摄影机、摄像机、录音机和其他视音频摄制设备拍摄、录制的，由可连续运动的图像或可连续收听的声音组成的视音频节目。而对“网络视听节目”一直以来没有准确定义，笔者认为主要包括两种理解：一种是广义上的指在网络上传播的视听节目，另一种是狭义上的指主要在网络上进行营销和传播的视听节目。后者在监管制度上与前者存在本质区别，因此，本文仅指狭义上的网络视听节目。如今，网络视听节目的表现形式日益丰富，包括但不限于网络电影、网络综艺、网络剧、网络动画、网络纪录片、网络直播及网络短视频等。对“网络视听节目服务”的定义，根据《互联网视（接下页）

段监管的特点，并选取网络短视频和网络直播作为重点研究对象介绍相应的监管制度。

第一节　网络视听监管历史沿革

网络视听从无到有，经过20余年的发展，已成为互联网领域中形态最丰盈、活力最充沛、动能最强劲的领域之一。本节将这20余年的发展历程总结为四个阶段，并对各个阶段的主要立法及政策进行简要梳理。

一、初步构建阶段（1996—2002年）

（一）主要法规及政策

1996年12月，中央电视台国际互联网网站的成立，标志着中国视听新媒体的诞生。1997年的《广播电视管理条例》只调整传统的广播节目和电视节目，还没有涉及网络视听节目。

1998年，《国务院办公厅关于印发〈国家广播电影电视总局职能配置、内设机构和人员编制规定〉的通知》（国办发〔1998〕92号）中明确国家广播电影电视总局的职能之一为“监督管理……通过信息网络向公众传播的视听节目”，从制度层面确立了国家广播电影电视总局对网络视听节目服务的管理职能，自此高度关注这一新兴信息网络传播视听节目形态，不断探索完善网络视听管理的体制机制。

1999年出台首个关于网络视听的规范性文件——《国家广播电影电视总局关于加强通过信息网络向公众传播广播电影电视类节目管理的通告》，要求“在境内通过包括国际互联网络在内的各种信息网络传播广播电影电视类节目，须报国家广播电影电视总局批准”。该文件首次从互联网视听平台的媒介

听节目服务管理规定》第二条规定，互联网视听节目服务，是指制作、编辑、集成并通过互联网向公众提供视音频节目，以及为他人提供上载传播视听节目服务的活动。

身份进行了法律构建，主旨停留在传统媒体对于互联网这种新兴媒介的防御，并通过行政法制的手段保护传媒媒介即国内意识形态的安全问题。

2000年，国务院颁布了《互联网信息服务管理办法》，规定“国家对经营性互联网信息服务实行许可制度；对非经营性互联网信息服务实行备案制度”，为此后网络视听节目管理逐渐确立准入许可与备案登记制度指明了方向。[①]至此，国家广播电影电视总局进一步加强对网上传播广播电影电视类节目业务的管理，组织全国性网上传播视听节目执法检查工作，并于2000年发布了《信息网络传播广播电影电视类节目监督管理暂行办法》，2001年发布了《关于加强网上传播广播电影电视类节目管理的实施细则（试行）》等文件，明确对信息网络传播广播电影电视类节目的业务实行许可管理，鼓励、扶持广播电台电视台将本台节目上网播出，拓展网上节目传播阵地。

表 4-1　1997—2002 年网络视听监管主要法规政策

发布日期	名称	发文字号	时效性	效力级别
1997.08.11	《广播电视管理条例》	中华人民共和国国务院令第 228 号	2020 年已被修订	行政法规
1999.10.01	《关于加强通过信息网络向公众传播广播电影电视类节目管理的通告》	国家广播电影电视总局第 1 号通告	失效	部门规范性文件
2000.04.07	《关于印发〈信息网络传播广播电影电视类节目监督管理暂行办法〉的通知》	广发社字〔2000〕166 号	失效	部门规章
2000.09.25	《互联网信息服务管理办法》	中华人民共和国国务院令第 292 号	2011 年已被修订	行政法规
2001.12.24	《关于加强网上传播广播电影电视类节目管理的实施细则（试行）》	广发办字〔2001〕1496 号	失效	部门规范性文件

① 卜彦芳，董紫薇. 框架、效果与优化路径：网络视听节目管理政策解读［J］. 中国广播电视学刊，2018（7）：9-13.

（二）主要机构及职权

1998年，广播电影电视部改组为国家广播电影电视总局，为国务院主管广播电视宣传和广播电影电视事业的直属机构，主要负责广播电影电视和信息网络视听节目服务的法律法规草案、宣传创作的方针政策、舆论导向和创作导向等。

（三）特点

这一时期的监管手段较为单一，以鼓励、扶持为主。在这一阶段的互联网治理中，安全治理的重点主要集中在信息发送、运输与接收设备的安全与稳定。因互联网早期治理的议题是通信安全而非信息的内容安全，视听网站在这一背景下也被理解为一种音视频信息的存储空间，而非放映平台。因此，早期的视听网站的法律法规关注网站的认证与备案，实行许可管理制度，试图在网络的海洋中寻求国家的权威认证。随着三网融合技术前景的出现，视听网站的通信安全议题开始转向由广电部门主导的信息社会建设，明确广电总局监管主体职责，并逐步确立了视听网站的新属性——媒体身份。自此，网络媒体除了接受网络安全管理之外，还要接受媒体行业的管制。①

二、建设起步阶段（2003—2007年）

2003年以来，网络视听节目服务迅速发展壮大，影响力日益增强，催生了网络广播、网络电视、IPTV、手机电视、视频网站等许多新兴业态。国家广播电影电视总局紧贴行业发展趋势，强化引导治理力度，网络视听规制体系建设取得重大突破。为提高规划引导，国家广播电影电视总局把2003年定为广播影视“网络发展年”，并提出建立网络业务的节目运营平台、传播平台、服务平台。

① 徐斌.视听网站监管的逻辑变迁［J］.法律和社会科学，2016（1）：211-229.

(一)主要法规及政策

在制度方面，2003年国家广播电影电视总局出台了《互联网等信息网络传播视听节目管理办法》(国家广播电影电视总局令第15号)。同年，中华人民共和国文化部①出台了《互联网文化管理暂行规定》，界定了互联网的文化产品的内容，还规定了互联网文化单位要建立专人审查的机制。

2004年，国家广播电影电视总局出台《互联网等信息网络传播视听节目管理办法》(国家广播电影电视总局令第39号)，对于信息网络传播视听节目和广播电视节目作了区分，并对申请取得《信息网络传播视听节目许可证》的程序、业务监管等进行了规定。此办法涵盖了公网、专网、互联网电视等全领域，强调从事信息网络传播视听节目业务，应取得《信息网络传播视听节目许可证》。用于通过信息网络向公众传播的影视剧类视听节目，必须取得《电视剧发行许可证》或《电影公映许可证》；另外在开办主体方面，限制为经国家广播电影电视总局批准设立的广播电台、电视台或依法享有互联网新闻发布资格的网站，禁止三资企业(外商独资、中外合资、中外合作机构)从事信息网络传播视听节目业务。

2007年，国家广播电影电视总局、信息产业部公布了《互联网视听节目服务管理规定》(国家广播电影电视总局、中华人民共和国信息产业部令第56号)，界定了网络视听管理范围涵盖公网及专网的视听服务，明确和进一步规范了互联网视听节目服务市场准入管理制度。强调从事广播电台、电视台形态服务和时政类视听新闻服务的，还应当持有广播电视播出机构许可证或互联网新闻信息服务许可证；若想从事自办网络剧(片)类服务的，还应当持有广播电视节目制作经营许可证；从事主持、访谈、报道类视听服务的，还应当持有广播电视节目制作经营许可证和互联网新闻信息服务许可证。另一项比较特殊的规定是互联网视听节目服务单位出现重大违法违规行为的，其

---

① 1982年，国务院机构改革，将原文化部、对外文化联络委员会、国家出版事业管理局、国家文物事业管理局、外文出版发行事业局合并，设立文化部。2018年，国务院机构改革，将文化部、国家旅游局的职责整合，组建文化和旅游部，作为国务院组成部门，不再保留文化部、国家旅游局。

主要出资者和经营者自互联网视听节目服务单位受到处罚之日起5年内不得投资和从事互联网视听节目服务。

表 4-2　2003—2007 年网络视听监管主要法规政策

发布日期	名称	发文字号	时效性	效力级别
2003.01.07	《互联网等信息网络传播视听节目管理办法》	国家广播电影电视总局令第 15 号	失效	部门规章
2003.05.10	《互联网文化管理暂行规定》	文化部令第 27 号	2017 年已被修订	部门规章
2004.07.06	《互联网等信息网络传播视听节目管理办法》（2004）	国家广播电影电视总局令第 39 号	失效	部门规章
2007.12.20	《互联网视听节目服务管理规定》	国家广播电影电视总局、中华人民共和国信息产业部令第 56 号	2015 年已被修订	部门规章

（二）主要机构及职权

这一时期的主要监管部门，除国家广播电影电视总局外还增加了中华人民共和国信息产业部。中华人民共和国信息产业部组建于1998年。2008年组建中华人民共和国工业和信息化部，信息产业部的职责整合划入工业和信息化部，并下设信息通信发展司。该部门主要有三项职权。①

第一，研究拟定国家信息产业发展战略、方针政策和总体规划，振兴电子信息产品制造业、通信业和软件业，推进国民经济与社会服务信息化。

第二，拟定电子信息产品制造业、通信业和软件业的法律、法规，发布行政规章。

第三，统筹规划国家公用通信网（包括本地与长途电信网）、广播电视网（包括无线和有线电视网）、军工部门和其他部门专用通信网并进行行业管理等。

① 信息产业部主要职责与内设机构［J］. 当代通信，1998（13）：6-7.

（三）特点

随着第一批专业视频网站的建立，网络视听产业迅速发展，与之相伴随的是网络视听节目管理力度不断加强、管理规范不断细化，并强调紧贴行业发展趋势，强化引导治理力度，明确和进一步规范互联网视听节目服务市场准入管理制度。这一阶段的监管特点是国家广播电影电视总局取得网络视听节目的监管权，并出台规章对网络视听节目的许可、处罚、业务规范等问题作出了规定。

三、迅速发展阶段（2008—2012年）

这一时期，视听新媒体产业加速成长，用户规模和市场规模快速扩大，互联网上超过70%的流量来自视听节目服务。特别是2008年北京奥运会，央视国际与国际奥委会签约，成为官方互联网/移动平台转播机构。这也是国际奥委会百年奥史上首次将互联网、手机等新媒体作为独立转播机构。与传统媒体一起列入转播体系的奥运会，对网络视听等新媒体业务的发展产生了极大的推动作用。

（一）主要法规及政策

2008年在我国互联网产业史上具有重要的里程碑意义，同年7月我国CN域名成为全球最大的国家顶级域名。同月，《国务院办公厅关于印发国家广播电影电视总局主要职责内设机构和人员编制规定的通知》专门明确，国家广播电影电视总局“加强的职责”为“加强对信息网络视听节目（包括影视类音像制品的网上播放）服务和公共视听载体播放节目的业务监管职责”。新设立“网络视听节目管理司”作为内设机构，更加聚焦网络视听节目服务管理，围绕发展与管理两大任务，着力规范网络视听行业秩序，引导行业科学健康发展。

2009年，发布了《广电总局关于加强互联网视听节目内容管理的通知》，强调未取得许可证的电影、电视剧、动画片、理论文献影视片，一律不得在互联网上传播，对一些不符合规定的内容也要及时进行剪辑、删除。

2010年被称为微博元年。同年发布了《广电总局关于发布〈互联网视听节目服务业务分类目录（试行）〉的通告》，将网络视听节目分成四类。

2011年，文化部又修订颁布《互联网文化管理暂行规定》（中华人民共和国文化部第51号令），扩大了文化产品的范围，也在一定程度上进行了简政放权。例如，经营性互联网文化单位的《网络文化经营许可证》下放到省级文化部门发放、非经营性互联网文化单位仅需在省级文化行政部门备案；另外，还强调进口互联网文化产品应当报文化部进行内容审查。2011年，党的十七届六中全会发布了《中共中央关于深化文化体制改革推动社会主义文化大发展大繁荣若干重大问题的决定》，提出了一些具有指导性的思想。同年年底，中共中央办公厅、国务院办公厅印发《国家“十二五”时期文化改革发展规划纲要》，提出要实施网络内容建设工程，推动优秀传统文化瑰宝和当代文化精品网络传播，加强互联网等新媒体建设，制作适合互联网和手机等新兴媒体传播的精品佳作，鼓励网民创作格调健康的网络文化作品。

2012年7月，国家广播电影电视总局和国家互联网信息办公室（以下简称“国家网信办”）联合下发《关于进一步加强网络剧、微电影等网络视听节目管理的通知》，将网络视听节目播出前的审核权下放给播出平台，即互联网视听节目服务单位“自审自播”。互联网视听节目服务单位要按照“谁办网谁负责”的原则进行“自审自播”。该通知在总体上确立了“自审自播”“节目备案”“退出机制”三大制度，将行政监管延伸到网络视频内容的审查。国家广播电影电视总局指出，播出平台应具有满足审核需求的经国家或省级网络视听节目行业协会培训合格的审核人员。

表4–3　2008—2012年网络视听监管主要法规政策

发布日期	名称	发文字号	时效性	效力级别
2009.03.31	《广电总局关于加强互联网视听节目内容管理的通知》	\	现行有效	部门规范性文件
2010.03.17	《广电总局关于发布〈互联网视听节目服务业务分类目录（试行）〉的通告》	国家广播电影电视总局通告第3号	现行有效	部门规范性文件

续表

发布日期	名称	发文字号	时效性	效力级别
2011.02.17	《互联网文化管理暂行规定》	中华人民共和国文化部令第51号	2017年已被修订	部门规章
2011.10.18	《中共中央关于深化文化体制改革推动社会主义文化大发展大繁荣若干重大问题的决定》	\	现行有效	党内法规
2011.12.29	《中共中央办公厅、国务院办公厅关于印发〈国家“十二五”时期文化改革发展规划纲要〉的通知》	中办发〔2011〕40号	现行有效	党内法规
2012.07.06	《关于进一步加强网络剧、微电影等网络视听节目管理的通知》	广发〔2012〕53号	现行有效	部门规范性文件

（二）主要机构及职权

在发展方面，国家广播电影电视总局提出一系列支持传统媒体发展新媒体的政策措施，积极推动电台、电视台开办新媒体。各地广播电视机构积极运用高新技术改造提升传统媒体，大力发展新媒体，网络广播电视、IPTV、互联网电视等新媒体新业态建设整体步上新台阶。在管理方面，国家广播电影电视总局不断强化对新媒体新业务的管理：进一步落实主体准入制度，针对新出现的互联网电视业务，制定《互联网电视内容服务管理规范》《互联网电视集成业务管理规范》等规范性文件，形成“集成服务+内容服务”的管理模式；加强互联网视听节目内容管理，发布《关于进一步加强网络剧、微电影等网络视听节目管理的通知》等文件，强化网络剧、微电影等网络视听节目内容审核、审核队伍建设、节目监播等；建立日常监督和违规查处机制，严厉打击违法违规视听网站；开展无证视听节目服务网站专项清理工作；引导行业协会成员签署《中国互联网视听节目服务自律公约》，进一步强化行业自律。

这一时期，国家广播电影电视总局设立“网络视听节目管理司”作为内设机构，主要职能为拟订信息网络视听节目服务的发展规划和政策，指导网络视听节目服务的发展和宣传；承办开办信息网络视听节目（含IP电视、网络广播电视、手机视听节目）服务业务的审批工作并负责内容监管；承担网络视听节目服务、广播电视视频点播、公共视听载体播放广播影视节目内容和业务的监督管理工作，并指导网络视听节目服务的发展和宣传。主要职责是指导网络视听节目服务的发展和宣传；对信息网络和公共载体传播的视听节目进行监管，审查其内容和质量，承担节目应急处置工作；指导网络视听节目监管体系建设，组织查处非法开展网络视听节目服务行为等。

文化部是我国文化行政管理的最高机构，在国务院领导下管理全国文化艺术事业。其主要职责有拟订文化艺术方针政策，起草文化艺术法律法规草案；拟订文化市场发展规划，指导文化市场综合执法工作；对文化艺术经营活动进行行业监管，指导从事演艺活动民办机构的监管工作等。

国家网信办①是国务院授权专门负责互联网信息内容管理的机构。主要职责包括落实互联网信息传播方针政策和推动互联网信息传播法制建设，指导、协调、督促有关部门加强互联网信息内容管理，依法查处违法违规网站等。

（三）特点

伴随着网络视频的快速发展和移动互联网的兴起，互联网视听节目业务种类也在不断丰富，为进一步加强规范管理，《互联网视听节目服务业务分类目录（试行）》的出台为进行分类化管理做铺垫。而伴随着网综、网络剧、网络电影等不同视听节目形式的发展，不断有相应的管理政策出台，以期加强对于网络视听节目这一新兴业态的科学监管。因此，该阶段特点是为回应网络视听节目迅速发展的形势，国家广播电影电视总局出台多个规章和规范性

① 全称为“国家互联网信息办公室”，成立于2011年5月，在国务院新闻办公室加挂国家互联网信息办公室牌子。2018年3月，国务院机构改革，国家互联网信息办公室与中央网络安全和信息化委员会办公室，一个机构两块牌子，列入中共中央直属机构序列。

文件，进一步细化了网络视听节目监管措施，基本形成了相对完整的监管制度框架。

四、综合治理阶段（2013年至今）

（一）主要法规及政策

2014年，《奇葩说》诞生，该年因此称为网络自制节目元年。同年1月，印发了《国家新闻出版广电总局关于进一步完善网络剧、微电影等网络视听节目管理的补充通知》，强调从事生产制作网络剧、微电影等网络视听节目的机构，应依法取得广播影视行政部门颁发的《广播电视节目制作经营许可证》，并且加强了实名制方面的审核。至此，网络视听节目“谁办网谁负责”“先审后播”“备案播出”“在节目片头标注审查单位编制的审查序列号”的监管原则稳定下来并得以沿用。同年9月，发布了《国家新闻出版广电总局关于进一步落实网上境外影视剧管理有关规定的通知》，进一步落实网上境外影视剧管理的规定，强调了比例的问题。同年11月，国家网信办与国家新闻出版广电总局在全国范围内启动了清理整治网络视频有害信息的专项行动，重点清理淫秽色情、暴力恐怖、虚假谣言等视频有害信息。

2016年被称为网络直播元年。同年4月，国家新闻出版广电总局发布《专网及定向传播视听节目服务管理规定》，与《互联网视听节目服务管理规定》一起构成了现在广电总局在管理网络视听节目的两个主要规章，并且废止了2004年的《互联网等信息网络传播视听节目管理办法》。《专网及定向传播视听节目服务管理规定》首次提出了“专网和定向传播”的概念，内容主要是针对IPTV、专网手机电视及互联网电视的监管，而“定向传播”目前主要是指互联网电视（OTT TV）。同年7月，发布了《文化部关于加强网络表演管理工作的通知》，督促网络表演经营单位和表演者落实责任，违法违规表演者将列入黑名单或警示名单。同年9月，发布了《国家新闻出版广电总局关于加强网络视听节目直播服务管理有关问题的通知》，强调直播平台必须持有《信息网络传播视听节目许可证》，未取得许可证的机构和个人不能从事直播业务，还对直播节目内容，相关弹幕发布，直播活动中涉及的主持人、嘉宾、直播对象等作出了具体要求。同年11月7日，全国人大常委会通过《中华人民共和国网络安全法》，这是我国第一次以立法的形式对网络领域的问题进行规定。同年12月，发布了《文化部关于印发〈网络表演经营活动管理办法〉的通知》，强调经营者应取得《网络文化经营许可证》，健全审核制度，直播实时监管，录播先审后播。这一年，网络直播是多家部门、多头监管的状态。

2017年3月，国家新闻出版广电总局对2010年发布的《互联网视听节目服务业务分类目录（试行）》进行调整，将“移动互联网”包含到公共互联网范畴中。同年5月，发布了《国家新闻出版广电总局关于进一步加强网络视听节目创作播出管理的通知》，明确网络视听节目与广播电视节目同一标准；未通过审查的电视剧、电影，不得作为网络剧、网络电影上网播出；禁止在互联网上传播的节目，也不得在广播电视上播出。同年6月，中国网络视听节目服务协会发布了《网络视听节目内容审核通则》，在规定审核原则、导向要求等基础上，坚持正确的政治导向、价值导向和审美导向，坚守节目内容底线，强调要进行先审后播、审核到位。同年7月，首次对互联网视听节目网站医药类广告进行规范，发布了《国家新闻出版广电总局办公厅关于加强网络视听节目领域涉医药广告管理的通知》，要求各省局组织辖区内视听节目网站对本网站与医药产品宣传推介相关的广告和视听节目做一次全面梳理，对涉医药产品的广告和节目，严格审核，凡存在问题的要立即清理。

2018年被称为短视频元年。同年3月，发布了特急文件《国家新闻出版广电总局办公厅关于进一步规范网络视听节目传播秩序的通知》，要求进一步规范网络视听节目的传播秩序，并从不同方面对短视频内容的制作及传播提出了严格的要求，如“未经取得许可证的影视剧、未备案的网络原创视听节目，对应的片花、预告片不得播出”“不得出现包括‘未审核’版或‘审核删节’版等”“不得与未取得《信息网络传播视听节目许可证》非法开展网络视听节目服务的机构进行任何形式的合作，包括网络直播、冠名、广告或赞助”等。同年4月，十三届全国人大常务委员会第二次会议通过《中华人民共和国英雄烈士保护法》，其中明确“网信和电信、公安等有关部门在对网络信息进行依法监督管理工作中，发现发布或者传输以侮辱、诽谤或者其他方式侵害英雄烈士的姓名、肖像、名誉、荣誉的信息的，应当要求网络运营者停止传输，采取消除等处置措施和其他必要措施……网络运营者发现其用户发布前款规定的信息的，应当立即停止传输该信息，采取消除等处置措施，防止信息扩散”。同年7月，下发了《国家广播电视总局办公厅关于做好暑期网络视听节目播出工作的通知》，要求对偶像养成类、社会广泛参与选拔的歌唱才艺竞秀类节目，要组织专家从主题立意、价值导向、思想内涵、环节设置等进行严格评估，确保节目导向。同年10月，发布了《国家广播电视总局关于进一步加强广播电视和网络视听文艺节目管理的通知》，规定对于一些明星子女参加的真人秀节目，要适当减少相关的播出。同年12月底，发布了《国家广播电视总局办公厅关于网络视听节目信息备案系统升级的通知》，对2012年广电总局建设的“网络剧、微电影等网络视听节目信息备案系统”（网址http://jmba.tv.cn）进行了升级，新增了“重点网络影视剧信息备案系统”（网址http://211.146.10.132/NAVP），使得网络视听节目有两套备案系统并行，并分别由平台统一报备和片方自主报备。

2019年被称为Vlog元年。同年1月，在国家广播电视总局的指导下，中国网络视听节目服务协会发布《网络短视频平台管理规范》和《网络短视频内容审核标准细则》。前者对平台应遵守的总体规范、账户管理规范、内容管理规范和技术管理规范提出了20条建设性要求，要求短视频先审后播；后者则面向短视频一线审核人员，提供了100条具体的审核标准。同年3月，国家广播电视总局发布《未成年人节目管理规定》，自2019年4月30日起施行。其中明确“未成年人节目包括未成年人作为主要参与者或者以未成年人为主要接收对象的广播电视节目和网络视听节目”，对广播电视播出机构和网络视听节目服务机构提出专门要求。同年10月，党的第十九届四中全会发布了《中共中央关于坚持和完善中国特色社会主义制度 推进国家治理体系和治理能力现代化若干重大问题的决定》，对网络视听节目作了宏观的要求，如要坚持社会主义核心价值观来引领，加强和创新互联网内容建设，落实互联网企业信息管理主体责任，全面提高网络治理能力，营造清朗的网络空间等。同年11月，广电总局发布通知，要求在“双11”来临之际，规范网络视听电子商务直播节目和广告节目秩序，用语要文明、规范，不得夸大其词，不得欺诈和误导消费者；同时不得包含低俗、庸俗、媚俗的情节或镜头，严禁丑闻劣迹者发声出镜。同月，网信办、文化和旅游部、国家广播电视总局印发《网络音视频信息服务管理规定》，其中规定基于深度学习、虚拟现实等新技术、新应用开展安全评估，不得制作、发布、传播虚假新闻信息，网络音视频信息服务提供者应健全辟谣机制。

2020年被称为直播电商元年。自2020年3月1日起施行的《网络信息内容生态治理规定》旨在营造良好网络生态，保障公民、法人和其他组织的合法权益，维护国家安全和公共利益。其中规定：一是关于网上内容制作，规定十不准原则，包括暴力、低俗、炒作等内容；二是关于互联网平台，要重点审查首页、弹窗、封面、榜单，鼓励网络信息内容服务平台开发适合未成年人使用的模式；三是关于网络用户，不得通过人力或者技术手段实施流量造假、流量劫持，以及虚假注册账号、批量买卖账号、操纵用户账号等行为，破坏网络生态秩序；四是关于违规处罚，内容生产者违反者，应当依法依约采取警示整改、限制功能、暂停更新、关闭账号等处置措施，及时消除违法信息内容，保存记录并向有关主管部门报告；信息服务平台违反者，依相关规定，给予警告、处以罚款、停业整顿、关闭网站以及吊销许可证等处罚。规定的出台，对于新时代中国互联网生态治理是一个良好开端。有法可依、依法治理是实现互联网良性生态治理的根本举措，而网络生态治理是一场攻坚战，需要网络信息内容生产者、网络信息内容服务平台及网络服务使用者等多个主体参与其中，规范自己的行为、承担相应的责任。

2020年11月，出台了《市场监督管理总局关于加强网络直播营销活动监管的指导意见》，强调压实有关主体的法律责任。同年11月12日，发布了《国家广播电视总局关于加强网络秀场直播和电商直播管理的通知》，要求开办网络秀场直播或电商直播的平台要落实管建同步的原则，把平台管理力量与直播间开办能力相匹配的要求精准落实到数到人。网络秀场直播平台要对直播间节目内容和对应主播实行标签分类管理，按“音乐”“舞蹈”“唱歌”“健身”“游戏”“旅游”“美食”“生活服务”等进行分类标注。网络秀场直播平台要建立直播间和主播的业务评分档案，细化节目质量评分和违规评分等级，并将评分与推荐推广挂钩。网络秀场直播平台要对网络主播和“打赏”用户实行实名制管理，并且规定未实名制注册的用户不能打赏，未成年用户不能打赏。同年11月13日，国家网信办发布《互联网直播营销信息内容服务管理规定（征求意见稿）》。

2021年1月，国家广播电视总局发布《广播电视和网络视听标准化管理办法》，广播电视和网络视听标准包括国家标准、行业标准、地方标准、团体标准和企业标准，该办法有利于规范广播电视和网络视听标准化工作，并促进广播电视和网络视听高质量创新性发展。同年2月，国家网信办、全国“扫黄打非”工作小组办公室等七部门联合发布《关于加强网络直播规范管理工作的指导意见》，对相关部门在网络直播监管工作中的分工进行了明确。同年3月，发布了《中华人民共和国国民经济和社会发展第十四个五年规划和2035年远景目标纲要》。其中，第三十六章健全现代文化产业体系指出，要坚持把社会效益放在首位、社会效益和经济效益相统一，健全现代文化产业体系和市场体系。第三十六章第三节深化文化体制改革中尤其提出要“完善文化市场综合执法体制，制定未成年人网络保护、信息网络传播视听等领域法律法规”。

表4–4　2013—2021年网络视听监管主要法规政策

发布日期	名称	发文字号	时效性	效力级别
2014.01.02	《国家新闻出版广电总局关于进一步完善网络剧、微电影等网络视听节目管理的补充通知》	新广电发〔2014〕2号	现行有效	部门规范性文件
2014.09.02	《国家新闻出版广电总局关于进一步落实网上境外影视剧管理有关规定的通知》	新广电发〔2014〕204号	现行有效	部门规范性文件
2016.04.25	《专网及定向传播视听节目服务管理规定》	国家新闻出版广电总局令第6号	现行有效	部门规章

续表

发布日期	名称	发文字号	时效性	效力级别
2016.07.01	《文化部关于加强网络表演管理工作的通知》	文市发〔2016〕12号	现行有效	部门规范性文件
2016.09.02	《国家新闻出版广电总局关于加强网络视听节目直播服务管理有关问题的通知》	新广电发〔2016〕172号	现行有效	部门规范性文件
2016.11.07	《中华人民共和国网络安全法》	中华人民共和国主席令第53号	现行有效	法律
2016.12.02	《文化部关于印发〈网络表演经营活动管理办法〉的通知》	文市发〔2016〕33号	现行有效	部门规范性文件
2017.03.10	《国家新闻出版广电总局关于调整〈互联网视听节目服务业务分类目录（试行）〉的通告》	〔2017〕1号	现行有效	部门规范性文件
2017.06.30	《网络视听节目内容审核通则》	\	现行有效	行业规定
2017.07.27	《国家新闻出版广电总局关于加强网络视听节目领域涉医药广告管理的通知》	新广电办发〔2017〕47号	现行有效	部门规范性文件
2018.03.16	《国家新闻出版广电总局办公厅关于进一步规范网络视听节目传播秩序的通知》	新广电办发〔2018〕21号	现行有效	部门工作文件
2018.04.27	《中华人民共和国英雄烈士保护法》	中华人民共和国主席令第5号	现行有效	法律
2018.07.06	《国家广播电视总局办公厅关于做好暑期网络视听节目播出工作的通知》	广电办发〔2018〕44号	现行有效	部门工作文件
2018.10.31	《国家广播电视总局关于进一步加强广播电视和网络视听文艺节目管理的通知》	广电发〔2018〕60号	现行有效	部门工作文件

续表

发布日期	名称	发文字号	时效性	效力级别
2018.12.28	《国家广播电视总局办公厅关于网络视听节目信息备案系统升级的通知》	广电办发〔2018〕158号	现行有效	部门工作文件
2019.01	《网络短视频平台管理规范》	\	现行有效	行业规定
2019.01	《网络短视频内容审核标准细则》	\	现行有效	行业规定
2019.03.29	《未成年人节目管理规定》	国家广播电视总局令第3号	现行有效	部门规章
2019.10.31	《中共中央关于坚持和完善中国特色社会主义制度　推进国家治理体系和治理能力现代化若干重大问题的决定》	\	现行有效	党内法规
2019.11.18	《国家互联网信息办公室、文化和旅游部、国家广播电视总局关于印发〈网络音视频信息服务管理规定〉的通知》	国信办通字〔2019〕3号	现行有效	部门规范性文件
2019.12.15	《网络信息内容生态治理规定》	国家互联网信息办公室令第5号	现行有效	部门规章
2020.11.05	《市场监管总局关于加强网络直播营销活动监管的指导意见》	国市监广〔2020〕175号	现行有效	部门规范性文件
2020.11.12	《国家广播电视总局关于加强网络秀场直播和电商直播管理的通知》	广电发〔2020〕78号	现行有效	部门规范性文件
2020.11.13	《国家互联网信息办公室关于〈互联网直播营销信息内容服务管理规定（征求意见稿）〉公开征求意见的通知》	\	\	部门规范性文件

续表

发布日期	名称	发文字号	时效性	效力级别
2021.01.14	《国家广播电视总局关于印发〈广播电视和网络视听标准化管理办法〉的通知》	广电发〔2021〕7号	现行有效	部门规范性文件
2021.02.09	《国家互联网信息办公室、全国“扫黄打非”工作小组办公室、工业和信息化部、公安部、文化和旅游部、国家市场监督管理总局、国家广播电视总局关于印发〈关于加强网络直播规范管理工作的指导意见〉的通知》	国信办发文〔2021〕3号	现行有效	部门规范性文件
2021.03.11	《中华人民共和国国民经济和社会发展第十四个五年规划和2035年远景目标纲要》	\	现行有效	工作文件

（二）主要机构及职权

该阶段，网络视听节目的监管职权主要由国家网信办、2018年新组建的国家广播电视总局，以及文化和旅游部、市场监管总局共同行使。

在这一时期，协会自治也取得了进一步的发展。中国网络视听节目服务协会成立于2011年8月，是中国网络视听领域唯一的国家级行业组织，也是我国互联网领域规模最大的行业协会之一。其业务主管单位为广电总局，同时接受登记管理机关国家民政部的业务指导和监督管理。协会作为行业自治组织，承担政府管理部门交办的任务，发挥了在政府和企业之间桥梁与纽带的作用，促进了网络视听节目服务产业的发展，形成了政府主导和行业自律的协同机制。

（三）特点

该阶段形成了政府多部门监管，政府和行业协会合作监管的局面。综合治理阶段，如何实现科学治理，合理划分和厘清各部门职责，避免出现“踢足球”现象成为首要难题。为达到各司其职、协同一致的效果，需要发挥协同治理的理念。对此，有学者提出，要以四个层次共同构架他律、自律、评估、投诉相结合的协同治理体系。

第一，发挥政府的主导作用，保障国家安全、网络空间安全及意识形态安全。在以往的网络视听监管治理中，广电总局、网信办、工信部等均发挥了不同的作用。第二，推动加强行业协会、媒体机构、科技公司等主体的自律，鼓励媒体机构、科技公司通过建立内部管理体系、制度等来实现自我监管。同时，自我监管有其局限性，还需要通过政府相关机构的抽查抽检或要求媒体机构、科技公司公开内部评估报告及发布社会责任报告等手段实行监管，即对企业自我监管进行监管。第三，第三方机构的评估监督，由专业机构对相关行为及报告进行定期评估。第四，构建投诉平台，发动社会力量参与监督。①

党的十八大以来，新兴媒体快速发展。面对网上海量的视听节目内容以及新兴媒体的快速发展，广电总局坚持网上网下统一标准，出台一系列管理规定，基本建立了覆盖网上原创节目、引进节目、直播节目、社交平台节目在内的网络视听内容监督、管理与引导体系。

1.严格准入管理

依据2016年出台的《专网及定向传播视听节目服务管理规定》，广电总局对公网和专网视听节目服务实施更加严格的准入退出管理，凡从事互联网视听节目服务、移动互联网视听节目服务、互联网电视、IPTV、移动通信网手机电视业务，都必须获得《信息网络传播视听节目许可证》，并切实加强许可证审批和持证机构日常管理。

2.强化节目管理

强化创作播出管理，明确提出必须始终弘扬社会主义核心价值观，必须坚守文明健康的审美底线的导向要求；强化总编辑内容负责制，指导各视听平台建立健全网站先审后播、审核会商、信息核查、请示报告、应急处置等

① 殷乐.网络视听业的发展态势及监管思路［J］.中国广播电视学刊，2018（7）：6-9.

内部内容管理制度；全面加强网络原创节目管理，做好重点网络原创节目备案，对网络原创视听节目在事前、事中、事后等各环节加强引导和管理；加强网上引进节目、网络社交平台传播视听节目、网络视听节目直播服务管理；实施“互联网视听节目服务单位播放违规内容责任追究制度”，重拳整治了一批违规网站传播低俗有害节目的行为；强化行业自律，修订完善《网络视听节目内容审核通则》，进一步明确和统一了网络视听节目的内容审核标准。

3. 加强内容引导

指导推动广播电视媒体和视听新媒体深化拓展广播电视“头条”建设和视听新媒体“首页首屏首条”建设；加大引导、鼓励和扶持网络原创优秀节目生产的力度，组织“网络视听节目精品创作传播工程”等一系列精品创作传播工程，通过创作规划、评优推优、资金扶持等手段推动网络原创节目出精品，发挥优秀作品的引领带动作用，推动网络原创节目整体上正导向、提品质。[①]

第二节　网络视听监管制度

一、行政许可制度

法律拟制的许可证与信息网络硬软件平台及其他技术支持结合在一起，其中的电信备案制度使得互联网视听的许可证与网站的域名和IP地址捆绑在一起，从而杜绝了租用政府监管领域外网络服务供应商的规避管制的做法[②]。

（一）相关法律规定

就准入许可制度而言，许可证的颁发主要面向网络视听节目的制作与播

① 参见：微信公众号“国家广电智库”，《网络视听改革发展20年：综合治理 引领行业行稳致远》，2018年11月6日。

② 徐斌.视听网站监管的逻辑变迁［J］.法律和社会科学，2016，15（1）：211-229.

出机构，《互联网等信息网络传播视听节目管理办法》[①]（以下简称“管理办法”）、《互联网视听节目服务管理规定》[②]（以下简称“管理规定”）共同建立了许可证制度的法律基础。

管理办法按照传统媒介的身份定位，确立了广电总局对视听节目的网络传播实行许可管理。在此基础上，依据传统媒介的管理逻辑确立互联网视听的分类管理，从而就各类别的视听业务，网站必须获得相应国家部门的许可方可经营。

管理规定进一步升级许可证制度，对不同机构应持有的许可证进行了分类规定。根据第七条规定，从事互联网视听节目服务，应当依照本规定取得广播电影电视主管部门颁发的《信息网络传播视听节目许可证》或履行备案手续。根据第九条规定，从事时政类视听新闻服务的，除符合第八条规定的申请条件外，还应当持有《广播电视播出机构许可证》或《互联网新闻信息服务许可证》；从事主持、访谈、报道类视听服务的，除符合本规定第八条规定外，还应当持有《广播电视节目制作经营许可证》和《互联网新闻信息服务许可证》；从事自办网络剧（片）类服务的，还应当持有《广播电视节目制作经营许可证》。[③]

表 4–5　许可证分类规定

	《信息网络传播视听节目许可证》	《互联网新闻信息服务许可证》	《广播电视节目制作经营许可证》
时政类视听新闻服务	√	√	
主持、访谈、报道类视听服务	√	√	√
自办网络剧（片）类服务	√		√

① 2004年7月6日，国家广播电影电视总局令第39号发布，后根据2015年8月28日国家新闻出版广电总局令第3号《关于修订部分规章和规范性文件的决定》修订为《专网及定向传播视听节目服务管理规定》。

② 2007年12月20日，国家广播电影电视总局、中华人民共和国信息产业部令第56号公布，根据2015年8月28日国家新闻出版广电总局令第3号公布的《关于修订部分规章和规范性文件的决定》修订，现行有效。

③ 参见：《互联网视听节目服务管理规定》第七条、第九条。

2012年，国家广播电影电视总局、国家网信办发布《关于进一步加强网络剧、微电影等网络视听节目管理的通知》，对当时新出现的网络视听节目形式予以规范，明确要对其强化准入管理和内容审查，要求制播机构分别取得广播影视行政部门颁发的《广播电视节目制作经营许可证》和相应许可的《信息网络传播视听节目许可证》，并对内容审查人员数量、资质、培训等作出明确规定。①

2014年，发布了《国家新闻出版广电总局关于进一步完善网络剧、微电影等网络视听节目管理的补充通知》，其中进一步明确个人制作并上传的网络剧、微电影等网络视听节目，由转发该节目的互联网视听节目服务单位履行生产制作机构的责任；互联网视听节目服务单位不得播出未取得《广播电视节目制作经营许可证》机构制作的网络剧、微电影等网络视听节目。②主要在制作单位的资质审查方面作出更加严格的要求。

2016年，发布了《国家新闻出版广电总局关于加强网络视听节目直播服务管理有关问题的通知》，其中规定对重大政治、军事、经济、社会、文化、体育等活动、事件的实况进行视音频直播，需具备《信息网络传播视听节目许可证》且许可项目为第一类互联网视听节目服务第五项；对一般社会团体文化活动、体育赛事等组织活动的实况进行视音频直播，须具备《信息网络传播视听节目许可证》且许可项目为第二类互联网视听节目服务第七项。除此之外，均不得通过互联网开展上述所列活动、事件的视音频直播服务，也不得利用网络直播平台（直播间）开办新闻、综艺、体育、访谈、评论等各类视听节目，不得开办视听节目直播频道；规定了前两类节目，应分别提前5天和48小时向所在地省级新闻出版广电行政部门备案。

2019年，广电总局对广播电视行业涉及企业经营许可事项开展“证照分离”改革全覆盖试点。其中涉及“广播电视视频点播业务许可证（甲种）审批”“广播电视节目制作经营单位设立审批”“设立电视剧制作单位审批”“信

---

① 参见《关于进一步加强网络剧、微电影等网络视听节目管理的通知》第二条：“强化网络剧、微电影等网络视听节目播出机构准入管理。”

② 参见：《关于进一步完善网络剧、微电影等网络视听节目管理的补充通知》第二条。

息网络传播视听节目许可证核发”等重点审批事项的“优化审批服务”改革。关于《广播电视节目制作经营许可证》具体改革措施：不再要求申请人提供法定代表人身份证明复印件、营业执照等材料；将审批时限由20个工作日压减至15个工作日。关于《信息网络传播视听节目许可证》具体改革措施：不再要求申请人提供营业执照、广播电视节目制作经营许可证、广播电视播出机构许可证等材料。

（二）不同服务类型需具备的许可证

互联网视听节目服务业务分类是对纷繁复杂的互联网视听节目业务形态进行的总结概括，有助于通过对互联网视听节目类型的科学界定，对行政许可制度许可项目的合理划分提供权威性依据。

2017年，发布了《国家新闻出版广电总局关于调整〈互联网视听节目服务业务分类目录（试行）〉的通告》，对2010年发布的《互联网视听节目服务业务分类目录（试行）》进行调整。调整后的分类目录包括两大部分，即目录和业务界定。

表 4–6　互联网视听节目服务业务分类

第一类互联网视听节目服务（广播电台、电视台形态的互联网视听节目服务）
（一）时政类视听新闻节目首发服务
（二）时政和社会类视听节目的主持、访谈、评论服务
（三）自办新闻、综合视听节目频道服务
（四）自办专业视听节目频道服务
（五）重大政治、军事、经济、社会、文化、体育等活动、事件的实况视音频直播服务
第二类互联网视听节目服务
（一）时政类视听节目转载服务
（二）文艺、娱乐、科技、财经、体育、教育等专业类视听节目的主持、访谈、报道、评论服务
（三）文艺、娱乐、科技、财经、体育、教育等专业类视听节目的制作（不含采访）、播出服务

续表

（四）网络剧（片）的制作、播出服务
（五）电影、电视剧、动画片类视听节目的汇集、播出服务
（六）文艺、娱乐、科技、财经、体育、教育等专业类视听节目的汇集、播出服务
（七）一般社会团体文化活动、体育赛事等组织活动的实况音频直播服务
第三类互联网视听节目服务
（一）聚合网上视听节目的服务
（二）转发网民上传视听节目的服务
第四类互联网视听节目服务（互联网视听节目转播类服务）
（一）转播广播电视节目频道的服务
（二）转播互联网视听节目频道的服务
（三）转播网上实况直播的视听节目的服务

与2010年版《互联网视听节目服务业务分类目录（试行）》相比，主要变化体现在第一部分目录内容中：

第一，对互联网视听节目服务业务表述更准确。把“移动互联网”包含到公共互联网范畴中，在原有“计算机用户”的基础上，新增加“手机用户”服务对象；

第二，明确了“专网及定向传播视听节目服务”概念。指出交互式网络电视（IPTV）、专网手机电视、互联网电视的集成播控服务、内容提供服务属于广播电台、电视台形态的网络视听节目服务，系专网及定向传播视听节目服务；

第三，对一些概念进行更精确的表述。如将原来的“IP电视（IPTV）”表述为“交互式网络电视”，将“手机电视”表述为“专网手机电视”，将“内容服务”变更为“内容提供服务”。

对于从事互联网视听节目服务的各类业务形态而言，主要有网络文化经营许可证（文网文）、广播电视节目制作经营许可证、信息网络传播视听节目许可证（AVSP）、增值电信业务经营许可证（ICP许可证）与SP许可证、互联网新闻信息服务许可证。

1. 网络文化经营许可证（文网文）

互联网文化活动分经营性和非经营性两类。经营性互联网文化活动是指以营利为目的，通过向上网用户收费或者以电子商务、广告、赞助等方式获取利益，提供互联网文化产品及其服务的活动。从事经营性互联网文化活动需要办理《网络文化经营许可证》。

根据《互联网文化管理暂行规定》，并根据《文化和旅游部办公厅关于调整〈网络文化经营许可证〉审批范围 进一步规范审批工作的通知》，《网络文化经营许可证》的审批范围包括网络音乐、网络演出剧（节）目、网络表演、网络艺术品、网络动漫和展览、比赛活动。对于不符合审批范围从事其他互联网经营活动的单位，不予发放《网络文化经营许可证》。需要注意的是，网络表演是指以现场进行的文艺表演活动等为主要内容，通过互联网、移动通信网、移动互联网等信息网络，实时传播或者以音视频形式上载传播而形成的互联网文化产品。电商类、教育类、医疗类、培训类、金融类、旅游类、美食类、体育类、聊天类等直播不属于网络表演，不需要申请办理《网络文化经营许可证》。①

2. 广播电视节目制作经营许可证

设立广播电视节目制作经营机构或从事广播电视节目制作经营活动应当取得《广播电视节目制作经营许可证》，即指从事微电影、专题、专栏、综艺、动画片、广播剧、电视剧等广播电视节目的制作和节目版权的交易、代理交易等活动的行为，但不得制作时政新闻及同类专题、专栏节目。

3. 信息网络传播视听节目许可证（AVSP）

从事信息网络传播视听节目业务，应取得《信息网络传播视听节目许可

① 北京市文化和旅游局. 关于电商类、教育类、医疗类、培训类、金融类、旅游类、美食类、体育类、聊天类不需要申请办理《网络文化经营许可证》的特别提示［EB/OL］.（2020-03-10）［2020-09-02］. http://whlyj.beijing.gov.cn/zwfw/202003/t20200310_1786910.html.

证》。[①]该证由广电总局按照信息网络传播视听节目的业务类别、接收终端、传输网络等项目分类核发。信息网络传播视听节目许可证的业务类别分为播放自办节目、转播节目和提供节目集成运营服务等。

根据《网络短视频平台管理规范》第一条规定，开展短视频服务的网络平台，应当持有《信息网络传播视听节目许可证》（AVSP）等法律法规规定的相关资质，并严格在许可证规定的业务范围内开展业务。对持有《信息网络传播视听节目许可证》的PGC机构[②]，平台应当监督其上传的节目是否在许可证规定的业务范围内。对超出许可范围上传节目的，应当停止与其合作。未持有《信息网络传播视听节目许可证》的PGC机构上传的节目，只能作为短视频平台的节目素材，供平台审查通过后，在授权情况下使用。

【典型案例】

2019年12月，北京市文化市场综合执法总队联合北京市某区文化市场综合执法大队依法对北京某学校进行行政执法检查。检查中发现，该单位运营的网站“北京某学校网”通过信息网络向公众提供了“学校介绍”“春天话语”“凤鸣九州”等视频节目。由于该单位现场无法提供《信息网络传播视听节目许可证》，存在涉嫌擅自从事互联网视听节目服务的行为。执法人员依法责令其立即对违法行为进行整改，将进一步依法作出严肃查处。

4.增值电信业务经营许可证（ICP许可证）与SP许可证

电信业务分基础电信业务和增值电信业务。增值电信业务指利用公共网络基础设施提供的电信与信息服务的业务。国家对电信业务经营实行许可制度。增值电信业务经营许可证是指利用公共网络基础设施提供的电信与信息服务业务的许可证。

---

① 根据《互联网视听节目服务管理规定》第七条规定，从事信息网络视听节目传播还必须依法申请广电部门核发的《信息网络传播视听节目许可证》。

② PGC（Professional Generated Content），互联网术语，指专业生产内容（视频网站）、专家生产内容（微博）。用来泛指内容个性化、视角多元化、传播民主化、社会关系虚拟化。也称为PPC（Professionally Produced Content）。

ICP许可证与SP许可证的全称都叫作增值电信业务经营许可证。区别在于，ICP是适用于互联网业务，而SP适用于手机端上的业务。如果只是App，办理SP许可证即可，通常手机应用商店也只需要提供增值电信业务许可证，对SP许可证还是ICP许可证不再区分。

5. 互联网新闻信息服务许可证

2017年，国家网信办相继公布《互联网新闻信息服务管理规定》（以下简称“规定”）、《互联网新闻信息服务许可管理实施细则》（以下简称“细则”），要求通过各种形式从事互联网新闻信息服务应取得互联网新闻信息服务许可证。根据规定第二条：“新闻信息，包括有关政治、经济、军事、外交等社会公共事务的报道、评论，以及有关社会突发事件的报道、评论。”该定义突出了对社会公共事务和社会突发事件的报道、评论。信息技术的发展，使得互联网传播新闻信息的途径多样化。根据规定第五条：“通过互联网站、应用程序、论坛、博客、微博客、公众账号、即时通信工具、网络直播等形式向社会公众提供互联网新闻信息服务，应当取得互联网新闻信息服务许可，禁止未经许可或超越许可范围开展互联网新闻信息服务活动。”列举的八种常见形式，囊括了直播、微博、公众号、App等时下较流行的信息传播方式。规定第六条设置了许可申请条件，同时指出：提供互联网新闻信息服务，还应当依法向电信主管部门办理互联网信息服务许可或备案手续。规定第七条、第八条为准入门槛。①

综上所述，短视频App需要申办网络文化经营许可证（文网文）。如果主体是企业而非个人，通过依托知名短视频平台，上传短视频开展经营业务，同样需要申办网络文化经营许可证（文网文）。同时，针对用户在平台上发布录制视频，平台方需要取得广播电视节目制作经营许可证和信息网络传播视

① 参见《互联网新闻信息服务管理规定》第七条：“任何组织不得设立中外合资经营、中外合作经营和外资经营的互联网新闻信息服务单位。互联网新闻信息服务单位与境内外中外合资经营、中外合作经营和外资经营的企业进行涉及互联网新闻信息服务业务的合作，应当报经国家互联网信息办公室进行安全评估。”第八条：“互联网新闻信息服务提供者的采编业务和经营业务应当分开，非公有资本不得介入互联网新闻信息采编业务。”

听节目许可证（AVSP）。正常情况下，网络直播平台只要办理网络文化经营许可证（文网文）、增值电信业务经营许可证（ICP许可证）就可以上线运营了，后期有需要可以办理广播电视节目制作经营许可证、营业性演出许可证等。除此之外，《互联网直播服务管理规定》第六条进一步强调，通过网络表演等提供视听节目服务的应当依法取得法律法规规定的相应资质。比如，在网络直播新闻信息传播方面，规定要求还应当取得互联网新闻信息服务许可，就相关平台资质问题进行了详细规定，明确要求设立总编辑制度。[①]《互联网视听节目服务管理规定》还要求从事网络视听服务节目的须为国有独资或国企控股的申请日前三年无违法记录的法人。

【前沿探讨】

视听服务市场顺应流动性趋势，进一步开放。欧盟通过“在线内容可跨境携带规则”，保障公民对视听内容便携性和移动性的要求。该规则保障消费者在欧洲境内能够访问他们在本地订阅的在线服务内容，欧盟28个成员国的用户订阅的在线视频服务、网络电视服务、在线音乐及在线游戏都可以在欧盟境内跨国使用订阅服务。

开放的市场带来竞争加剧，各国加大对本地内容产业的保护。对进入英国的视听服务机构（包括在线视听）提出了与本地广播电视服务机构同样的内容、制作规格等要求。部分国家和地区对视听服务播出本土化内容份额提出了要求。欧盟强制要求奈飞、亚马逊等流媒体服务必须保证其至少有30%的内容预算用于购买或者投资欧盟成员国的本地内容。根据这项要求，在欧洲开展业务的流媒体公司必须通过委托欧洲公司制作、购买欧盟本土生产的电视节目、电影，或者向欧洲电影基金提供捐款，以保证达到欧盟的内容要求底线。这将推动欧盟本土制作产业的进一步发展。

---

① 参见《互联网新闻信息服务管理规定》第十一条第一款：“互联网新闻信息服务提供者应当设立总编辑，总编辑对互联网新闻信息内容负总责。总编辑人选应当具有相关从业经验，符合相关条件，并报国家或省、自治区、直辖市互联网信息办公室备案。”

二、内容规范

就内容制作管理制度相关法律规范而言，主要是在落实内容导向责任、禁止不良内容制播、加强行业制作力量自律三个方面。我国对信息网络内容监管实行各司其职的“多龙治水”模式，广电总局、国家网信办、文化和旅游部、公安部等部门“齐抓共管”，既有分工又有密切合作，同时形成了一系列法律规范制度，视听节目内容监管是其重要方面，现将其分类如下。

（一）立法规范

1. 法律

针对互联网内容规范的法律，并没有明确的规定，但是在我国2016年颁布实施的网络安全法中有所提及。比如，第十二条第二款[①]从正反两个方面规定了个人和组织的行为规范，这也反映出国家对于互联网相关内容的禁止性规定。

2. 行政法规

我国最早的关于互联网具体内容的规范是1997年公安部颁布的《计算机信息网络国际联网安全保护管理办法》，其中第五条是对我国互联网内容监管对象最早的明确表述，构成了我国网络内容监管的基本政策依据，也是未来政策对网络信息内容提出监管要求的基础。[②]

---

① 参见《中华人民共和国网络安全法》第十二条第二款：“任何个人和组织使用网络应当遵守宪法法律，遵守公共秩序，尊重社会公德，不得危害网络安全，不得利用网络从事危害国家安全、荣誉和利益，煽动颠覆国家政权、推翻社会主义制度，煽动分裂国家、破坏国家统一，宣扬恐怖主义、极端主义，宣扬民族仇恨、民族歧视，传播暴力、淫秽色情信息，编造、传播虚假信息扰乱经济秩序和社会秩序，以及侵害他人名誉、隐私、知识产权和其他合法权益等活动。”

② 根据2004年《关于审理行政案件适用法律规范问题的座谈会纪要》，现行有效的行政法规有以下三类：一是国务院制定并公布的行政法规；二是立法法施行以前，按照当时有效的行政法规制定程序，经国务院批准、由国务院部门公布的行政法规，但在立法法施行以后，经国务院批准、由国务院部门公布的规范性文件，不再属于行政法规；三是在清理行政法规时由国务院确认的其他行政法规。《计算机信息网络国际联网安全保护管理办法》是1997年经国务院批准，由公安部令第33号发布的，符合第二种情况，故属于行政法规。

2000年，国务院颁布了《互联网信息服务管理办法》（国务院令第292号）和《中华人民共和国电信条例》（国务院令第291号）。这两部法规对网络传播的信息内容提出了“九不准”规定[①]，在一段时间内成为我国互联网内容监管工作的标准规定。

2002年，国务院颁布了《互联网上网服务营业场所管理条例》（国务院令第363号），其中第十四条在原“九不准”规定的基础上，附加了一条不能传播“危害社会公德或者民族优秀文化传统”的规定。这十条规定，被称为“十不准”规定，自此被广泛应用在关于互联网文化产品传播的管理政策中。节目违规的形态大致可分为政治有害、色情淫秽、血腥暴力、低俗无害、封建迷信、侵权盗版等。

3. 部门规章

广电总局按网络传输方式对网络视听节目进行分类管理有三大规章：《广播电视视频点播业务管理办法》（2004年）、《互联网视听节目服务管理规定》（2007年）、《专网及定向传播视听节目服务管理规定》（2016年）。

文化部颁布的《互联网文化管理暂行规定》（2011年）、《网络文化经营单位内容自审管理办法》（2013年）和《网络表演经营活动管理办法》（2016年）分别对互联网文化活动和网络直播行为作出规定，要求互联网文化单位和网络表演经营单位必须具备内容自审及实时监管能力，表演者必须使用有效身份证件实名注册。

4. 规范性文件

2009年，发布的《广电总局关于加强互联网视听节目内容管理的通知》

---

① 参见《互联网信息服务管理办法》第十五条规定：“互联网信息服务提供者不得制作、复制、发布、传播含有下列内容的信息：（一）反对宪法所确定的基本原则的；（二）危害国家安全，泄露国家秘密，颠覆国家政权，破坏国家统一的；（三）损害国家荣誉和利益的；（四）煽动民族仇恨、民族歧视，破坏民族团结的；（五）破坏国家宗教政策，宣扬邪教和封建迷信的；（六）散布谣言，扰乱社会秩序，破坏社会稳定的；（七）散布淫秽、色情、赌博、暴力、凶杀、恐怖或者教唆犯罪的；（八）侮辱或者诽谤他人，侵害他人合法权益的；（九）含有法律、行政法规禁止的其他内容的。”

中，继续援引了新的十条内容标准（“十不准”规定），互联网视听节目必须及时剪节、删除的内容共计二十一项，要求互联网视听服务单位完善节目内容管理制度和应急处理机制，加强审核把关。

2017年，国家新闻出版广电总局印发了《关于进一步加强网络视听节目创作播出管理的通知》，对网络视听节目的审美底线、价值引导、内容审核方面提出了明确要求，强调“网络视听节目要坚持与广播电视节目同一标准、同一尺度，把好政治关、价值关、审美关，实行统筹管理”，各网络视听节目服务机构要全面落实主体责任，建立健全完善有效的把关机制。

2019年，发布了《国家广播电视总局办公厅关于加强“双11”期间网络视听电子商务直播节目和广告节目管理的通知》，提出五项要求，包括各网络视听节目服务机构要坚守底线红线，节目中不得包含低俗、庸俗、媚俗的情节或镜头，严禁丑闻劣迹者发声出镜等。

（二）行业自律规范

2017年，中国网络视听节目服务协会发布《网络视听节目内容审核通则》[①]（以下简称“通则”），是在2012年协会根据《中国网络视听节目服务自律公约》的精神制定发布的《网络剧、微电影等网络视听节目内容审核通则》的基础上修订完善而成，同时也是对国家新闻出版广电总局在同年6月1日发布的《关于进一步加强网络视听节目创作播出管理的通知》在行业内部的具体细化，并旨在进一步指导各网络视听节目机构开展网络视听节目内容审核工作，提升网络原创节目品质，促进网络视听节目行业健康发展。

通则重申了“先审后播”和“审核到位”的原则并进行了补充，同时规定了审核过程中的导向要求和节目内容审核标准。通则规定，网络视听节目中含有下列十类内容或情节的，应予以剪截、删除后播出；问题严重的，整个节目不得播出：

① 《网络视听节目内容审核通则》主要提出了对网络视频服务单位关于自身内容审核原则的建议和意见，根据《互联网视听节目服务管理规定》制定，实际上是对协会成员单位提出的自律性规定。

（一）不符合国情和社会制度，有损国家形象，危害国家统一和社会稳定；

（二）有损民族团结；

（三）违背国家宗教政策；

（四）宣扬封建迷信，违背科学精神；

（五）渲染恐怖暴力，展示丑恶行为，甚至可能诱发犯罪；

（六）渲染淫秽色情和庸俗低级趣味；

（七）侮辱或者诽谤他人；

（八）歪曲贬低民族优秀文化传统；

（九）危害社会公德，对未成年人造成不良影响的；

（十）法律、法规和国家规定禁止的其他内容。[①]

总之，通则进一步明确了互联网视听内容的创作边界，并以国家意识形态和公共利益为主要关注点[②]，为网络视听节目内容制作与监管提供了具体的审核标准。

为了坚决抵制防范低俗有害内容传播，弘扬主流价值观，促进短视频平台自觉承担社会责任，保护青少年的健康成长，营造清朗的网络空间。2019年1月，中国网络视听节目服务协会发布《网络短视频平台管理规范》及《网络短视频内容审核标准细则》100条。两个文件从机构把关和内容审核两个层面为规范短视频传播秩序提供了依据。《网络短视频平台管理规范》的内容吸收总结了目前短视频行业中出现的问题及运营中的经验，根据网络视听管理政策新要求，对平台应遵守的总体规范、账户管理实践、内容管理实践和技术管理规范提出了20条建设性要求；《网络短视频内容审核标准细则》则是面向短视频平台一线审核人员，针对短视频领域的突出问题，提供了操作性审核标准100条，并且强调，依据网络短视频内容审核基本标准，网络播放的短视频节目，及其标题、名称、评论、弹幕、表情包等，其语言、表演、字幕、

① 参见：《网络视听节目内容审核通则》第八条。

② 田维钢，张如东.互联网视听节目内容监管分析：以媒介规范理论为视角［J］.青年记者，2017（22）：78-79.

背景中不得出现此100条具体内容。这些具体详细的列举规定进一步明确了内容规范，必将有助于进一步规范短视频传播秩序。这两个标准的发布得到了全行业的肯定，各平台将主要从机构把关和内容审核两个层面，为短视频内容的安全防护提供保证。

总之，网络空间的内容监管与治理具有难度，这要求提供网络节目服务的平台加强自身监管，自觉遵守网络空间治理的相关法律法规制度。同时，构建以政府机构为主导，行业组织、企业和用户共同参与的协同式治理框架，在一个互动体系中逐步培育新的协同治理关系，是当前网络视听监管中的重要原则。

三网融合下，视听节目内容监管面临体制机制等多重挑战。放宽准入、改革体制、加强监督等三网融合下视听节目监管的思路和具体对策，对加强互联网领域的治理，具有借鉴意义。总体来说，网络短视频、直播领域对内容的重点监管方向大概有三类①：

第一，网络空间散布危害国家安全与主权、领土完整、民族团结等具有危害国家安全性质的言论，严重构成犯罪的，主要由刑事立法来规制。由《中华人民共和国刑法》第一百零三条煽动分裂国家罪、第二百九十一条编造、故意传播虚假恐怖信息罪等构成规范体系；

第二，网络空间侵犯他人民事权利的监管，主要依据直播平台用户的投诉来进行相应的监管，《中华人民共和国民法典》和《互联网直播服务管理规定》等都有相应的规定；

第三，短视频内容、网络直播表演节目或者其他活动侵犯著作权人的著作权等行为，如直播空间未经许可公开表演他人享有著作权专有使用权的戏剧节目、舞蹈节目、歌曲等，由于直播空间的经营性属性，类似的行为都属于侵权行为。

【前沿探讨】

新兴服务不断被纳入发达国家视听服务监管机构的管理范畴，且标准越

① 黄薇莘.网络视听节目内容监管的探析［J］.信息网络安全，2010（8）：67-70.

来越严格。在德国，媒体监管机构将智能电视及机顶盒用户界面纳入审查范围，确保相关服务提供商遵守透明、非歧视、平等和用户自主原则，而以往该机构的监管仅限于付费电视或者有线电视公司。在英国，有议会议员提出对社交媒体适用与广播电视相同管理规则的议案。

非法内容、侵权内容、虚假内容成为监管重点。欧盟发布《抵制非法网络内容通报》，承诺监督抵制非法网络内容进展，并评估是否需要采取措施确保对非法网络内容进行快速主动的检测与清除。爱尔兰法院判决关停侵权网站，西班牙逮捕多名付费电视盗版者，澳大利亚法院裁决封堵盗版网站。欧盟计划制定规则加强对虚假新闻的管理，要求线上媒体主要平台要展示自我管理的效果评估，关闭虚假账户、切断假消息源的收入来源，下一步还将对Facebook、亚马逊等影响较大的平台进行重点管理。

网络视听节目与传统的广播电视节目在制作、审核、播出的各个阶段都有所区别，且在传播方式、盈利方式、受众群体等方面也有其显著的自身特点。因此，以传统监管方式应对新兴的网络视听节目监管，显示出“宽”和“严”之间的矛盾冲突，如何合理把握监管尺度成为首要难题。这一矛盾在内容规范方面尤为突出，主要存在以下两个方面的监管困难：一是监管审核标准存在“弹性区域”导致难以把握，二是网络低俗文化与青年亚文化的交叉带来监管认知困难。

监管审核存在“弹性空间”，缺乏明确统一的标准。比如，对于何为“渲染暴力、色情”，何为“低俗、庸俗、媚俗”的判断存在较大的主观性，这也使得网络自制节目“擦边球”的现象时有发生。而“线上线下统一标准”的审查趋向又可能导致“误伤”或因监管失当而丧失活力。

青年亚文化繁盛，与网络低俗文化存在监管认知困难。我国当前存在的青年亚文化主要表现为依托网络媒体存在的粉丝文化、ACG文化、恶搞文化、山寨文化等形态。该种文化现象对传统审美方式是一种解构，但也满足了一定亚文化群体的审美趣味，兼具文化的创造性和破坏性，甚至一定程度上与低俗文化有所交叉。这对于监管机关来说是一种巨大的挑战。

对此，网络视听节目内容监管需要坚持文化宽容和文化治理并重的理念，逐步形成管理部门把控—监管组织辅助执行—视听生产及传播企业自律—社会监管督促的监管机制。[①]

【典型案例】

《黄河大合唱》第七乐章《保卫黄河》的恶搞问题，该事件最早要追溯到2014年某卫视节目中播出的《保卫黄河》恶搞版。演员以夸张另类的肢体动作，获得现场评委全票通过。此后，恶搞版成了非常火热的晚会节目，演出单位除了一些企业，还包括幼儿园、中学、大学等教育机构。针对恶搞等红色经典及英雄人物视频的问题，文化和旅游部追根溯源，2018年初指导四川省文化市场执法监督局和成都市文化市场综合执法总队开展查处工作，严查恶搞视频的源头制作公司。

三、行为规范

（一）备案制度

2016年3月，国家新闻出版广电总局开始实行国产电视剧样片上报备案制度。根据《国家新闻出版广电总局办公厅关于取得发行许可证的国产电视剧上报备案样片的通知》的要求，建立国产电视剧完成片存储管理系统，所有取得发行许可证的国产剧完整样片需送广电总局备案。2016年5月，下发了《国家新闻出版广电总局办公厅关于进一步完善规范电视剧拍摄制作备案公示管理工作的通知》，明确提出电视剧拍摄制作备案公示阶段不再受理剧名变更申请，并要求在申报备案公示剧目1500—2000字的剧情梗概中，对思想内涵作出概括说明，引导制作单位要始终把社会效益放在首位。

广电总局对网络视听节目的监管一直采取的是“自审自播”“谁播出谁负责”的管理方式，直到2016年发布的《国家新闻出版广电总局关于进一步加

① 张波.我国网络视听节目监管现状及优化策略探析［J］.编辑之友，2017（7）：44-48.

强网络原创视听节目规划建设和管理的通知》，规定视频网站需主动对重点原创网络节目进行备案，在创作规划阶段通过“网络剧、微电影等网络视听节目信息备案系统”进行备案，即重点网络原创节目上线前需要进行“规划备案”和“上线备案”两次备案程序，建立了原创网络视听节目的备案制度。2017年，中国网络视听节目服务协会在北京召开常务理事会，审议通过并发布《网络视听节目内容审核通则》，确立了“先审后播”和“审核到位”原则，并对节目内容审核标准进行了详细的等级划分和内容规定，使网络视听节目有规可依。

2018年，发布了《国家广播电视总局办公厅关于网络视听节目信息备案系统升级的通知》（以下简称“通知”），决定自2019年2月15日起，对“网络剧、微电影等网络视听节目信息备案系统”进行升级，重点网络影视剧备案由制作机构登录备案系统提交。按照通知要求，重点网络影视剧包含投资总额超过500万元的网络剧、超过100万元的网络电影。重点网络影视剧在制作前，需由制作机构登录备案系统提交节目名称、题材类型、内容概要、制作预算等规划信息。规划信息提交后，需经由国家和省级广电行政部门审核后获得规划备案号并将备案号公示，才可以进行制作。制作完成后，制作机构需在备案系统中登记节目相关信息并报送成片，经过广电行政部门审批并取得上线备案号后，才可以进行播放、推广及招商等活动。

对比之前的制度要求，新规主要就重点网络影视剧进行了规范，主要体现在以下三个方面：

第一，备案主体由之前的视频平台改为制作机构（片方）自行备案；

第二，相关网络视听内容在拍摄前需要取得规划备案号，在招商和首页推荐之前需取得上线备案号；

第三，规划备案号及上线备案号均需公示。

（二）网络实名制

1997年，公安部发布《计算机信息网络国际联网安全保护管理办法》，规定互联单位、接入单位及使用计算机信息网络国际联网的法人和其他组织应当“建立计算机信息网络电子公告系统的用户登记和信息管理制度”[①]，开始规定互联网企业要收集用户的互联网信息，但对于应收集哪些信息未作详细说明。2000年发布的《互联网信息服务管理办法》进一步规定收集的用户信息应当包括“上网用户的上网时间、用户账号、互联网地址或者域名、主叫电话号码等信息”[②]。但截至2000年，国家尚未严格要求互联网企业应当收集用户的身份信息并作实名认证，只要求线下机构，如网吧等上网服务经营场所应对“上网消费者的身份证等有效证件进行核对、登记，并记录有关上网信息”[③]。

2012年，发布了《全国人民代表大会常务委员会关于加强网络信息保护的决定》，指出网络服务提供者有权要求“用户提供真实身份信息”[④]，正式对互联网企业提出了实施“网络实名制”的要求。以《全国人民代表大会常务委员会关于加强网络信息保护的决定》的出台为分水岭，此后涉及互联网的多数监管规定均要求互联网企业须采取“网络实名制”的措施。例如，网络安全法规定“用户不提供真实身份信息的，网络运营者不得为其提供相关服务”[⑤]；《互联网用户账户名称管理规定》规定“互联网信息服务提供者应当按照‘后台实名、前台自愿’的原则，要求互联网信息服务使用者通过真实身份信息认证后注册账号”[⑥]；《互联网直播服务管理规定》规定“互联网直播服务提供者应当按照‘后台实名、前台自愿’的原则，对互联网直播用户进行基于移动电话号码等方式的真实身份信息认证，对互联网直播发布者进行基于身份证件、营业执照、组织机构代码证等的认证登记”[⑦]等。

2018年，全国“扫黄打非”办公室会同工业和信息化部、公安部、文化和旅游部、国家广播电视总局、国家互联网信息办公室联合下发《关于加强网络直播服务管理工作的通知》，首次明确了行业监管中网络直播服务提供

① 参见:《计算机信息网络国际联网安全保护管理办法》第十条。
② 参见:《互联网信息服务管理办法》第十四条。
③ 参见:《互联网上网服务营业场所管理条例》第二十三条。
④ 参见:《全国人民代表大会常务委员会关于加强网络信息保护的决定》第六条。
⑤ 参见:《中华人民共和国网络安全法》第二十四条。
⑥ 参见:《互联网用户账户名称管理规定》第五条。
⑦ 参见:《互联网直播服务管理规定》第十二条。

者、网络接入服务提供者、应用商店等的各自责任。其中，最受社会关注的当属“网络直播要落实用户实名制度”措施。直播平台实行用户实名制度的措施，将成为一种常规性的规则制定。

2019年，中国网络视听节目服务协会发布《网络短视频平台管理规范》，要求网络短视频平台对在本平台注册账户上传节目的主体，应当实行实名认证管理制度。对机构注册账户上传节目的（简称PGC），应当核实其组织机构代码证等信息；对个人注册账户上传节目的（简称UGC），应当核实身份证等个人身份信息。同时，网络短视频平台建立“违法违规上传账户名单库”，并实施信息共享机制，对被列入“违法违规上传账户名单库”中的人员，各网络短视频平台在规定时期内不得为其开通上传账户。

（三）采取有效措施

网络视听节目依托互联网技术，其传播速度极快，违法或侵权行为一旦发生，如若不及时制止，危害结果会显著扩大。囿于行政执法机关事后监管的滞后性、事前监管的难度，互联网视听节目服务单位及其相关网络运营单位应当加强自我监管，一经发现违法侵权行为，及时采取有效措施，如禁止转播、链接、聚合、集成非法内容，立即删除、保留记录、履行报告义务，采取删除、屏蔽、断开链接等必要措施等。

随着互联网技术的发展，一些网站自己办“电视台”，或者将电视台的节目未经授权转载到互联网平台上，从而出现了在版权保护和内容管理方面的问题。为解决这些问题，2007年，国家广播电影电视总局、中华人民共和国信息产业部发布《互联网视听节目服务管理规定》。其中第三条规定，国务院广播电影电视主管部门作为互联网视听节目服务的行业主管部门，国务院信息产业主管部门作为互联网行业主管部门。第四条规定，互联网视听节目服务单位及其相关网络运营单位须接受互联网视听节目服务行业主管部门和互联网行业主管部门的管理。第二十四条明确禁止违规播出时政类视听新闻节目，禁止转播、链接、聚合、集成非法的广播电视频道和视听节目网站内容，并设定了相应的处罚。第十八条明确规定了互联网视听节目服务单位比审查更进一步的责任，即对于违规内容，须立即删除、保留记录、履行报告义务，并且将责任穿透到互联网视听节目服务单位主要出资者和经营者，规定主要出资者和经营者也应对播出和上载的视听节目内容负责。

关于网络服务提供者的义务，《中华人民共和国民法典》第一千一百九十五条规定："网络用户利用网络服务实施侵权行为的，权利人有权通知网络服务提供者采取删除、屏蔽、断开链接等必要措施。通知应当包括构成侵权的初步证据及权利人的真实身份信息。网络服务提供者接到通知后，应当及时将该通知转送相关网络用户，并根据构成侵权的初步证据和服务类型采取必要措施；未及时采取必要措施的，对损害的扩大部分与该网络用户承担连带责任。权利人因错误通知造成网络用户或者网络服务提供者损害的，应当承担侵权责任。法律另有规定的，依照其规定。"这一条是对避风港原则①的法律规定，应当说其对互联网企业的迅速崛起起了非常大的作用，但面临如何防止避风港原则过度适用的问题。由此，红旗原则主要侧重于保护著作权人的利益，即如果侵犯著作权（主要是信息网络传播权）的事实是显而易见的，就像是红旗一样飘扬，网络服务提供者就不能装作看不见，或以不知道侵权的理由来推脱责任。在这样的情况下，如果网络服务提供者不移除侵权信息，即使著作权人没有发出过通知，也应该认定为网络服务提供者知道第三方是侵权的，应该承担相应的法律责任。该条款在著作权纠纷中的适用，已有行政法规《信息网络传播权保护条例》和2012年出台的《最高人民法院关于审理侵害信息网络传播权民事纠纷案件适用法律若干问题的规定》的具体

① 避风港原则，形象化地表达了网络服务提供者在履行"通知—取下"义务后，免于承担责任的特定情形。该原则首先规定在美国《千禧年数字版权法》（简称DMCA）中，被侵权人在获知侵权事实后，可以向提供信息存储空间和信息定位服务的网络服务提供者发出符合DMCA规定的侵权通知，网络服务提供者在接到侵权通知后，应当迅速移除或屏蔽对侵权信息的访问。我国2000年颁布的《最高人民法院关于审理涉及计算机网络著作权纠纷案件适用法律若干问题的解释》（现已失效）首次引入"通知与取下"程序。2006年，国务院出台的《信息网络传播权保护条例》对在著作权领域适用这一程序作出了详细规定。2009年，《中华人民共和国侵权责任法》第一次在民法中确立这一原则。2018年，《中华人民共和国电子商务法》则在电子商务平台经营者侵权责任领域中使用这一原则。

规定。

（四）保护个人信息

2019年，中央网信办、工信部、公安部、市场监管总局四部门联合发布《关于开展App违法违规收集使用个人信息专项治理的公告》。专项治理工作重点关注App运营者强制、过度收集个人信息，未经消费者同意、违反法律法规规定和双方约定收集、使用个人信息，发生或可能发生信息泄露、丢失而未采取补救措施，非法出售、非法向他人提供个人信息等用户关心的个人信息问题，并成立了App违法违规收集使用个人信息专项治理工作组。该工作组已经评估近600款用户量大、与民众生活密切相关的App，并向其中问题严重的200余款App运营者告知评估结果，建议其及时整改，整改问题达800余个。App专项治理工作组制定了《App违法违规收集使用个人信息自评估指南》，App运营者可参照指南对其收集使用个人信息的情况进行自查自纠，主动提升个人信息保护水平。同时，在监管方面，有关部门也采取措施从严整治。

为进一步贯彻落实网络安全法规定的个人信息收集、使用的“合法、正当、必要”基本原则，解决App“强制索权、过度索权、捆绑授权、超范围收集”的问题，解决App运营管理存在的，如告知目的不明确、注销账户难、滥用用户画像、无法关闭个性化推送信息等不合理现象。2020年最新版的《信息安全技术 个人信息安全规范GB/T 35273—2020》公布，2020版标准对2017版标准进行了针对性修订，是国家市场监督管理总局、国家标准化管理委员会发布的中华人民共和国国家标准公告，其中分别针对个人信息和个人敏感信息进行了举例说明。

【前沿探讨】

网络安全风险增强，用户数字合法权益保障成为监管机构关注的重点。如美国联邦通信委员会（FCC）对某智能电视生产商非法搜集用户数据的行为罚款220万美元，因为该机构违反了“智能电视生产商在收集和共享用户收视信息之前，应当获得用户授权”的规定。

欧盟实施严格的数据保护条例。2018年5月25日，《通用数据保护条例》（General Data Protection Regulation，GDPR）正式生效。该条例赋予了欧盟境内的数据所有者即消费者许可权、访问权、纠正权、限制处理权、反对权、可携带权、被遗忘权和告知权等。互联网运营主体进行数据处理的前提是用户同意，而用户有权随时撤回其同意。对侵犯个人合法数据的行为规定了严格的处罚，最高可征收高达2000万欧元或公司全球年营业额的4%。2019年7月8日，英国信息监管局发表声明说，英国航空公司因为违反该条例被罚1.8339亿英镑。

（五）未成年人保护

现行立法主要从法律、规章、规范性文件三个层面、自上而下对未成年人提供网络保护。在法律层面，《中华人民共和国未成年人保护法》《中华人民共和国网络安全法》《中华人民共和国预防未成年人犯罪法》规定了未成年人网络保护的基本原则和方向。其中，未成年人保护法与预防未成年人犯罪法规定，禁止向未成年人传播淫秽、暴力、赌博等危害身心健康的网络信息；网络安全法则规定，国家支持研发有利于未成年人健康成长的网络产品和服务，惩治利用网络危害未成年人身心健康的活动，为未成年人提供安全、健康的网络环境。在规章层面，《未成年人节目管理规定》《儿童个人信息网络保护规定》等对网络节目内容净化、未成年人信息保护等领域作出了细化规定。在规范性文件层面，工信部、公安部、教育部等部门针对网络游戏防沉迷规定了切实具体的措施。

2021年的未成年人保护法，新增第五章《网络保护》专章，在绿色网络环境建设、未成年人个人信息保护、防止网络欺凌、防上网游沉迷等方面均作出了原则性规定。①

对于网络空间未成年人的保护，相关监管策略主要表现在以下三个方面。

第一，对于网络信息内容的规制。为避免未成年人接触影响身心健康的

① 参见：《中华人民共和国未成年人保护法》第六十四条至第八十条。

不良信息，针对未成年人作为主要参与者或者以未成年人为主要接收对象的广播电视节目和网络视听节目，现行法律法规综合从确定节目内容红线、对不同类型节目提出特别要求、节目广告等方面提出了明确要求。

表 4–7　未成年人网络信息内容的规制

节目内容红线	不得含有渲染暴力血腥、赞许未成年人早恋、歪曲民族历史、过度强调财富地位等 16 类内容；
	不得制作、传播利用未成年人或者未成年人角色进行商业宣传的非广告类节目；
	排查手段： 录播或用户上传的节目：播前审查； 直播节目：采取直播延时、备用节目替换等必要技术手段。
特殊类型节目要求	竞赛类节目：不得设置过高物质奖励，不得诱导未成年人现场拉票或者询问未成年人失败退出的感受；
	情感故事类、矛盾调解类节目：不得就家庭矛盾纠纷采访未成年人，不得要求未成年人参与节目录制和现场调解。
节目广告	节目前后不得播出医疗、酒类、美容、不利于未成年人身心健康的网络游戏等 9 类广告；
	针对未满 14 周岁儿童的广告，不得含有劝诱其要求家长购买或可能引发其模仿不安全行为的内容；
	不得利用未满 10 周岁儿童作为广告代言人；
	网络视听节目播出中或暂停时，不得插播、展示广告，内容切换过程中广告时长不得超过 30 秒。

第二，关于未成年人网络个人信息保护。2019 年 10 月 1 日生效的《儿童个人信息网络保护规定》针对不满 14 周岁未成年人的个人信息保护作出了具体规定，要求网络运营者收集、存储、使用、转移、披露儿童个人信息时需明确征得监护人同意，及时响应儿童及监护人的信息更改或删除要求，并增加了委托第三方处理上述信息时的安全评估要求。

表 4–8　未成年人网络个人信息保护

征得同意	网络运营者收集、使用、转移、披露未满 14 周岁儿童个人信息，应当以显著、清晰的方式征得儿童监护人的同意；
	征得同意时应提供拒绝选项，并明确告知信息收集目的、方式与范围、拒绝后果、投诉渠道等 7 项事项； 上述告知事项发生实质性变化，应重新征得同意；
	征得同意的例外：在个人信息与国家安全、公共安全、犯罪侦查等事项直接相关等 11 项情形下，信息收集无须征得授权同意。
安全评估	网络运营者委托第三方处理未满 14 周岁儿童个人信息的，应对受委托方及委托行为等进行安全评估；
	受委托方应履行采取措施保障信息安全、不得转委托、委托关系解除时及时删除信息等 6 项义务。
信息更正与删除	儿童或其监护人发现网络运营者收集、存储、使用、披露的儿童个人信息有错误，有权要求予以更正；
	儿童或其监护人要求删除上述信息，网络运营者应及时删除，包括但不限于： 信息收集、使用等行为违反法律法规或双方约定； 信息收集、使用等行为超出目的范围或必要期限； 儿童监护人撤回同意； 儿童或其监护人以注销等方式终止使用产品或服务。
数据合规特别要求	设立专员负责儿童个人信息保护工作；
	实现信息保存时间最小化以及信息去标识化处理，并采取加密等技术措施存储儿童个人信息；
	完善儿童个人信息访问和审批制度，工作人员访问儿童个人信息需经过儿童个人信息保护负责人或者其授权的管理人员审批。

第三，对于网络游戏防沉迷系统的构建。早在2007年，网络游戏运营者即被要求开发防沉迷系统并制定实名认证操作方案；其后，多项通知的出台将其防沉迷义务细节化、具体化，主要体现在用户实名注册、“家长监护工程”、控制未成年人使用时间与付费等方面。

表 4–9　未成年人网络游戏防沉迷系统的构建

防沉迷系统开发	网络游戏需先行开发并实施防沉迷系统及实名认证方案，方可审批、备案公测；
	防沉迷系统应促进未成年人养成健康游戏习惯：随累计在线时间增长，游戏收益递减。
实名注册	所有网络游戏用户均须使用有效身份信息注册游戏账号；
	2019 年 12 月 25 日起，网络游戏运营者须要求已有用户全部完成实名注册，对未完成实名注册的用户停止提供游戏服务。
“家长监护工程”	家长提供监护人资质证明、游戏名称账号及限制措施等信息，网络游戏运营者应按要求对未成年人账号采取限制措施；
	网络游戏运营者应建立专门服务页面，公布专线咨询电话，开通专门受理渠道，介绍受理方式。
游戏使用活动干预	严控未成年人网游使用时段、时长： 时段：每日 22 时至次日 8 时不得提供网游服务； 时长：法定节假日每日累计不得超过 3 小时，其他时间每日累计不得超过 1.5 小时；
	规范未成年人付费服务： 未满 8 周岁：不得提供付费服务； 8 周岁以上未满 16 周岁：单次充值不得超过 50 元，每月累计不得超过 200 元； 16 周岁以上未满 18 周岁：单次充值不得超过 100 元，每月累计不得超过 400 元。
探索适龄提示制度	网络游戏运营者应从游戏内容的心理接受程度、付费消费程度等多维度综合衡量，探索作出适合不同年龄段用户的提示；
	有关行业组织应探索适龄提示具体标准规范。

第三节　监管方式

一、行政处罚

行政处罚是对违法行为的一种负面评价，作为行政监管的有力手段和重要监管方式，也广泛存在于网络视听节目的监管过程中。比如，网络安全法在《法律责任》一章，分别针对网络运营者和关键信息基础设施运营者不履行网络安全保护义务，未履行网络实名制义务，未开展网络安全认证、检测、风险评估或其他从事危害网络安全活动的行为，规定了相应的行政处罚措施，并依情节轻重分别处以警告、没收违法所得、责令改正、罚款、暂停相关业务、停业整顿、关闭网站、吊销相关业务许可证或吊销营业执照的行政处罚、限制从业的行政处罚。

行政处罚是行政机关对行政相对人作出的处罚措施，具有国家强制性。因此行政机关作为公权力机关必须依法行政，遵循比例原则，并给予行政相对人充分的救济权利。应当注意的是，在网络环境下，传统的行政主体——行政相对人二元对立模式因网络交易平台或网络信息内容服务平台的参与，呈现出三元对立的局面。因此，立法在强化网络平台监管义务、借助平台企业私人审查用户内容的同时，要尤其注重解决已经和将要存在的，突破比例原则约束、缺乏正当程序保护、合法性约束淡化、对监管部门难以问责等问题。[①]根据《网络信息内容生态治理规定》第三十四条，网络信息内容生产者制作、复制、发布含有违法信息[②]的，网络信息内容服务平台应当依法依约采取警示整改、限制功能、暂停更新、关闭账号等处置措施，及时消除违法信息内容，保存记录并向有关主管部门报告。该条文在一定程度上，赋予了网络信息内容服务平台类似于行政机关的处罚职能。若对该“公权力”缺乏合理约束，将有可能损害网络信息内容生产者的合法权益。

① 参见：赵鹏.私人审查的界限——论网络交易平台对用户内容的行政责任［J］.清华法学，2016，10（6）：115-132.

② “违法信息”参见《网络信息内容生态治理规定》第六条：“网络信息内容生产者不得制作、复制、发布含有下列内容的违法信息：（一）反对宪法所确定的基本原则的；（二）危害国家安全，泄露国家秘密，颠覆国家政权，破坏国家统一的；（三）损害国家荣誉和利益的；（四）歪曲、丑化、亵渎、否定英雄烈士事迹和精神，以侮辱、诽谤或者其他方式侵害英雄烈士的姓名、肖像、名誉、荣誉的；（五）宣扬恐怖主义、极端主义或者煽动实施恐怖活动、极端主义活动的；（六）煽动民族仇恨、民族歧视，破坏民族团结的；（七）破坏国家宗教政策，宣扬邪教和封建迷信的；（八）散布谣言，扰乱经济秩序和社会秩序的；（九）散布淫秽、色情、赌博、暴力、凶杀、恐怖或者教唆犯罪的；（十）侮辱或者诽谤他人，侵害他人名誉、隐私和其他合法权益的；（十一）法律、行政法规禁止的其他内容。”

【典型案例】

行政处罚作为行政机关重要的监管方式，实践中具有广泛的应用。例如，2018年初，文化和旅游部严查了恶搞《黄河大合唱》的短视频源头制作公司，对其在网络流传恶搞短视频而造成极其不良的社会后果处以高额罚款；2018年1月，某短视频平台用户洛某在平台上发布了一则暴恐视频，2月6日，网安大队依法对洛某进行行政拘留和治安处罚；2018年3月22日，拉萨市某派出所关注到行为人梁某在某短视频平台上，以个人账号发布抹黑、侮辱人民警察的视频，经调查核实后，公安机关对其处以行政拘留的处罚；2018年10月13日，青海网警与当地渔政管理部门一同对某短视频平台上的一则烹煮湟鱼视频进行实地调查，经核实情况后对视频制作人处以罚款的行政处罚。

二、行政指导

行政指导在网络视听监管中的应用能起到良好的引导作用，并充分尊重行业的自我监管，有利于形成政府主导和行业自治的良好治理局面。

根据《互联网视听节目服务管理规定》（2015年）第五条规定，互联网视听节目服务单位组成的全国性社会团体，负责制定行业自律规范，倡导文明上网、文明办网，营造文明健康的网络环境，传播健康有益的视听节目，抵制腐朽落后思想文化传播，并在国务院广播电影电视主管部门指导下开展活动。

2012年，国家广播电影电视总局、国家互联网信息办公室下发《关于进一步加强网络剧、微电影等网络视听节目管理的通知》强调：要强化网络剧、微电影等网络视听节目审核队伍建设，国家和省级广播影视行政部门负责指导中国网络视听节目服务协会和省级网络视听节目行业协会，对网络剧、微电影等网络视听节目审核员开展培训和考核。具体培训内容和考核标准由中国网络视听节目服务协会在国家广播影视行政部门指导下统一制定。网络视听节目行业协会要在广播影视行政部门指导下，积极开展行业自律活动，引导会员单位传播健康有益的视听节目，营造文明健康的网络环境。要做好网络剧、微电影等网络视听节目审核员培训和考核工作，抓紧健全完善相关工作机制。2014年，印发的《国家新闻出版广电总局关于进一步完善网络剧、微电影等网络视听节目管理的补充通知》强调：各地新闻出版广电行政部门要指导辖区内互联网视听节目服务单位全面履行开办主体职责，认真落实好先审后播的管理制度，严把播出关，制作播出适合网络传播、体现时代精神、弘扬真善美、人民群众喜闻乐见的网络剧、微电影等网络视听节目。

【典型案例】

2019年3月，国家网信办指导组织短视频平台试点上线青少年防沉迷系统。这是网络短视频领域首次尝试开展青少年防沉迷工作，目的在于呵护未成年人健康成长。据了解，此次上线试运行的“青少年防沉迷系统”内置于短视频应用中，用户每日首次启动应用时，系统将进行弹窗提示，引导家长及青少年选择“青少年模式”，用户开通、关闭“青少年模式”均需输入提前设置的4位数字密码。系统还将试点通过地理位置判定、用户行为分析等技术手段筛选甄别农村地区留守儿童用户，并自动切换到“青少年模式”。①

新兴的互联网媒介形式的短视频平台，面对当下平台中存在的问题，要肩负起自纠自查的责任，在强化企业内部管理的同时，与政府部门一同采取措施，强化技术监控，减少短视频对青少年身心健康产生的危害。

三、行政约谈

行政约谈是网络安全法第五十六条②规定的一项网络安全监管制度，现已

① 青少年沉迷网络短视频危害大 平台试点上线防沉迷系统［EB/OL］.（2019-04-28）［2020-09-02］. http://www.cac.gov.cn/2019-04/28/c_1124424712.htm.

② 《中华人民共和国网络安全法》第五十六条：“省级以上人民政府有关部门在履行网络安全监督管理职责中，发现网络存在较大安全风险或者发生安全事件的，可以按照规定的权限和程序对该网络的运营者的法定代表人或者主要负责人进行约谈。网络运营者应当按照要求采取措施，进行整改，消除隐患。”

成为行政机关广泛适用的监管手段。行政约谈具有警示告诫、督促履行义务、落实网络安全风险预警与应急措施和教育指导等功能，在实践中得以应用并取得了良好的成效。

为推动约谈工作进一步程序化、规范化，更好地促进互联网新闻信息服务单位依法办网、文明办网，2015年4月，国家网信办发布《互联网新闻信息服务单位约谈工作规定》（又称“约谈十条”，以下简称“规定”）。其中，第二条第二款首先对“约谈”进行了定义：“本规定所称约谈，是指国家互联网信息办公室、地方互联网信息办公室在互联网新闻信息服务单位发生严重违法违规情形时，约见其相关负责人，进行警示谈话、指出问题、责令整改纠正的行政行为。”规定明确了实施约谈的9种具体情形：一是未及时处理公民、法人和其他组织关于互联网新闻信息服务的投诉、举报情节严重的；二是通过采编、发布、转载、删除新闻信息等谋取不正当利益的；三是违反互联网用户账号名称注册、使用、管理相关规定情节严重的；四是未及时处置违法信息情节严重的；五是未及时落实监管措施情节严重的；六是内容管理和网络安全制度不健全、不落实的；七是网站日常考核中问题突出的；八是年检中问题突出的；九是其他违反相关法律法规规定需要约谈的情形。

【典型案例】

2016年1月15日，国家互联网信息办公室针对某贴吧存在违法违规信息及商业化运作管理混乱、部分搜索结果有失客观公正、新闻炒作渲染暴力恐怖等有害信息的突出问题，约谈了该公司负责人。负责人表示将认真反省公司管理失责问题，并将就“血友病吧”一事再次向网民作出说明，全面整改。[①]

2018年4月初，在“未成年妈妈”话题愈演愈烈时，央视多次对其进行报道，点名相关平台方，引发了社会热议。国家广播电视总局为此约谈了部分短视频平台网站主要负责人，要求立即下线网站上的低俗、暴力、血腥、色情、有害问题节目。9月14日，国家版权局、国家网信办、工信部、公安

① 国家网信办发布“约谈十条”：网站违规，负责人可能被约谈［EB/OL］.（2015-04-29）［2021-04-06］. http://media.people.com.cn/n/2015/0429/c40606-26921966.html.

部联合启动的“剑网2018”专项行动①，针对重点短视频平台企业存在的突出版权问题，约谈了15家短视频企业。责令在本次行动中出现明显问题的企业，要加强自身内部监管，提高创作者的作品版权保护意识，履行企业的主体责任。同时，依法关停3款不合规的网络短视频应用，并在应用商店下架。

四、信用监管

信用监管作为一种新型的社会治理方式，有利于助推信用体系的建设和政府职能方式的优化，被称为“文化市场监管中的‘软法’治理工具”②。

《网络信息内容生态治理规定》第三十九条规定：“网信部门根据法律、行政法规和国家有关规定，会同有关主管部门建立健全网络信息内容服务严重失信联合惩戒机制，对严重违反本规定的网络信息内容服务平台、网络信息内容生产者和网络信息内容使用者依法依规实施限制从事网络信息服务、网上行为限制、行业禁入等惩戒措施。”同时，《未成年人节目管理规定》第三十一条规定：“广播电视主管部门应当会同有关部门建立健全违规失信联合惩戒机制，对严重违反本规定的广播电视节目制作经营机构、广播电视播出机构、网络视听节目服务机构及其主要责任人开展联合惩戒。”可见，失信联合惩戒制度的建立已成为网信部门和广播电视主管部门实施信用监管的一种有力举措。

另外，行政黑名单制度也属于信用监管的一种。2016年，发布《文化部关于加强网络表演管理工作的通知》，督促网络表演经营单位和表演者落实责任，违法违规网络表演经营单位和表演者将列入黑名单或警示名单。根据《互联网文化管理暂行规定》（2017年）第二十一条规定，对于未经批准，擅自从事经营性互联网文化活动，有关机关责令停止经营活动而拒不停止的，依法列入文化市场黑名单，予以信用惩戒。2018年8月，全国“扫黄打非”办公室会同工业和信息化部、公安部、文化和旅游部、国家广播电视总局、

① 国家版权局等四部委启动“剑网2018”专项行动［EB/OL］.（2018-07-16）［2020-09-02］. http://www.ncac.gov.cn/chinacopyright/contents/12536/353630.shtml.

② 卢超. 文化市场监管中的“软法”治理工具［J］. 人民法治，2017（12）：91.

国家互联网信息办公室联合下发《关于加强网络直播服务管理工作的通知》，规定有关部门将建立违法网络直播服务提供者黑名单，网络接入服务提供者应核验网络直播服务提供者的ICP、IP地址和域名信息，不得为信息不一致、黑名单中的网络直播服务网站、App提供网络接入服务。应用商店不得为黑名单中的网络直播服务App提供分发服务。各网络直播服务提供者应按照要求落实用户实名制度，加强网络主播管理，建立主播黑名单制度，健全完善直播内容监看、审查制度和违法有害内容处置措施。

实践中，行政黑名单制度的建立需要遵守比例原则，符合最小侵害，并注重对行政相对人的权利救济和保障。比如，要禁止不当联结、失信者享有异议权、设计合理及时的退出机制等。[①]

【典型案例】

中国演出行业协会是由中国文化和旅游部主管的国家一级社会团体，是演出单位和演出从业人员自愿结成的全国性、行业性、非营利性社会组织。2020年4月7日，为净化网络环境，维护行业生态有序、良性、健康发展的秩序，根据《互联网文化管理暂行规定》《网络表演经营活动管理办法》《互联网直播服务管理规定》等相关法规，按照《网络表演（直播）行业主播“黑名单”管理制度（试行）》规定，中国演出行业协会网络表演（直播）分会会员企业主动上报，经分会内容评议委员会审核、会长联席会审议确认，54名主播涉嫌从事违法违规活动，列入“主播黑名单”，并向社会公布第五批主播黑名单。被列入黑名单的主播将在行业内禁止注册和直播，封禁期限为5年，并规定被列入“主播黑名单”的主播有异议的，可以在20个工作日内向分秘书处进行申诉。

五、行政奖励

行政奖励通过评估激励措施推进网络视听节目的良性发展。《未成年人节

① 范伟.行政黑名单制度的法律属性及其控制：基于行政过程论视角的分析［J］.政治与法律，2018(9)：95-106.

目管理规定》第七条规定："广播电视主管部门对在培育和弘扬社会主义核心价值观、强化正面教育、贴近现实生活、创新内容形式、产生良好社会效果等方面表现突出的未成年人节目，以及在未成年人节目制作、传播活动中做出突出贡献的组织、个人，按照有关规定予以表彰、奖励。"

2021年，国家广播电视总局发布的《广播电视和网络视听标准化管理办法》专设第六章《奖励与惩罚》，根据第三十三条规定："对技术水平高、取得显著效益的标准，由国家广播电视总局按照《中国标准创新贡献奖管理办法》推荐申报'中国标准创新贡献奖'。"

【典型案例】

2019年11月13日，国家广播电视总局发布公告建立优秀网络视听节目创作研评机制。根据公告，广电总局将每月对立意好、质量高、反响佳的节目予以通报表扬，并全面了解各机构未来几年的正向内容创作规划和优质IP储备。具体做法有以下几种。

第一，密切关注网络视听节目播出情况，在每月的网络视听节目播出安排协调会上对立意好、质量高、反响佳的节目予以通报表扬，引领网络视听行业风向。

第二，举办优秀网络视听节目研讨会，通过优秀案例研评，总结推广优秀网络视听节目创作传播的经验方法，引领网络视听节目高质量发展。

第三，组织重点网络视听机构和创作机构开展精品网络视听节目创作座谈会，全面了解各机构未来几年的正向内容创作规划和优质IP储备，要求创作要抓住重大节点、重大主题、重大题材，关注现实、关注人民、关注生活，融入公益、融入文化、融入价值观。

此次建立优秀网络视听节目创作研评机制的举措不同于法律责任层面的负面评价体系，通过通报表扬、举办优秀网络视听节目研讨会，以及开展精品网络视听节目创作座谈会这种正面评价的形式，发挥了优秀网络视听节目良好的示范效应，更能够起到引领作用。这一研评机制作为创新性举措不仅丰富了政府部门管理形式，而且弥补了单纯法律作为硬法调整手段的不足，对于探索发挥优秀网络视听节目引领示范作用具有积极意义。

2021年3月，发布《国家广播电视总局办公厅关于公布2020年第四季度广播电视创新创优节目的通知》①：经广电总局组织评选，确定中央广播电视总台《歌声里的中国》、济南广播电视台《你好，民法典》等5个广播节目，中央广播电视总台《故事里的中国（第二季）》、北京广播电视台《我的桃花源》等11个电视节目为“2020年第四季度广播电视创新创优节目”，每个节目给予5万元奖励；确定集体创作的节目《思想的田野（第三季）》为“2020年第四季度广播电视创新创优特别节目”，予以表扬。

六、行政资助

为了营造和引领健康价值观，推动优秀网络视听作品的传播，广电总局每年设立并开展的网络视听节目内容建设扶持项目均取得良好的社会效益。

2014年，国家新闻出版广电总局制定了《网络视听节目内容建设专项经费使用管理暂行办法》与《网络视听节目内容建设扶持项目评审章程》，用以规范指导相应的网络视听节目扶持措施。2017年，国家新闻出版广电总局设立了“网络视听节目内容建设专项资金”，该项目资助了包括《法医秦明》《中华成语故事》等在内的100余部优秀网络视听节目作品。根据《国家广播电视总局办公厅关于开展2020年“网络视听节目精品创作传播工程”扶持项目评审的通知》和《国家广播电视总局办公厅关于开展2020年“弘扬社会主义核心价值观 共筑中国梦”主题原创网络视听节目征集推选和展播活动的通知》，2020年广电总局继续重点组织开展“网络视听节目精品创作传播工程”。处于创作阶段的原创网络剧、网络电影、网络纪录片、网络动画片、网络综艺节目等作品入选后，广电总局将与节目制作机构签订《扶持项目协议书》，发放一期补助资金，全流程跟踪推进作品创作，给予专项指导。作品制作完成并通过省局初核、广电总局专家成片评议后，可列入《网络视听节目

① 国家广播电视总局办公厅关于公布2020年第四季度广播电视创新创优节目的通知［EB/OL］.（2021-03-23）［2021-04-06］. http://www.nrta.gov.cn/art/2021/3/23/art_113_55488.html.

精品创作目录》，对列入目录的作品，广电总局将发放二期补助资金，并给予宣推和播出支持。

参考文献

［1］徐斌.视听网站监管的逻辑变迁［J］.法律和社会科学，2016（1）.

［2］卜彦芳，董紫薇.框架、效果与优化路径：网络视听节目管理政策解读［J］.中国广播电视学刊，2018（7）.

［3］殷乐.网络视听业的发展态势及监管思路［J］.中国广播电视学刊，2018（7）.

思考题

1.沙龙研讨：分若干小组，分别就监管部门、主播、品牌商家、电商平台、MCN机构等各方的监管职责与法律义务等进行梳理，以学术沙龙的形式，就如何推进网络直播行业的长远健康发展献言献策。

2.如果想成为一名“依法上岗”的网络主播，需要具备哪些资质，遵守哪些法律规范？

第五章 文物和艺术品监管

本章概要

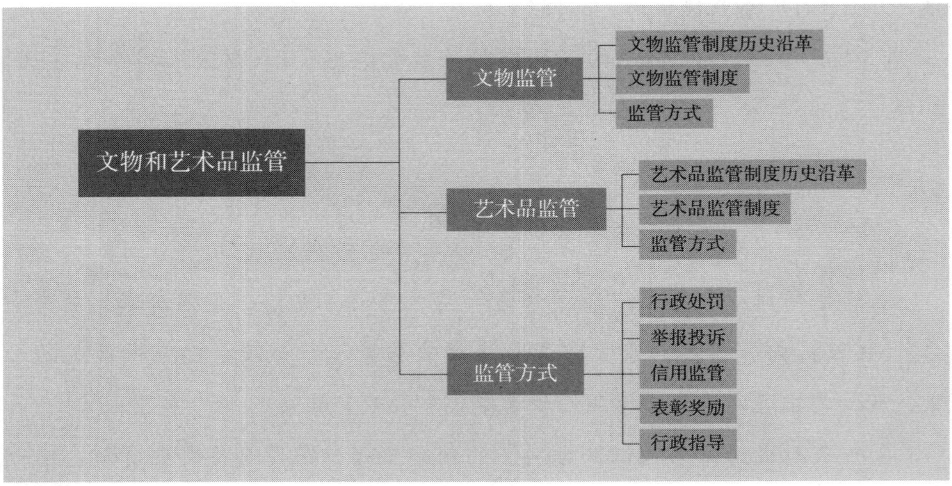

文物和艺术品有着极高的历史价值、艺术价值和收藏价值。伴随着国家的兴盛和民众文化素养的提升，人们更重视文物和艺术品的收藏，因此有“盛世收藏”一说。但是，随着文物和艺术品价值的提升，也出现了很多倒卖和破坏文物、艺术品的非法行为。文物和艺术品作为市场中特殊的流通受限商品，其监管制度是如何发展的？其监管制度和监管方式相较一般商品有何不同？本章将为您解惑。

第一节　文物监管

一、文物监管制度历史沿革

文物监管制度的历史沿革大致可以分为改革开放前和改革开放后两个阶段，文物经营经历了由国家统一管理、统一经营到逐步开放流通的改变。

（一）改革开放前阶段

1949年，中华人民共和国成立后，文物保护形势较为严峻，文物盗掘、走私、倒卖的现象较为严重。特别是由于文物保护宣传和保护措施的缺失，民众的文物保护意识不足，常常发生破坏古建筑的行为。为了应对这一严峻的文物保护形势，国家在文物管理机构设置和制度建设方面多措并举。

在文物管理机构设置方面，1949年文化部设立了国家文物局（以下简称"文物局"），负责全国文物事业。地方文化部门负责管理具有重大革命历史、艺术价值的革命史迹及文化遗址，地方政府负责管理一般的革命史迹、文化遗址及山林风景，民政部门负责管理革命烈士陵园，地方公安部门负责文物保护，文物出口由指定海关管理，设立专门的地方文物管理委员会对地方古建筑、古文化遗址、革命遗迹进行调查与保护等。[①]

在制度建设方面，1950—1951年，政务院及相关部委先后颁布了几个重要的行政法规和规范性文件。1950年，中央人民政府政务院令，颁发《禁止珍贵文物图书出口暂行办法》，这是中华人民共和国成立后颁发的第一个文物法令。随后，《古文化遗址及古墓葬之调查发掘暂行办法》（1950年5月24日）、《中央人民政府关于征集革命文物的命令》（1950年6月16日）、《中央人民政府政务院关于保护古文物建筑的指示》（1950年7月6日）、《地方文物

① 国家文物局.中国文化遗产事业法规文件汇编（1949—2009）：上册［M］.北京：文物出版社，2009：9.

管理委员会暂行组织通则》（1951年5月7日）、《对地方博物馆的方针、任务、性质及发展方向的意见》（1951年10月7日）等相继颁布，这些法规文件的颁布涵盖了文物保护管理的几个重要方面，即保护古建筑等不可移动文物，利用博物馆保护可移动文物，规范考古发掘行为，打击盗掘行为，实行文物出口许可证制度等，极大地规范了文物保护管理行为。为了进一步强化文物保护管理的制度建设，国务院、文化部等部门陆续颁布相关法规，初步构筑起文物保护管理法规体系。

1961年，国务院颁发《文物保护管理暂行条例》（下称“暂行条例”）。它是中华人民共和国成立以来文物法规建设的总结和发展，是国务院颁发的第一部文物保护综合行政法规，在中华人民共和国文物法规建设史上是一个里程碑。

1963年，文化部根据暂行条例制定颁发了《文物保护单位保护管理暂行办法》，加强文物保护单位保护管理。

1963年，文化部根据暂行条例制定颁发了《革命纪念建筑、历史纪念建筑、古建筑、石窟寺修缮暂行管理办法》。

根据当时的制度规定，不但文化部门下属的文物商店可以从事文物经营，而且商业部、外贸部下属的有些机构也可以从事文物经营。因此，当时的文物市场并不是完全的统一经营、统一管理的，而是存在着多头经营、价格不一的市场管理乱象。为了解决这个问题，1951年文化部、中华全国供销合作总社就曾联合发出加强保护文物工作的通知，排除了供销合作社经营文物的职能。1960年，文化部门强化了文物商业机构的政府属性，将各地文物商业的纯商业性质变更为实行企业经营管理的文化事业单位，并将这些商业机构划归各地文化部门领导，明确其主要的职能是收集流散文物、为博物馆等文物收藏研究机构提供藏品来源、供应国内和国外文物市场。但是，1960年后的文物商业仍然没有完全实现文化部门统一管理，至1974年，国务院不得不再次发文，解决文物市场多头经营的问题。

（二）改革开放后阶段

改革开放后，由于文物经营的高额利润，市场上有很多单位在进行文物销售，一些机关、国有企业、集体企业，甚至农村公社都参与了文物的销售，在一定程度上刺激了文物走私及文物盗掘。原有的制度建设已经不能够满足改革开放后的文物保护管理的需要，1982年第五届全国人民代表大会常务委员会第二十五次会议通过了《中华人民共和国文物保护法》(以下简称“文物保护法”)，并公布实施。文物保护法的制定、公布，是文物保护法律制度建设的重要里程碑。它是我国文化领域第一部法律。它以暂行条例为基础，根据我国经济、社会发展和文物保护中出现的新情况、新问题，按照文物特点和文物工作规律研究制定。随后，贯彻文物保护法有关规定的《博物馆藏品管理办法》和《文物藏品定级标准》相继制定实施，加强对文物藏品的分级、规范和科学管理。1992年，国家文物局又发布实施《中华人民共和国文物保护法实施细则》，它对文物保护法进行细化规定，对于贯彻执行文物保护法，加强文物保护管理具有重要价值和作用。

1982年的文物保护法规定，私人收藏的文物可以由文化行政管理部门指定的单位收购，其他任何单位或者个人不得经营文物收购业务。因此，当时民间文物交易是非法的。但是，在高额利益的驱使下，民间文物私自交易日益频繁，文物盗掘和走私日益猖獗，文物商店的货源大为萎缩，1982至1986年文物商店的年度文物收购额甚至下降了80%[①]，国家统一经营、统一管理的体制难以继续。在这种形势下，文物市场的管理体制开始变化。2002年，文物保护法进行修订，修订后的文物保护法规定了文物商店和文物拍卖机构之外，其他单位或个人不得从事文物商业经营活动，但对民间收藏文物的流通作了例外规定，允许个人合法所有的文物可以通过相互交换或依法转让等方式流通。后续修订的文物保护法，均延续这一规定。

二、文物监管制度

根据文物保护法及相关法规，我国的文物主要分为不可移动文物、馆藏文物、民间收藏文物，这些文物的具体监督管理规定均不相同。另外，鉴于

① 马健.中国文物管理制度的变迁：1950年—2002年［J］.理论界，2010(2)：222-223.

考古发掘行为和文物进出境的特殊管理规定，需分类进行阐述。

（一）不可移动文物

不可移动文物是指古文化遗址、古墓葬、古建筑、石窟寺、石刻、壁画、近代现代重要史迹和代表性建筑等。[①]长城、故宫、天安门等都属于不可移动文物。何种文物可以被认定为不可移动文物？不可移动文物如何进行保护管理？不可移动文物是否可以流通呢？

1.行政许可制度

不可移动文物的认定途径主要有三种。

第一，各级文物主管部门根据文物所具有的历史、艺术和科学价值，将文物保护单位分别确定为全国重点文物保护单位、省级文物保护单位、市级和县级文物保护单位。

文物保护单位制度是中国特色的文物保护管理基本制度，是不可移动文物保护管理的重要基石。这一制度出现的历史背景是1956年全国各地开展大规模的社会主义建设活动，在建设过程中发现了很多古文化遗址和古墓葬。但是由于文物保护意识和保护措施的不足，文物毁坏事件频发，1953年前有案可稽的不可移动文物毁坏事件即有8起。[②]为应对这一严峻的形势，1953年发布了《中央人民政府政务院关于在基本建设工程中保护历史及革命文物的指示》，要求各地对具有重大历史意义的地面古迹及革命建筑物予以保护。1956年，发布了《国务院关于在农业生产建设中保护文物的通知》，首次提出了“文物保护单位”的概念，要求各省、自治区、直辖市文化局就已知的重要古文化遗址、古墓葬地区和革命遗迹、纪念建筑物、古建筑、碑碣等提出保护单位名单，上报文化部汇总审核。由此，各地开展了全国范围的历史和革命文物遗迹的普查工作，这是全国范围的第一次文物普查，确认了7000多处文物保护单位。[③]中华人民共和国成立以来，国务院共组织开展了3次全

① 参见：《中华人民共和国文物保护法》第三条。

② 王运良.中国“文物保护单位”制度研究［D］.上海：复旦大学，2009：177.

③ 张伟明.近代以来中国文物保护制度的实践及效果分析［J］.中国国家博物馆馆刊，2011（6）：138-149.

国文物普查，最近的一次是2007—2012年开展的，全国共登记不可移动文物766722处（不包括港澳台地区）。①

第二，如果是未被核定公布为文物保护单位的不可移动文物，则由县级人民政府文物主管部门予以登记并公布。

第三，对于保存文物特别丰富并且具有重大历史价值或者革命纪念意义的城市、城镇、街道、村庄，由有关部门核定为历史文化名城和历史文化街区、村镇进行保护。

这三种不可移动文物的认定中，文物保护单位应用的最为广泛，其申请和撤销的规定如下。

（1）文物保护单位的申请

我国文物保护单位实行分级认定。国务院文物主管部门可以遴选具有重大历史、艺术、科学价值的确定为全国重点文物保护单位，或者直接确定为全国重点文物保护单位，报国务院核定公布。省级文物保护单位，由省、自治区、直辖市人民政府核定公布，并报国务院备案。市级和县级文物保护单位，分别由设区的市、自治州和县级人民政府核定公布，并报省、自治区、直辖市人民政府备案。②

申请认定文物保护单位主要需要提供以下材料。③

①申请书：内容包括文物保护单位的名称、类别、地点、时代等。

②推荐文件：详细文字说明（地理位置、历史沿革、内容、价值评定、保护维修或考古发掘情况、保存现状、相关文献等）；当地规划部门拟定的保护范围、建设控制地带的有关文件；有关保护机构组成情况的文件等。

③图纸：地理位置图；实测总平面图（带坐标的四至图，以红线标出保护范围、以蓝线标出建设控制地带，盖当地规划部门章）；主体建筑物的平面图、立面图、纵向剖面图、横向剖面图等。

---

① 第三次全国文物普查圆满完成［EB/OL］.（2012-07-24）［2020-02-01］. http://www.ncha.gov.cn/art/2012/7/24/art_722_107377.html.

② 参见：《中华人民共和国文物保护法》第十三条。

③ 参见：《市级文物保护单位核定》，http://www.yanan.gov.cn/gk/qybs/azdbl/zgjt/305076.htm。

④照片：全景照片；文物主体建筑正面、背面、侧面、重要特征部位和构件照片；重要藏品和附属文物照片；碑刻类文物要有实物拓片。

（2）文物保护单位的撤销

当不可移动文物发生了灭失或者损毁的情形，经过价值评估后，确需被降级或撤销的，可以进行降级或撤销，但是需要进行严格的审批。如《福建省文物保护管理条例》规定，省级文物保护单位未经省人民政府批准，不得撤销；市、县级文物保护单位未经原核定公布的人民政府和省人民政府文物主管部门批准，不得撤销；《北京市文物保护管理条例》规定，区、县级文物保护单位的撤销，必须征得市文物局的同意，经原核定公布的人民政府批准。

2.行为规范

我国的不可移动文物分为国有不可移动文物和非国有不可移动文物，因这二者的权属不同，其流通规范也不同。

（1）国有不可移动文物

国有不可移动文物不允许进行转让和抵押。国有不可移动文物的所有权归于国家，所有权包含占有权、使用权、收益权和处分权，国有不可移动文物可以由某一个单位占有、使用，但是收益权和处分权只能由国家行使。转让是行使处分权的一种表现形式，国有不可移动文物一经转让就不再是国有文物，为防止国有文物流失，我国法律规定禁止国有不可移动文物进行转让。另外，抵押是债务人或者第三人不转移对抵押财产的占有而将该财产作为债权的担保。国有不可移动文物是国有财产，任何单位和个人都无权以债务人身份将其作为债权的担保，因此国有不可移动文物不允许进行抵押。

国有文物保护单位经常会被建立为博物馆、保管所或者作为游览参观场所，但也不能作为企业资产经营。之所以不允许将国有不可移动文物作为企业资产经营，是因为文物的公益性和企业的逐利性是相悖的。如果把国有不可移动文物作为企业资产经营，将会造成为实现经济效益而忽视对文物的保护，长此以往，将会改变国有不可移动文物的公共性和公益性。

【典型案例】

游客若想游览故宫、长城等文物保护单位，需先购买门票，那发售门票是经营行为吗？

事实上，门票权是文物保护单位管理机构管理权的一部分，是国家法律赋予的。文物保护法第十条规定："国有博物馆、纪念馆、文物保护单位等的事业性收入，专门用于文物保护，任何单位或者个人不得侵占、挪用。"这其中就包括了门票收入。因此，门票权是不允许擅自转让的，如果转让作为企业资产经营，那么门票收入就为企业所有，便无法用于文物保护，这是现行法律所不允许的。

（2）非国有不可移动文物

非国有不可移动文物可以流通。非国有不可移动文物的所有权归私人所有，所有权人可以在法律允许的范围内独立自主地行使占有权、使用权、收益权和处分权。但是由于文物是历史文化的载体，特殊的、不可再生的文化遗产，它所承担的主要是文化教育功能。因此，非国有不可移动文物的所有人在行使其所有权时，要受到一定的限制。非国有不可移动文物不得转让、抵押给外国人，这是为了保护不可再生文化遗产，避免其流失。

非国有不可移动文物依法进行转让、抵押或者改变用途的，需进行备案。这一方面，充分保障了所有权人权利的充分实现，另一方面，也便于文物主管部门指导、监督、管理职责的实现。在报文物主管部门备案时，需要准备以下材料。[①]

①申请书。内容包括所申请要求转让、抵押或改变用途的非国有不可移动文物名称、位置、基本情况介绍；原有的所有权、使用权的归属或原有用途；改变后的所有权、使用权的归属或改变后的用途；转让、抵押或改变用途的理由。

---

① 参见：《对非国有不可移动文物转让、抵押或者改变用途的备案》，http://www.yanan.gov.cn/gk/bmbs/jndglj/303556.htm。

②涉及转让、抵押的应提供房产证明、合同书或协议草案。

【典型案例】

单位或个人在买卖房屋时，如果该房屋是非国有不可移动文物，那么该房屋只能卖给中国公民，并且要到相应的文物主管部门进行备案。

（3）法律责任

如果转让或者抵押国有不可移动文物，将国有不可移动文物作为企业资产经营的，或者将非国有不可移动文物转让或者抵押给外国人的，将会受到行政处罚，构成犯罪的，需承担刑事责任。

（二）馆藏文物

馆藏文物是指博物馆、图书馆和其他文物收藏单位收藏的具有文化价值的物品、物件等。如故宫博物院收藏的春秋立鹤方壶、战国秦石鼓，上海博物馆收藏的大克鼎，浙江省博物馆收藏的《富春山居图》等。作为馆藏文物主要收藏地、保护地、展示地的博物馆是如何设立的？文物收藏单位负有哪些文物保护义务？

1.行政许可

博物馆分为国有博物馆和非国有博物馆。无论是国有博物馆，还是非国有博物馆都是经登记管理机关依法登记的非营利组织。

（1）博物馆的设立条件

设立博物馆，应当具备下列条件：

（一）固定的馆址以及符合国家规定的展室、藏品保管场所；

（二）相应数量的藏品以及必要的研究资料，并能够形成陈列展览体系；

（三）与其规模和功能相适应的专业技术人员；

（四）必要的办馆资金和稳定的运行经费来源；

（五）确保观众人身安全的设施、制度及应急预案。[①]

---

① 参见：《博物馆条例》第十条。

《博物馆条例》规定的设立条件是有原则性的，各省的规定较为明确。例如，在广东省，设立非国有博物馆需要满足下列条件：

（一）具有固定馆舍，面积原则上不宜低于400平方米；

（二）具有相应数量的藏品，总数不少于300件（套）；

（三）具有与办馆规模和功能相适应的专业技术和管理人员，总从业人员不少于6人；

（四）具有必要的办馆资金和稳定的经费来源，办馆注册资金不低于50万元人民币；

（五）具有或承诺有定期对公众开放的陈列展览，符合开放条件的，还要有确保观众人身安全的消防和安防设施及应急预案。①

（2）博物馆的设立程序及申请材料

申请人具备上述设立条件后，应当向馆址所在地市（县）级文物主管部门提交申请材料，市（县）级文物主管部门初审后，向省级文物主管部门提交申请材料。省级文物主管部门会在自收到博物馆设立申请材料之日起30个工作日内出具审核意见。经审核同意的，报国务院文物主管部门备案，申请人依法取得博物馆法人资格。②

申请设立博物馆，应当由馆址所在地市（县）级文物行政部门初审后，向省级文物行政部门提交下列材料：

（一）博物馆设立申请书；

（二）馆舍所有权或使用权证明；

（三）资金来源证明或验资报告；

（四）藏品目录及合法来源说明；

（五）陈列展览大纲；

（六）拟任法定代表人的基本情况及身份证明；

（七）专业技术和管理人员的证明材料。

申请设立非国有博物馆的，应同时提交博物馆章程草案。章程草案应当

① 丁宁.广东省非国有博物馆运行评估及分析［J］.艺术品鉴，2018（14）：74-76+193.

② 参见：《博物馆管理办法》第十条、第十一条、第十二条。

包括下列主要事项：

（一）办馆宗旨及藏品收藏标准；

（二）博物馆理事会、董事会或其他形式决策机构的产生办法、人员构成、任期、议事规则等；

（三）出资人不要求取得经济回报的约定；

（四）博物馆终止时的藏品处置方式；

（五）章程修改程序。①

2.行为规范

为了保护馆藏文物的安全，博物馆等文物收藏单位主要有以下几方面的义务。②

（1）文物收藏单位应当根据馆藏文物的保护需要，建立健全管理制度

不同种类和性质的文物，其保护需要也不相同，有的文物需要防火、防潮，有的文物要避免移动，有的文物要避光，还有的文物要防腐、防虫等。因此，只有文物收藏单位根据不同文物的保护需要，建立相应的规章制度，才能最大限度地防止危害文物安全行为的发生。这不仅是文物保护工作科学化、制度化的体现，也是文物收藏单位的法定义务。

（2）文物收藏单位应当将各项文物保护管理制度报相应的文物主管部门备案

及时备案可以使文物主管部门了解文物收藏单位的文物保护管理制度是否齐备，是否符合文物保护的要求。对不符合要求的管理制度，文物主管部门可以及时指出，并督促其改正，以免给馆藏文物造成难以挽回的损失。

（3）严格文物调取制度

没有得到文物主管部门的批准，任何单位和个人不得调取馆藏文物。馆藏文物是有着特殊的教育、研究、宣传意义的文物。为保证馆藏文物功能的实现，保证国家赋予文物收藏单位的优惠待遇不被其他的单位或者个人不正当地利用，必须限制馆藏文物离开文物收藏单位。如果确需从文物收藏单位

① 参见：《博物馆管理办法》第十一条。

② 参见：《中华人民共和国文物保护法》第三十六条、第三十八条、第四十四条。

调用馆藏文物，必须经过批准。

（4）禁止将国有馆藏文物赠送、出租或者出售给其他单位、个人

国有馆藏文物属国家所有，国家将其委托给国有文物收藏单位保管，因此国有文物收藏单位对馆藏文物只有占有权、使用权和一定程度的收益权，没有处分权。出售和赠送是转移文物所有权的行为，如果是出售和赠送给非国有单位，将会导致国有财产的流失，所以必须予以禁止。

禁止国有文物收藏单位将馆藏文物出租给其他单位或者个人。文物收藏单位是非营利机构，出租是营利性行为，这与文物收藏单位公益性相悖，因此，法律禁止国有文物收藏单位将馆藏文物出租给其他单位或者个人。

【前沿探讨】

根据文物保护法的规定，国有文物收藏单位可以依法将馆藏文物借给其他单位，出借文物可以收取合理补偿。对此，读者可能会有疑问，出借收取的合理补偿是租金吗？那么，出借和出租行为的区别是什么？

出借收取的合理补偿不是租金，出借的目的也不是营利，因此出租与出借的性质是不一样的。

（三）民间收藏文物

民间收藏文物是指文物收藏单位以外的公民、法人和其他组织依法收藏文物。那么，民间收藏文物如何买卖？

1.行政许可

文物流通经营机构是指获得许可，从事购销、拍卖等文物流通经营活动的机构。最常见的经营主体就是从事文物购销和文物拍卖两种机构。

（1）从事购销的文物流通经营机构

为什么从事文物购销需经批准？对于法律、法规规定必须取得行政许可方可从事的行为，任何单位或者个人未依法取得相应的行政许可不得擅自从事。对于法律、法规未设置行政许可的活动，公民可以在不影响国家、社会和他人利益的前提下自由从事。如前所述，文物是不可再生的文化遗产，文

物购销经营活动直接关系到馆藏文物、古墓葬等保护，并与文物的出境管理措施密切相关。如果不实行严格管控，将会造成文物流失、损毁。因此，不止我国，世界上很多国家都实行文物经营许可制度。

设立从事购销的文物流通经营机构需要满足以下几个条件。[①]

第一，200万元人民币以上的注册资本。注册资本是市场监督管理部门登记的资产总值，它是企业从事日常经营活动的物质基础，是企业在与其他经济主体发生债权债务关系时清偿债务的保障。一般而言，文物的市场价格较高，因此，不同于一般的企业注册资本，从事购销的文物流通经营机构被规定了较高的注册资本最低限额。

第二，5名以上取得中级以上文物博物专业技术职务的人员。文物博物专业技术职务分为研究馆员、副研究馆员、馆员、助理馆员、文博管理员。研究馆员、副研究馆员系高级职务，馆员系中级职务，助理馆员、文博管理员系初级职务。[②]文物的购进、卖出、保管等都具有较强的专业性，因此，从事购销的文物流通经营机构必须有相应的技术人员。

第三，保管文物的场所、设施和技术条件。文物不同于一般的日常用品，其流通频率较低，购进和卖出文物需要间隔很长时间。因此，从事购销的文物流通经营机构要有相应的保管文物的场所、设施和技术条件。保管文物场所的面积要与经营机构的规模大小相适应。和文物收藏单位相同，保管设施和技术条件也要根据所经营文物的种类、性质来确定，如经管古书、字画类，要有相应的书架和空调设施，以及防潮、防蛀等技术条件；如经营古代木器家具，要有防干裂、防脱色等方面的设施和技术措施。

第四，从事购销的文物流通经营机构也需要遵循一般企业的设立条件。如设立有限责任公司性质的文物流通经营机构，还应当有符合法律、法规要求的章程、名称和组织机构等。

符合上述条件的市场主体，履行下列审批程序后，方可开设从事购销的文物流通经营机构。首先，向省、自治区、直辖市人民政府文物主管部门提

---

① 参见：《中华人民共和国文物保护法实施条例》第三十九条。

② 参见：《文物博物专业职务试行条例》第二条。

出申请。如需设立外销文物流通经营机构应当报国家文物局审批。其次，申请人在取得文物主管部门的批准后，应当按照企业法人登记的相关规定，到相应的市场监督管理部门办理注册登记，领取营业执照后，即可从事文物经营活动。

（2）从事拍卖的文物流通经营机构

从事拍卖的文物流通经营机构需要满足以下条件。

第一，必须是依法设立的拍卖机构。根据《中华人民共和国拍卖法》第十一条、第十二条的规定，依法设立的拍卖机构需满足四个条件：一是只有在设区的市才可以设立拍卖机构，在县、县级市以及乡镇不得设立拍卖机构；二是在申请领取拍卖机构的许可证之前，申请人应当先行向公安机关申请领取特种行业许可证；三是设立拍卖机构只能经省、自治区、直辖市人民政府负责管理拍卖业的部门审核许可，设区的市级、县级人民政府负责管理拍卖业的部门无权审核许可拍卖机构的设立；四是领取拍卖许可证之后，申请人还应当依法办理登记，领取营业执照。

第二，根据拍卖法、文物保护法及其实施条例的规定，从事文物拍卖，还应当具备1000万元人民币以上的注册资本及5名以上取得高级文物博物专业技术职务的文物拍卖专业人员。

拍卖机构具备上述两项条件后，向省、自治区、直辖市人民政府文物主管部门提出申请，经国家文物局审核合格发给文物拍卖许可证后，方可从事文物拍卖经营活动。

2.行为规范

首先需要明确文物买卖的范围，属于民间收藏的文物可以依法进行买卖，但是非法获取的、不属于民间收藏的文物等，自然人、法人和非法人组织不得进行买卖。在法律规定允许买卖的文物范围内，文物流通经营机构可以经营文物。但是需要遵守以下行为规范，以保护文物。

（1）同一经营主体不能既从事文物购销又从事文物拍卖

文物购销机构是买卖合同的一方，直接买进、卖出文物；拍卖机构的业务是充当文物交易的中间人，不直接买进、卖出文物，拍卖机构接受卖主的委托，以公开竞买的方式将文物销售给买主。若允许文物购销机构从事拍卖经营活动，就意味着文物购销机构作为买方的同时，还可以接受卖主的委托，为自己购买文物。这显失公平，因此文物购销机构不得从事文物拍卖经营活动。同理，若允许拍卖机构直接充当买主，可能会侵害卖主的利益，因此，为保障交易的公平性，经营文物拍卖的拍卖机构不得从事文物购销活动。

（2）文物流通经营机构经营的文物，在经营前需由文物主管部门审核

国家对文物经营活动实施严格的监督管理是由文物的性质决定的，文物是不可再生的文化遗产，事先审批也是为了避免文物流失。

（3）法律责任

买卖国家禁止买卖的文物或者将禁止出境的文物转让、出租、质押给外国人，构成犯罪的，依法追究其刑事责任；尚不构成犯罪的，由相关文物主管部门责令改正，没收违法所得，并处罚款。文物流通经营机构未履行相应义务的，由相关文物主管部门没收违法所得、非法经营的文物，并处罚款；情节严重的，由原发证机关吊销许可证书。[①]

（四）考古发掘

在我国，所有的考古发掘工作，必须履行报批手续。地下埋藏的文物，任何单位或者个人都不得私自发掘。[②]因此，盗掘古文化遗址、古墓葬是违法犯罪行为。那么，考古发掘需要何种资质？需要履行何种报批手续？

1. 行政许可

考古发掘审批制度是国家为保护地下埋藏文物，地下文物属于国家所有，因此，未依法取得考古发掘单位资格和未经批准，任何单位或个人都不得私自发掘地下埋藏的属于国家所有的文物。另外，也是为了使地下文物、出土文物得到有效的保护，避免因发掘技术不足造成损毁，国家必须对考古发掘

① 参见：《中华人民共和国文物保护法》第七十一条、第七十二条、第七十三条。

② 参见：《中华人民共和国文物保护法》第二十七条。

实施严格的控制和管理。

（1）考古发掘的资质条件

为确保考古发掘质量，提高科学研究水平和保护古代文化遗存，国家要求作为专门从事文物考古工作的单位，必须具备考古发掘单位资格。

中国社会科学院、中国科学院、国家文物局直属考古科研单位，高等院校考古系（专业）和省、自治区、直辖市所属文物考古机构及有条件的地、市所属文物考古机构，具备下列条件者可申请考古发掘团体领队资格：

（一）具备一定数量受过高等学校考古专业训练，能从事考古发掘的专业人员，其中具有考古发掘个人领队资格的专业人员不得少于4人；

（二）具有受过专业训练、能从事文物保护工作的科技人员；

（三）具备必需的考古发掘和文物保护设备；

（四）具备从事一般性文物保护处理的实验室；

（五）具有保证文物安全的文物库存房和整理场地。[①]

符合上述条件的单位，经国家文物局批准并颁发证书，具有了考古发掘单位资格，可申请考古发掘项目，从事考古发掘工作。

（2）考古发掘的资质审批程序

考古发掘资质证书是从事考古发掘的单位开展考古发掘业务活动的重要凭证。申领考古发掘资质证书，应当向国务院文物主管部门提出申请。由国家文物局组织有关部门和专家组成国家文物局考古发掘资格评议委员会负责考古发掘资格审定：

（一）申请考古发掘团体领队资格的单位，需提交考古发掘团体领队资格的申请报告，经所在省、自治区、直辖市文物行政管理部门研究同意后，报国家文物局考古发掘资格评议委员会评议；对评议通过的单位，由国家文物局审查批准并颁发证书；

（二）申请考古发掘领队资格的个人，需填写《中华人民共和国考古发掘领队资格申请书》一式两份，并提交1—2篇田野发掘简报和代表性学术论文；由所在单位推荐上报所在省、自治区、直辖市考古发掘资格初评组签署评议

① 参见：《考古发掘管理办法》第五条。

意见；经所在省、自治区、直辖市文物主管部门研究同意后，报国家文物局考古发掘资格评议委员会评议；对评议通过的个人，由国家文物局审查批准颁发证书；

（三）考古发掘资格审定工作原则上每一年一次，国家文物局考古发掘资格评议委员会可根据需要对申请单位或个人进行调查或组织考核；

（四）经国家文物局考古发掘资格评议委员会评议，国家文物局可注销不称职的单位或个人的考古发掘团体和个人领队资格。①

（3）考古发掘项目审批

考古发掘工作分为因科学研究而进行的发掘、配合基本建设工程进行的发掘等。为科学研究进行的考古发掘，也可称为主动发掘。其目的是解决某项学术问题或为了教学实习，从而有利于学科的发展与提高。经过发掘，获得供科学研究使用的文物、标本和遗迹，使学生在田野考古发掘中掌握田野考古知识、发掘方法和技能，通过基本训练学习应用理论，积累实践经验。

无论是为科学研究而进行的考古发掘，还是配合基本建设工程进行的考古发掘，考古发掘单位都需要填写《中华人民共和国考古发掘申请书》，由考古发掘单位经发掘所在地的省、自治区、直辖市文物主管部门向国家文物局提出申请。②

为科学研究而进行的考古发掘，申请书应在每年第一季度末以前按程序上报，同时必须提交立项说明书，内容包括发掘的学术目的、立项机构、发掘计划、完成时间等。考古发掘单位配合经济建设工程的考古发掘申请，应在发掘前三十日向国家文物局提出，但因工程建设中意外发现文物或者文物面临自然破坏危险，需抢救性发掘的遗址和墓葬，经省、自治区、直辖市文物主管部门同意后，可以先行发掘，自发掘开工日起十五日内补报发掘申请书。③

国家文物局会同中国社会科学院在每年第一季度至第二季度初，集中对当年

① 参见：《考古发掘管理办法》第七条。
② 参见：《考古发掘管理办法》第八条。
③ 参见：《考古发掘管理办法》第十条、第十二条。

各项考古发掘申请进行审议，并颁发《中华人民共和国考古发掘证照》。[①]

2.行为规范

严格考古发掘审批是为了科学发掘文物，保护文物，因此在具体实施考古发掘行为时，必须严格遵守相关行为规范。

（1）严格工作规程

考古发掘单位和主持发掘项目的领队人员，应严格执行《田野考古工作规程》，严格执行国家文物局批准的考古发掘项目计划，确保发掘质量和文物安全。在考古发掘工作中，考古发掘单位应事先提出保证出土文物和重要遗迹安全的保护措施。对发掘中发现的重要遗物和遗迹，应及时采取必要的保护措施。

（2）检查与监督制度

国家文物局对考古发掘工地实行检查与监督制度。国家文物局可组织对考古发掘工地进行检查，内容包括《田野考古工作规程》的执行情况、领队人员的工地日记、遗迹照片和绘图记录、经费使用情况及发掘工地的安全措施情况等。对于重大的考古发掘项目，国家文物局可组成专家小组或指派有经验的专业人员赴现场指导发掘工作，以确保发掘质量和文物安全。

（3）结果报告制度

年度考古发掘项目结束后，考古发掘单位应及时将发掘经过、收获和经费使用情况，向所在地的省、自治区、直辖市文物主管部门和国家文物局提交书面报告，并尽快编写年度考古发掘报告。考古发掘项目完成后，考古发掘单位应向国家文物局提交结项报告，内容包括发掘经过、主要收获、经费的来源和使用情况、发掘现场及拟保留的遗迹现象处理保护情况、对遗址的保护建议、田野考古发掘报告的编写计划等需要说明的情况。

结项报告和考古发掘报告应当如期完成。由于结项报告和考古发掘报告在撰写过程中，必须依赖于考古发掘过程中收集、整理的资料和出土的文物标本，因此，结项报告的按时提交和考古发掘报告的如期完成，直接关系到出土文物向有关的国有文物收藏单位移交工作的进行。因此，从事考古发掘

① 参见：《考古发掘管理办法》第十一条。

的单位需在考古发掘完成之日起30个工作日内向省、自治区、直辖市人民政府文物主管部门和国务院文物主管部门提交结项报告，并于提交结项报告之日起3年内向省、自治区、直辖市人民政府文物主管部门和国务院文物主管部门提交考古发掘报告。[①]违反上述规定的，从事考古发掘的单位的主管人员和直接责任人员要承担相应的法律责任。

（五）文物进出境

文物是中华民族的瑰宝，是不可再生的，文物进出境可能会造成遗失和被盗。因此，我国对文物进出境实行严格的审批制度。那么，禁止出境的文物有哪些？哪些文物进出境需要审批？需要履行何种审批手续？

1.行政许可

我国对文物出境实行严格的限制制度，国有文物、非国有文物中的珍贵文物和国家规定禁止出境的其他文物，不得出境。对国家禁止出境的文物，原则上一律不许出境。但有时因我国对外文化交流的需要，可能需要临时出境。例如，为确保珍贵文物的安全保存，国家文物局先后公布了三批共195件禁止出国（境）展览的文物名单。

（1）文物出境审批

下列文物出境需要经过审核：

（一）1949年（含）以前的各类艺术品、工艺美术品；

（二）1949年（含）以前的手稿、文献资料和图书资料；

（三）1949年（含）以前的与各民族社会制度、社会生产、社会生活有关的实物；

（四）1949年以后的与重大事件或著名人物有关的代表性实物；

（五）1949年以后的反映各民族生产活动、生活习俗、文化艺术和宗教信仰的代表性实物；

（六）国家文物局公布限制出境的已故现代著名书画家、工艺美术家作品；

① 参见：《中华人民共和国文物保护法实施条例》第二十六条。

（七）古猿化石、古人类化石，以及与人类活动有关的第四纪古脊椎动物化石。[①]

在我国，任何单位或者个人运送、邮寄、携带文物出境，需要取得文物出境许可证，向海关申报后，海关凭证放行。

（2）文物进境审批

因修复、展览、销售、鉴定等原因临时进境的文物，需向海关申报，经海关加封后，报文物进出境审核机构审核、登记。临时进境的文物复出境时，也需取得文物出境许可证，海关凭证放行。

2.行为规范

对于送审的文物，文物进出境审核机构应尽到何种审核义务？

（1）多名鉴定人员参与鉴定

文物出境鉴定是高度专业化的活动，单个鉴定人员的结论不一定准确。同时，为了避免因鉴定人员的主观偏好，甚至以权谋私等情况影响鉴定结论，因此，对文物进出境鉴定，要求有一定的人数参加。文物进出境审核机构审核文物，应当有3名以上文物博物专业技术人员参加；其中，应当有2名以上文物进出境责任鉴定员。[②]这一方面有利于鉴定人员相互监督，另一方面，保证至少有2名以上文物进出境责任鉴定员参与鉴定，可以提高鉴定结论的准确程度。

（2）文物出境审核“一票否决”

文物进出境责任鉴定员是具有一定文物博物专业技术职务并经过国务院文物主管部门考核合格的人员，文物出境鉴定意见应该由文物进出境责任鉴定员出具。因此，《中华人民共和国文物保护法实施条例》第四十五条规定，文物出境审核意见，由文物进出境责任鉴定员共同签署。但是，实践中参与鉴定的文物进出境责任鉴定员对是否允许被审核的文物出境可能意见并不一致，为慎重起见，在鉴定中遇有不同意见或难于定论的文物，暂时留存。对是否允许出境意见不一致的，为避免造成不可挽回的损失，不允许其出境是

① 参见：《文物进出境审核管理办法》第八条。

② 参见：《中华人民共和国文物保护法实施条例》第四十五条。

必要的。

（3）文物出境资料留存

为留存必要的资料、证据，对经审核允许出境的文物，文物进出境审核机构还应进行必要的登记，登记的内容包括所审核进出境文物的名称、质地、尺寸、级别，当事人的姓名或名称、住所、有效身份证件号码或有效证照号码，以及进出境口岸、文物去向和审核日期等。

对经审核不允许出境的文物的处理，由文物进出境审核机构发还给当事人。如果发现文物的来源是非法的，文物进出境审核机构则应向公安机关报案或者向文物主管部门报告，以追究文物违法犯罪行为。

第二节　艺术品监管

一、艺术品监管制度历史沿革

艺术品是指绘画作品、书法篆刻作品、雕塑雕刻作品、艺术摄影作品、装置艺术作品、工艺美术作品等及上述作品的有限复制品，这里的艺术品不包括文物。[①]艺术品经营管理的监管制度经历了《美术品经营管理办法》和《艺术品经营管理办法》两个阶段。

（一）《美术品经营管理办法》阶段

在此阶段，规范艺术品经营的法规是文化部于1994年发布的《美术品经营管理办法》，这是因为当时的艺术品市场的交易标的主要是书画作品。2004年，文化部对《美术品经营管理办法》进行修订，修订后的《美术品经营管理办法》对促进当时的艺术品市场发展起到了积极作用。在规范艺术品经营秩序、促进行业健康发展方面发挥了重要作用。但随着形势的发展，《美术品经营管理办法》已经不能适应新时期我国艺术品市场管理与发展的需要。

① 参见：《艺术品经营管理办法》第二条。

第一，部分条款不符合国家简政放权的要求，需要通过修订规章，简化审批手续，压缩审批时限，降低市场准入门槛。

第二，近年来艺术品网络化、金融化趋势明显，但这些领域监管还是空白，没有纳入《美术品经营管理办法》的监管范围。

第三，《美术品经营管理办法》对艺术品市场存在的制假售假、虚假鉴定、虚高评估、交易不透明、不规范等问题缺乏有效的约束条款。

第四，2013年国务院将美术品进出口经营活动审批下放至省级文化行政部门及国务院对艺术品份额化交易等方面作出的规定，《美术品经营管理办法》还没有作出相应调整。

（二）《艺术品经营管理办法》阶段

在严峻的形势下，2014年文化部启动《美术品经营管理办法》的修订工作。2004年出台《美术品经营管理办法》时，我国艺术品市场主要以书画作品交易为主，多以“美术品”表述。但随着行业的发展，艺术品门类更加多样，人们更普遍和习惯用“艺术品”来统称这个行业。2008年，国务院确定的文化部“三定方案”规定文化部对艺术品市场进行监管。因此，文化部在此次修订中，将“美术品”修改为含义更加广泛的“艺术品”，规章的名称也进行相应调整，以适应管理和发展的需要。

二、艺术品监管制度

设立艺术品经营单位需要进行审批，依法设立的艺术品经营单位在经营活动中需遵守有关法律法规的规定。

（一）行政许可

相较于文化经营，艺术品经营许可的条件较为宽松，其程序也较为简单。

1. 艺术品经营单位设立流程

设立艺术品经营单位，应当到其住所地县级以上人民政府工商行政管理部门申领营业执照，并在领取营业执照之日起15日内，到其住所地县级以上人民政府文化主管部门备案。[①]

其他经营单位增设艺术品经营业务的，应当到其住所地县级以上人民政府工商行政管理部门变更营业执照营业范围，然后到其住所地县级以上人民政府文化主管部门备案。[②]

2. 艺术品经营单位设立所需材料

艺术品经营单位需先申领营业执照，再进行备案。

艺术品经营单位申领营业执照需要提供以下材料：

（一）公司法定代表人签署的设立登记申请书；

（二）全体股东指定代表或者共同委托代理人的证明；

（三）公司章程；

（四）股东的主体资格证明或者自然人身份证明；

（五）载明公司董事、监事、经理的姓名、住所的文件以及有关委派、选举或者聘用的证明；

（六）公司法定代表人任职文件和身份证明；

（七）企业名称预先核准通知书；

（八）公司住所证明；

（九）国家工商行政管理总局规定要求提交的其他文件。[③]

（二）行为规范

艺术品的流通可以繁荣文化市场，中国的艺术品市场已经从当初的零起点发展成如今赶超美英的世界第一大艺术品市场。然而，在繁荣的背后，中国艺术品市场也存在着诸多隐患。因此，必须对艺术品经营行为进行规范。

1. 艺术品禁止经营范围

和文物经营相同，并不是所有的艺术品都可以进行经营。艺术品经营单位的禁止经营范围包含内容和种类两个方面。

---

① 参见：《艺术品经营管理办法》第五条。

② 同上。

③ 参见：《中华人民共和国公司登记管理条例》第二十条、第二十一条。

禁止经营含有以下内容的艺术品：

（一）反对宪法确定的基本原则的；

（二）危害国家统一、主权和领土完整的；

（三）泄露国家秘密、危害国家安全或者损害国家荣誉和利益的；

（四）煽动民族仇恨、民族歧视，破坏民族团结，或者侵害民族风俗、习惯的；

（五）破坏国家宗教政策，宣扬邪教、迷信的；

（六）宣扬恐怖活动，散布谣言，扰乱社会秩序，破坏社会稳定的；

（七）宣扬淫秽、色情、赌博、暴力或者教唆犯罪的；

（八）侮辱或者诽谤他人，侵害他人合法权益的；

（九）违背社会公德或者民族优秀文化传统的；

（十）蓄意篡改历史、严重歪曲历史的；

（十一）有法律、法规和国家规定禁止的其他内容的。①

禁止经营以下艺术品：

（一）走私、盗窃等来源不合法的艺术品；

（二）伪造、变造或者冒充他人名义的艺术品；

（三）除有合法手续、准许经营的以外，法律、法规禁止交易的动物、植物、矿物、金属、化石等为材质的艺术品；

（四）国家规定禁止交易的其他艺术品。②

2.经营者义务

艺术品经营单位应当遵守以下规定：

（一）对所经营的艺术品应当标明作者、年代、尺寸、材料、保存状况和销售价格等信息；

（二）保留交易有关的原始凭证、销售合同、台账、账簿等销售记录，法律、法规要求有明确期限的，按照法律、法规规定执行；法律、法规没有明

① 参见：《艺术品经营管理办法》第六条。

② 参见：《艺术品经营管理办法》第七条。

确规定的，保存期不得少于5年。[①]

艺术品经营单位从事艺术品鉴定、评估等服务，应当遵守以下规定：

（一）与委托人签订书面协议，约定鉴定、评估的事项，鉴定、评估的结论适用范围以及被委托人应当承担的责任；

（二）明示艺术品鉴定、评估程序或者需要告知、提示委托人的事项；

（三）书面出具鉴定、评估结论，鉴定、评估结论应当包括对委托艺术品的全面客观说明，鉴定、评估的程序，做出鉴定、评估结论的证据，鉴定、评估结论的责任说明，并对鉴定、评估结论的真实性负责；

（四）保留书面鉴定、评估结论副本及鉴定、评估人签字等档案不得少于5年。[②]

3. 法律责任

经营者违反上述经营义务，视情节轻重，由县级以上人民政府文化行政部门或者依法授权的文化市场综合执法机构责令改正，没收违法经营额，并处以罚款。

第三节　监管方式

对文物和艺术品的监管重点有所不同，这主要是由于二者的特性决定的。文物是特定民族、群体历史文明的物质载体，是不可再生的文化资源，所以对文物监管工作要遵循保护为主、抢救第一、合理利用、加强管理的原则。具体来说：一是保护为主，由于文物都是具有历史价值的，并且时间比较久远，故在文物保护工作中，主要应对文物进行保护，避免其因时间久而毁损、灭失；二是抢救第一，有的文物可能因时间推移而受到毁损，在此种情况下，应尽快对受损或将要受损的文物进行修复；三是合理利用，在文物保护工作中，应当对文物进行合理利用，如有的文物可能不适合长时间展示，就需要

① 参见：《艺术品经营管理办法》第九条。

② 参见：《艺术品经营管理办法》第十一条。

对文物的展示时间进行限制，不能为了追求经济效益而过度利用文物；四是加强管理，上述的三项原则，其实都是为了保护文物，所以应当加强对文物的监管，避免发生对文物进行破坏的行为。

对艺术品的监管，侧重的是对艺术品经营行为的管理。通常而言，艺术品除了具有审美价值、历史价值，还具有收藏价值和经济价值。收藏艺术品的需要促进了艺术品交易的繁荣。通过艺术品的交易，可以实现保值、增值的目的，使艺术品投资成为投资理财的重要平台和渠道，艺术品的收藏和交易也成为一种投资经营活动。随着我国艺术品市场的迅猛发展，艺术品市场的经营业态、市场规模、交易形式发生了很大变化，同时也暴露出许多问题，艺术品市场存在制假售假、虚假鉴定、虚高评估、投机炒作等问题，经营含有禁止内容艺术品的现象时有发生，这一切都需要加强对艺术品经营行为的监管。

对文物和艺术品的监管方式主要包括行政处罚、投诉举报、信用监管、表彰奖励、行政指导等方式。

一、行政处罚

行政处罚是文物和艺术品监管中应用较多的方式。《中华人民共和国文物保护法》《博物馆条例》《艺术品经营管理办法》等相关法律法规均规定了进行行政处罚的违法情形，在此列举几种较为常见的情形。

（一）侵犯公私财产权利的行为

盗窃文物，私分、哄抢国有文物，会造成文物的流失、损毁。私分、哄抢国有文物的行为不仅侵犯了国家的财产所有权，而且侵犯了社会正常管理秩序。因此，构成犯罪的，要依法追究刑事责任。但是，不构成刑事犯罪的，也有可能受到行政处罚。比如，在进行建设工程或者在农业生产中发现的文物属于国家所有，任何单位或者个人不得哄抢、私分、藏匿。如果有人偷盗、骗取、抢夺少量的一般文物或者参与哄抢文物情节轻微，就可能因侵犯公私财产权利受到治安管理处罚。[①]

（二）走私文物的行为

走私文物的行为通常是指违反法律法规的规定，逃避海关监管，偷逃应纳税款，逃避国家有关进出境的禁止性或者限制性管理，尚不构成犯罪的行为。通常表现为逃避海关监管，运送、邮寄、携带国家禁止出口的文物出境的行为。个人携带文物出境，必须事先向海关申报，经国家文物主管部门指定的机构进行鉴定并发给出境许可证才能出境，具有重要历史、学术科学价值的文物，除经国务院批准运往国外展览外，一律禁止出境。[②]也就是说，无论文物来源是否合法，个人未经审批一律不得携带出境，因文物来源不合法而走私文物，更是触犯法律的规定。走私文物，尚不构成犯罪的，由海关依照有关法律、行政法规的规定给予处罚。[③]

（三）转让或者抵押国有不可移动文物，或者将国有不可移动文物作为企业资产经营的行为

转让或者抵押国有不可移动文物，或者将国有不可移动文物作为企业资产经营，这些都是文物管理中的一些突出问题。在实践中，一些地方重开发、轻保护的现象时有发生，盲目强调扩大旅游资源，使文物资源遭到严重破坏。一些地方擅自改变国有文物保护单位的用途，将国有不可移动文物作为企业资产经营，给国家财产造成了重大损失。如广东省韶关市曲江区马坝人遗址、石峡遗址被县政府交由旅游部门管理后，旅游部门不仅不负责文物保护，而且还在石峡遗址上挖了20多个洞，使遗址遭到严重破坏；山东曲阜孔庙交由旅游部门管理后，出现了水洗孔庙、乱建道路等破坏性事件。因此，对于这类行为，文物保护法规定了要进行行政处罚。[④]

---

① 参见：《中华人民共和国文物保护法》第六十五条第二款。

② 参见：《中华人民共和国文物保护法》第六十条、第六十一条。

③ 参见：《中华人民共和国文物保护法》第六十五条第三款。

④ 参见：《中华人民共和国文物保护法》第六十八条第一项。

【典型案例】

2003年10月开始，新疆维吾尔自治区南部喀什地区、阿克苏地区、和田地区、巴音郭楞蒙古自治州将国有文物保护单位交由北京某企业进行经营活动（由企业负责门票经营、对外宣传和直接参与管理工作）。其中涉及多处全国重点文物保护单位，有喀什地区阿巴和加麻札（墓）、喀什地区塔什库尔干塔吉克自治县石头城遗址、阿克苏地区拜城县克孜尔千佛洞、和田地区民丰县尼雅遗址等。这一系列行为明显违反了《中华人民共和国文物保护法》，并从客观上造成了国有资产的流失，必须坚决依法予以纠正。

2006年3月初，国家文物局获知此事后，即向新疆维吾尔自治区人民政府致函，要求其核实有关情况，如属实，必须坚决纠正。在自治区政府的亲自督察下，现在上述违法行为已全部纠正，该企业已从各文物保护单位撤离，之前签署的协议书已全部废止。[①]

（四）经营伪造、变造或者冒充他人名义艺术品的行为

伪造、变造或者冒充他人名义的艺术品，也就是通常所说的假画、赝品。这是我国艺术品市场中最为突出的问题。艺术品造假行为严重扰乱了艺术品市场秩序，侵害了作者和消费者的权益，甚至在国际上造成不良影响，必须予以严厉打击。

【典型案例】

2015—2016年度，文化部加强对文化市场综合执法工作的指导和监督，公布了2015—2016年度全国文化市场十大案件。其中就包括《艺术品经营管理办法》颁布后，全国查处的首例经营伪造艺术品案件——辽宁省某市陈某某经营古代枪头、绿松石、红山文化挂件等伪造艺术品，辽宁省某市文化市场综合执法支队依法给予罚款的行政处罚。[②]

① 国家文物局.文物行政执法案例选编与评析：第一辑［G］.北京：文物出版社，2011：23.

② 文化部举行新闻发布会通报首批艺术品市场案件查处情况［EB/OL］.（2017-03-22）［2020-02-05］. http://www.gov.cn/xinwen/2017-03/22/content_5179625.htm#1.

（五）向消费者隐瞒艺术品来源，或者在艺术品说明中隐瞒重要事项，误导消费者的行为

经营主体应当提供艺术品真实性来源及说明，不得向消费者隐瞒艺术品来源，或者在艺术品说明中隐瞒重要事项，误导消费者。艺术品交易行为主要依靠信息透明，才能做到公平交易。但是，一般艺术品消费者不具备艺术品相关的专业知识，在做出消费判断时，往往主要依靠经营主体提供的有关说明，如果经营主体隐瞒来源、瑕疵等重要事项，会直接误导和影响消费者。因此，《艺术品经营管理办法》规定了对此类违法行为要进行行政处罚。[①]

二、举报投诉

举报投诉制度可以充分发挥人民群众在惩治文物和艺术品违法行为中的作用，使行政机关能够及时掌握违法行为线索，有效打击违法行为。比如，当发现涉嫌违反文物保护法律法规的行为时，可以向文物主管部门进行举报，各级文物主管部门应依法予以受理、核查与信息反馈。对于以下文物违法行为信息举报，各级文物主管部门应当予以受理：

（一）涉嫌损毁不可移动文物本体的行为；

（二）在文物保护单位的保护范围或者建设控制地带内发生的违法建设行为；

（三）擅自迁移、拆除不可移动文物或者擅自修缮不可移动文物，明显改变文物原状的违法行为；

（四）擅自在原址重建已全部毁坏的不可移动文物，造成文物破坏的违法行为；

（五）施工单位未取得文物保护工程资质证书，擅自从事文物修缮、迁移、重建的违法行为；

（六）涉及考古发掘的违法行为；

（七）涉及国有文物收藏单位和馆藏文物的违法行为；

① 参见：《艺术品经营管理办法》第八条、第二十一条。

（八）其他违反文物保护法律法规、应由文物主管部门调查处理的违法行为。[①]

【典型案例】

2005年9月4日，某区文物部门接到群众举报，称某单位在施工中挖出一座古墓，工人将发现的文物藏匿。某区文物部门将此情况上报市文物局，并与市文物局执法人员一同赶到现场，发现现场挖出一座古墓，墓室北侧约2平方米被挖毁，墓内无物，墓碑被毁成数段。执法人员立即拨打110报警，并对现场进行了拍照，制作了现场检查笔录，制发了《停止侵害通知书》。110警务人员到现场后，将墓内出土文物追回。当日，某市文物局对此事立案调查。经查，该工程为某电信集团铺设通信电缆管道工程，9月3日下午5时左右，在进行管道挖掘时挖出古墓，工人将发现的文物藏匿，某电信集团未将此情况报告给文物部门，直至次日有群众举报，执法人员赶到现场后才将实情告知文物部门，并配合110警务人员追缴文物。[②]

三、信用监管

文化市场信用监管的重要制度之一就是黑名单制度。对于严重违法失信的艺术品经营市场主体及人员，文化行政部门或者文化市场综合执法机构会将其列入全国文化市场黑名单，并向社会公布，实施信用约束、联合惩戒。地方文化行政部门或者文化市场综合执法机构在文化市场管理过程中自行设置黑名单及列入情形的，由地方制定相关管理办法，不纳入全国文化市场黑名单管理，不纳入全国联合惩戒的范围。例如，从事艺术品经营的主体及其法定代表人或者主要负责人，擅自从事艺术品市场经营活动，造成重大事故或者恶劣社会影响，或者被文化行政部门、文化市场综合执法机构吊销许可证，或者因欺骗、故意隐匿、伪造变造材料等不正当手段取得的许可证、批

① 参见：《文物违法行为举报管理办法（试行）》第十条。

② 国家文物局.文物行政执法案例选编与评析：第一辑［G］.北京：文物出版社，2011：48.

准文件被文化行政部门撤销的，以及伪造、变造许可证、批准文件证据确凿的，将会被列入全国文化市场黑名单。

四、表彰奖励

表彰奖励在文物保护中应用的比较多，对长期从事文物工作、支持文物保护工作成绩显著的单位和个人予以表彰，有利于鼓舞引领社会各界重视和参与文物保护利用工作。

在文物保护和管理中，有下列事迹的单位或者个人，由国家将给予精神鼓励或者物质奖励：

（一）认真执行文物保护法律、法规，保护文物成绩显著的；

（二）为保护文物与违法犯罪行为作坚决斗争的；

（三）将个人收藏的重要文物捐献给国家或者为文物保护事业作出捐赠的；

（四）发现文物及时上报或者上交，使文物得到保护的；

（五）在考古发掘工作中作出重大贡献的；

（六）在文物保护科学技术方面有重要发明创造或者其他重要贡献的；

（七）在文物面临破坏危险时，抢救文物有功的；

（八）长期从事文物工作，作出显著成绩的。[①]

【典型案例】

1980年，河南省一位普通的中学老师张某，一次偶然的机会花5元钱买到了一件瓷瓶，经鉴定这件瓷瓶是南朝大仰覆青瓷莲花尊，被定为一级甲等文物，也就是国宝。张某将其捐赠给了国家，国家给予其1200元的奖励。现在这件青瓷瓶收藏于国家博物馆，是镇馆之宝。

五、行政指导

柔性执法行政指导措施是积极探索减少和化解社会矛盾的新机制，是从

① 参见：《中华人民共和国文物保护法》第十二条。

长期执法实践中摸索总结出的重要成果，也是新时期、新阶段文物和艺术品行政执法工作的内在需求。行政指导有以下多方面的意义。

第一，提升了文化执法工作的品质和服务层次。

第二，提高了文物和艺术品经营单位对执法的认知度和认可度，改善了执法机关与管理相对人关系，初步显现出执法绩效与社会效益双赢的效果。

第三，丰富了行政执法机构的工作手段，以一种非强制性的管理方式弥补了行政强制措施的不足，较好地解决了执法效果表面化的问题。

第四，降低了违法行为发生的概率，节约了行政成本。

【典型案例】

如皋市文化市场综合执法大队将行政指导工作的开展情况纳入对队员的岗位目标责任制和绩效考核工作当中，每周定期检查队员行政指导措施的开展情况，对行政指导措施执行不力的队员责令及时改正，并按照绩效考核规定的相关内容追究其相关责任。2018年，执法大队对多家艺术品经营单位进行了现场指导，开具了行政指导意见书，并按期进行复查复核，做到动真碰硬与靠前服务相结合，有效地规范了文体旅游市场经营秩序。

参考文献

［1］国家文物局.文物行政执法案例选编与评析：第一辑［G］.北京：文物出版社，2011.

［2］刘双舟.中国艺术品的法规之路［J］.金融博览（财富），2016(4).

思考题

1.文物保护单位发售门票是经营行为吗？

2.民间收藏文物是否都可以买卖？有哪些限制条件呢？

3.艺术品网络化的监管空白具体表现形式有哪些？该如何填补呢？

第六章　出版监管

本章概要

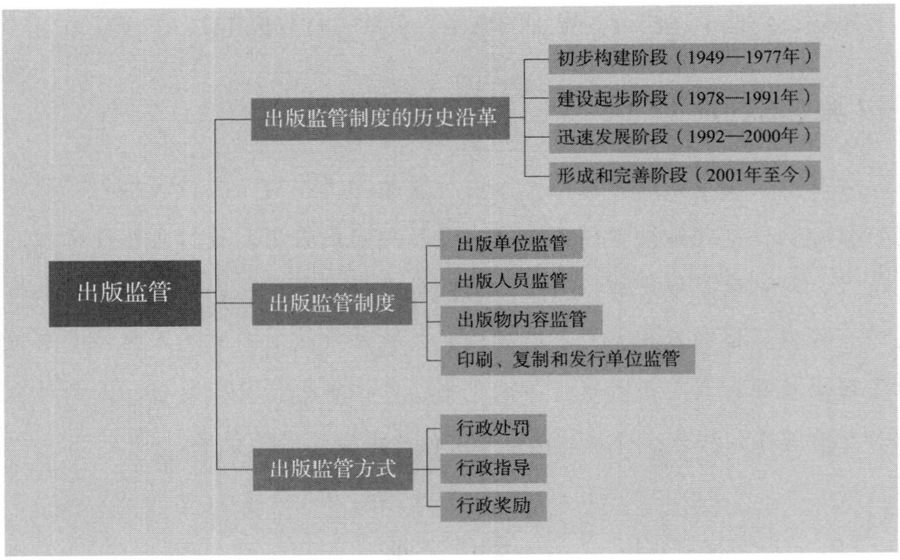

出版监管是对出版活动进行的监管，目的在于保障出版秩序，依法保障出版自由。我国出版监管制度经过了怎样的发展历程？出版物应当遵守怎样的法律规定？本章介绍了我国出版监管法律体系的历史沿革，分析了我国出版监管制度的主要内容，并结合实践中的案例介绍了我国主要的出版监管方式。

第一节　出版监管制度的历史沿革

早在晚清时期，我国便有了关于出版检查的专门法律。1906年，清政府颁布了《大清印刷物专律》，它是清政府制定的第一部有关报刊出版的法律，也是我国新闻出版领域最早出台的专门法律。1908年，清政府颁布了《大清报律》，并于1910年对其进行了修订。《大清报律》在内容上加强了对舆论的控制和对新闻自由的钳制，并在一定程度上承认了言论、集会、结社的合法性。1914年，北洋政府公布了《出版法》。1937年，国民党政府颁布了《修正出版法》。

新中国成立初期，中国共产党和中央人民政府对当时的出版业进行了有计划的整顿和改造，为我国社会主义出版事业的发展奠定了基础。在此后70多年的时间里，党和政府对我国出版行业的监管大体可划分为以下四个阶段。

一、初步构建阶段（1949—1977年）

1949年9月29日，中华人民共和国成立前夕，中国人民政治协商会议第一届全体会议通过《中国人民政治协商会议共同纲领》（以下简称“共同纲领”）。共同纲领第五条规定，中华人民共和国人民有思想、言论、出版的自由权；第四十九条规定，发展人民出版事业，并注重出版有益于人民的通俗书报。我国第一部宪法“五四宪法”，也将言论出版自由列为公民的基本权利予以保护。“五四宪法”第八十七条规定，中华人民共和国公民有言论、出版……的自由。国家供给必需的物质上的便利，以保证公民享受这些自由，足见新中国成立后我国对出版事业的重视。

中华人民共和国成立后，中央人民政府设立了出版总署，管理全国的出版事业。1951年，出版总署召集了第一次全国出版工作会议，确定了出版事业应为人民服务的基本方针，决定了出版业、发行业和印刷业的分工制度，并开始推行印刷业的专业分工制度。[①] 1952年，出版总署召开了第二届全国出版行政会议，会议制订了《1953年出版事业建设计划》，这是我国第一个全国性的出版事业发展计划。1954年，出版总署改组为文化部出版事业管理局。1973年，国家出版事业管理局成立。

---

① 张召奎.中国出版史概要［M］.太原：山西人民出版社，1985.

20世纪50年代初，我国先后出台了诸多与出版管理相关的法规及规章，为出版业的发展奠定了法律基础。如1950年7月，新闻总署、出版总署联合向政务院、文化教育委员会报送的关于《大行政区及各省市新闻出版机关的任务与组织的规定（草案）》提出，各大行政区设新闻出版局，或分设新闻局与出版局，重要省市设新闻出版处，一般省市必要时设新闻出版室，其任务主要是对新闻与出版进行行政管理。不久，这一规定即获批准。同年10月，公布了《中央人民政府政务院关于改进和发展全国出版事业的指示》，明确了出版事业的基本方针为“为人民服务”。1951年，政务院通过了《管理书刊出版业印刷业发行业暂行条例》，明确出版社、印刷厂、书店均为企业单位。1952年8月，政务院发布了《期刊登记暂行办法》，这是中华人民共和国成立后的第一部期刊管理法规。同年9月，出版总署发布了《关于国营出版社编辑机构及工作制度的规定》，首次提出出版社对书稿应实行“三审制”，即编辑初审、编辑主任复审、总编辑终审。同年12月，发出了《中央人民政府邮电部、出版总署关于改进出版物发行工作的联合决定》，确定自1953年1月1日起，实行出版物的计划发行制度，报纸、杂志由邮电局总发行，图书由新华书店总发行。1955年，发出了《国务院关于处理反动的、淫秽的、荒诞的书刊图画的指示》，其中强调“反动的、淫秽的、荒诞的书刊图画对人民群众，特别是青年、少年、儿童的身心健康，对社会公共秩序的巩固，对于国家社会主义建设和社会主义改造事业，都具有很大的危害，要作为一项重要的政治任务来坚决、有计划、有步骤地处理这类出版物”。在这一系列法规及规章的基础下，中央政府确定了中国出版业发展的基本方针，确立并构建了当下我国出版业发展的基本框架。

但是，1966—1976年的十年动乱，阻碍了我国出版业的发展。1966年5月，“文化大革命”开始后，社会秩序遭到严重破坏，国家及地方的大批出版机构被撤销，出版工作受到很大影响，新中国成立后初见雏形的出版法规架构也因此走了一段弯路。1973年9月，随着国家出版事业管理局的成立，出版工作开始逐步复苏和繁荣，但由于“文化大革命”期间，阶级斗争的需要和文化禁锢的社会环境，使出版生产力发展受到了严重的束缚，我国出版业发展出现了衰退的迹象。①

二、建设起步阶段（1978—1991年）

1978年12月，中国共产党召开具有重大历史意义的十一届三中全会，开启了改革开放历史新时期。此后，我国出版业有了较快的恢复和发展。

为了加强对新闻出版业的管理，1979年国家出版事业管理局提出的建立版权机构、制定版权法的报告被批示，版权法开始着手草拟。1981年发布的《加强对外合作出版管理的暂行规定》第一次明确提出，在对外合作出版中保护我国作者和出版者的权益。宪法第二十二条规定，国家发展为人民服务、为社会主义服务的出版发行事业；第三十五条规定，中华人民共和国公民有言论、出版的自由，为我国出版业的法治建设提供了基本遵循。1983年6月，在第六届全国人民代表大会第一次会议和中国人民政治协商会议第六届全国委员会第一次会议期间，会议代表委员提交了《关于起草新闻法和出版法的议案》。1984—1985年，文化部先后颁发《图书、期刊版权保护试行条例》及《图书、期刊版权保护试行条例实施细则》，这是中华人民共和国成立后第一个与著作权有关的条例，它的颁发进一步推动了我国著作权保护制度的确立。1985年7月，国家版权局成立，负责相关政策法规的制定与实施。1986年起，在全国范围内设立版权管理机构，各省、自治区、直辖市等也先后成立了版权局。同年4月通过了《中华人民共和国民法通则》，第一次以法律形式确认了对著作权的保护。1987年1月，中华人民共和国新闻出版署成立，为国务院直属机构。随后，各省、自治区、直辖市等设立新闻出版局，作为统一管理新闻出版事业的行政机构。

这一阶段，我国出版业的法治监管明显加强，国务院也先后颁布了一系列行政法规和规范性文件，如1980年的《国务院批转国家出版局等单位关于制止滥编滥印书刊和加强出版管理工作的报告的通知》；1981年的《国务院批转国家民委、国家出版事业管理局关于大力加强少数民族文字图书出版工作

① 刁其武.新中国图书出版的政府监管［J］.当代中国史研究，2003，10（6）：109-116+128.

的报告的通知》；1983年的《中共中央、国务院关于加强出版工作的决定》；1987年的《国务院关于严厉打击非法出版活动的通知》；1990年，国务院发布的《法规汇编编辑出版管理规定》等。这些行政法规的发布指导和规范了图书出版工作，保障了我国图书出版事业的健康发展。与此同时，有关监管部门还制定了大量的行政管理制度文件。尽管主管图书出版工作的机构几经变动，但规章的制定一直没有停止，数量和质量都在稳步提升。其中较为重要的：1980年，国家出版事业管理局制定的《出版社工作暂行条例》；1983年，发布的《文化部关于纠正文学类作品重复出版问题的通知》；1984年，文化部发布的《书籍稿酬试行规定》；1985年，文化部发布的《美术出版物稿酬试行办法》；1986年，发布的《国家出版局关于审批新建出版社的条件的通知》等。

1989年，党的十三届四中全会之后，我国出版事业重新恢复了生机。中央十分重视新闻出版工作，对出版部门提出了三项任务：首先，重点整顿清理书报刊和音像市场；其次，在整顿和清理出版物市场过程中，压缩、整顿报刊和出版社；再次，做好各出版单位的思想、组织建设工作。这三项任务的最终目的是要把我国的出版单位办成社会主义思想的坚强阵地。随后，为了落实工作任务，中央陆续发出了相应的通知，采取了一系列具体的清理整顿措施。

1990年6月，中华人民共和国成立后的第一次全国新闻出版法制工作会议在北京召开。会议指出，新闻出版立法是对新闻出版单位进行宏观管理的主要手段，必须加强对“依法行政”重要性的认识，提高“依法行政”的紧迫感。会议强调，应尽快建立以宪法为依据，以著作权法、新闻法、出版法为主体的新闻出版法律体系，使中国的出版事业逐步纳入法治的轨道。1990年9月，著作权法正式颁布；1991年5月，著作权法实施条例发布；1991年6月，二者开始实施。这不但意味着我国著作权保护制度正式确立，同时也标志着我国出版事业进入有法可依的新阶段。同年6月，国务院颁布《计算机软件保护条例》。上述法律法规的颁布与实施对我国出版法制建设具有重要意义。

三、迅速发展阶段（1992—2000年）

1992年，党的十四大的召开，确定了我国社会主义市场经济体制的改革目标。随后，国家制定和修改了部分新闻出版领域的法规和文件，提高了依法监管的力度，出版监管法律体系进入发展阶段。

从1992年起，我国先后加入了《伯尔尼保护文学和艺术作品公约》《世界版权公约》和《保护录音制品制作者防止未经许可复制其录音制品公约》。1994年，国务院以行政法规的形式发布了《音像制品管理条例》，其中明确新闻出版署主管音像制品的出版、复制和进口工作。随后，根据《音像制品管理条例》，新闻出版署于1996年出台《音像制品出版管理办法》《音像制品进口管理办法》《音像制品复制管理办法》，广播电影电视部和文化部也出台了相应的管理规定。

自1983年《关于起草新闻法和出版法的议案》提出后，出版法起草小组几经易稿，形成了《中华人民共和国出版法（送审稿）》，并于1994年按立法程序报送国务院审议。随后，国务院经过广泛征求意见、几经修改论证，形成《中华人民共和国出版法（草案）》（以下简称“出版法草案”），并最终提交全国人大常委会审议。但是，因为种种原因，出版法草案被提请撤回。1997年，国务院将出版法草案进行调整后，以行政法规的形式发布了《出版管理条例》。作为中华人民共和国成立以来第一部比较系统全面的出版行政法规，它不仅是出版、印刷、发行等单位从事经营活动的行为规范，也是出版行政管理机构进行行政管理的基本依据，是出版管理和出版活动最基本的法律规范。

另外，由于包装装潢印刷品及其他印刷品的印刷经营活动已超出出版的范畴，且对印刷业管理涉及多个行政部门。因此，国务院于1997年颁布了《印刷业管理条例》。

这一时期，围绕着国务院颁布的《出版管理条例》《音像制品管理条例》《印刷业管理条例》，前后出台了一批行政规章，包括《期刊管理暂行规定》《报纸管理暂行规定》《电子出版物管理暂行规定》《印刷行业管理暂行办法》

《内部资料性出版物管理办法》《图书总发行管理的暂行规定》《出版物市场管理暂行规定》《新闻出版署出版物鉴定规则》《出版管理行政处罚实施办法》《中华人民共和国新闻出版行政执法证管理办法》等。

四、形成和完善阶段（2001年至今）

进入21世纪后，随着我国出版体制改革不断深入，出版业快速发展，同时为适应加入世界贸易组织的新形势，我国全面修订了《出版管理条例》《音像制品管理条例》《印刷业管理条例》等法规规章，同时也制定了一批新的法律文件。

2001年，国务院发布了修订后的《出版管理条例》。此次修订增加了一些新规定，包括从事出版物进口经营单位设立要经审批，未经批准的其他单位和个人不得从事出版物进口业务；经批准设立的出版物进口经营单位对其进口的出版物内容负有审查之责；在进口出版物前将拟进口的出版物目录报省级以上人民政府出版行政主管部门备案；出版物进口单位在境内举办境外出版物展览须经国务院行政部门批准等。同年12月，国务院颁布了新的《音像制品管理条例》，对音像制品管理主体重新作出分工，由新闻出版总署负责全国音像制品的出版、制作和复制的监管工作。

此后，国务院又对《出版管理条例》先后进行了五次修订。2011年，国务院发布的《出版管理条例》是对2001年修订版本的第一次重大修改。此次修订，增加了关于出版产业的表述；规定了按照事业单位法人和企业法人类别，在出版单位设立、变更、注销等程序方面的问题；新增了利用信息网络从事出版物发行要取得《出版物经营许可证》的内容；删除了关于从事出版物印刷业务要由公安机关按照特殊行业进行审批的规定，进一步开放了出版物印刷的准入门槛等。

2013年，国务院对《出版管理条例》作了第二次修订，删去2011年的《出版管理条例》第三十五条第四款，取消了从事出版物连锁经营业务单位设立的审批事项。

在2014年的修订版本中，为了适应时代的发展，取消了计划经济体制下的总发行单位设立及变更事项的审批。随着这项审批制度的取消，任何出版物批发单位均可与出版单位合作，从事出版物的总发行业务。

2016年，国务院对《出版管理条例》进行第四次修订。此次修订将设立出版物批发、零售单位审批程序由“先证后照”改为企业或个体工商户先取得营业执照后，再到省级或县级行政出版部门审批获得《出版物经营许可证》的流程。同年8月，国务院颁布的《印刷业管理条例》规定，包括包装装潢印刷品印刷经营活动在内的印刷业监管工作均由国务院新闻出版行政部门负责。[①] 2016年2月，公布《国务院关于修改部分行政法规的决定》，其中将印刷经营许可证由前置审批事项改为后置审批。

2020年11月，国务院发布并实施了《出版管理条例》的第五次修订版本，此次修订将“中外合资经营企业、中外合作经营企业、外资企业”修改为“外商投资企业”。[②]

随着互联网的迅猛发展，与出版业的加速融合，网络的开放性和交互性使人们自由表达的渠道更加畅通、丰富，但同时也带来一些新的法律问题。为此，2002年新闻出版总署和信息产业部联合颁布《互联网出版管理暂行规定》；2011年，在《国务院关于修改〈出版管理条例〉的决定》中授权由新闻出版总署另行制定“网络出版审批和管理办法”；2016年，国家新闻出版广电总局[③]与工业和信息化部联合颁布《网络出版服务管理规定》。《网络出版服务管理规定》明确了：“网络出版服务是指通过信息网络向公众提供网络出版物；图书、音像、期刊等传统出版单位从事网络出版业务仅需较少条件，而其他单位进入网络出版服务领域则需更为严格的资质条件（见表6-1）；中外合资经营、中外合作经营和外资经营的单位不得从事网络出版服务；网络出版服务单位与外资企业或境外组织及个人进行网络出版服务业务的项目合作，应事前报国家新闻出版广电总局审批”，等等。2017年，国家新闻出版广电总

① 国务院废止了1997年3月8日颁布的《印刷业管理条例》，出台了新的《印刷业管理条例》，并作了重大调整。

② 参见：《出版管理条例（2020修订）》第三十九条：“国家允许设立从事图书、报纸、期刊、电子出版物发行业务的外商投资企业。”

③ 2013年3月，根据《国务院机构改革和职能转变方案》，新闻出版总署与广播电影电视总局合并组建成立国家新闻出版广电总局。

局和海关总署颁布的《出版物进口备案管理办法》规定，出版物进口经营单位应当按照许可业务范围从事出版物进口经营活动，其他单位和个人不得从事出版物进口业务。进口图书应于进口前向省级以上管理部门办理进口备案，进口音像制品（成品）及电子出版物（成品）、报纸期刊，应履行进口审批并报广电总局备案。进口境外数字文献数据库应分类办理数字文献数据库进口备案、审批手续。2018年，为加强党对新闻舆论工作的集中统一领导，加强对出版活动的管理，发展和繁荣中国特色社会主义出版事业，将国家新闻出版广电总局的新闻出版管理职责划入中央宣传部。中央宣传部对外加挂国家新闻出版署（国家版权局）牌子。2020年，国家新闻出版署印发实施《报纸期刊质量管理规定》，包括报刊质量的定义、质量是否合格的判定标准、质量检查的方法和程序、质量管理的分级责任、对质量不合格报刊的处罚措施等内容。明确报纸编校差错率不超过万分之三、期刊编校差错率不超过万分之二的，其编校质量为合格；报纸出版形式差错数不超过3个、期刊出版形式差错数不超过5个的，其出版形式质量为合格。这是首个专门针对报纸、期刊质量管理的规范性文件。

表 6–1　《网络出版服务管理规定》的相关内容

单位类别	从事网络出版服务应具备的条件	出处
图书、音像、电子、报纸、期刊出版单位	（一）有确定的从事网络出版业务的网站域名、智能终端应用程序等出版平台； （二）有确定的网络出版服务范围； （三）有从事网络出版服务所需的必要的技术设备，相关服务器和存储设备必须存放在中华人民共和国境内。	《网络出版服务管理规定》第八条
其他单位	（一）有确定的、不与其他出版单位相重复的，从事网络出版服务主体的名称及章程； （二）有符合国家规定的法定代表人和主要负责人，法定代表人必须是在境内长久居住的具有完全行为能力的中国公民，法定代表人和主要负责人至少 1 人应当具有中级以上出版专业技术人员职业资格；	《网络出版服务管理规定》第九条

续表

单位类别	从事网络出版服务应具备的条件	出处
其他单位	（三）除法定代表人和主要负责人外，有适应网络出版服务范围需要的 8 名以上具有国家新闻出版广电总局认可的出版及相关专业技术职业资格的专职编辑出版人员，其中具有中级以上职业资格的人员不得少于 3 名； （四）有从事网络出版服务所需的内容审校制度； （五）有固定的工作场所； （六）法律、行政法规和国家新闻出版广电总局规定的其他条件。	《网络出版服务管理规定》第九条

随着这些与出版有关的法规规章内容的不断修订与完善，中国特色社会主义新闻出版法律体系基本形成。这一法律体系是以宪法为依据，以国务院颁布的《出版管理条例》《音像制品管理条例》《印刷业管理条例》等法律法规为核心，以新闻出版总署、国家新闻出版广电总局颁布或修订的《图书出版管理规定》《报纸出版管理规定》《期刊出版管理规定》《音像制品出版管理规定》《电子出版物出版管理规定》《互联网出版管理暂行规定》《出版物市场管理规定》《报纸期刊质量管理规定》等多部行政规章为基础，以《关于严格禁止买卖书号、刊号、版号等问题的若干规定》等众多规范性文件为补充所构成，内容涵盖出版、报刊、印刷或复制、市场监管和行政执法等众多领域形成的法律体系。

在这一法律体系中，《出版管理条例》《音像制品管理条例》《印刷业管理条例》《地图编制管理条例》是层级最高的四部行政法规。其中，《地图编制管理条例》是一部专门性的法规，仅适用于地图编制出版；而《出版管理条例》则源于出版法（草案），内容包括了对出版物印刷或复制、发行、进口等环节的管理，在出版法尚未出台的情况下，作为出版管理领域的基本法律规范，起着重要作用。

第二节　出版监管制度

一、出版单位监管

（一）出版单位的设立

根据法律所规定的条件和程序的不同，世界各国对设立出版单位大体实行两种制度，即登记制和审批制。实行登记制的国家对设立出版单位控制较为宽松，个人或组织只要符合资金、场所等一定条件并到登记机关履行登记手续，便可以设立出版单位，从事出版活动；实行审批制的国家对出版单位的设立控制比较严格，要求必须满足一定的条件，并且必须履行法定的申请、批准手续，经过主管的行政机关审查批准，方可设立出版单位，从事出版活动。

中华人民共和国成立后，我国一直实行的是设立出版单位审批制，各个时期审批主体也不尽相同。1978年，在国务院批转国家计委等部门《关于开展节约纸张工作的报告》中提出："建立出版社要经国家出版局研究同意，报党中央宣传部批准；出版全国性的社会科学、文艺、体育以及工、青、妇等群众教育期刊要经党中央宣传部批准；出版全国性的自然科学和医药卫生期刊要经国家科委批准；地方性期刊要经省、自治区、直辖市党委批准。经批准出版的刊物，都要报国家出版局和省、市、自治区出版行政机关备案。"①1982年，中宣部印发《关于改变期刊审批办法的通知》，其中规定，创办哲学、社会科学类期刊由文化部审批；自然科学类期刊，统由国家科委审批；解放军系统创办期刊，统由总政治部审批；地方出版的期刊仍由各省、市、自治区党委审批。所有新办期刊，都要向中宣部备案。同年10月，文化部②

① 中国新闻出版研究室.中华人民共和国出版史料：第15卷［M］.北京：中国书籍出版社，2013：292.

② 1982年5月5日，文化部、国家出版事业局等五部委合并组成新的文化部，内设出版事业管理局。

也发布《审批期刊实施办法》，其中规定，中央有关部门、国务院有关部委和全国性群众团体及其所属单位申请创办哲学、社会科学类期刊统由文化部审批，并向中宣部备案。1997年《出版管理条例》的发布，将这些关于设立出版单位审批的政策文件以国务院法规的形式固定了下来，明确设立出版单位须报国务院出版行政主管部门审批。

《出版管理条例》中规定，国务院出版行政主管部门制定全国出版单位总量、结构、布局的规划，指导、协调出版产业和出版事业发展。审批设立出版单位，应当符合国家关于出版单位总量、结构、布局的规划。《出版管理条例》还规定了设立出版单位应当具备的条件及审批流程。设立出版单位，应当具备出版单位的名称及章程、主办单位及其主管机关、确定的业务范围、注册资本、固定的工作场所、组织机构、编辑出版专业人员等。设立出版单位的审批流程（见图6-1），即由其主办单位向所在地省、自治区、直辖市人民政府出版行政主管部门提出申请；省、自治区、直辖市人民政府出版行政主管部门审核同意后，报国务院出版行政主管部门审批。设立的出版单位为事业单位的，还应当办理机构编制审批手续。[①]

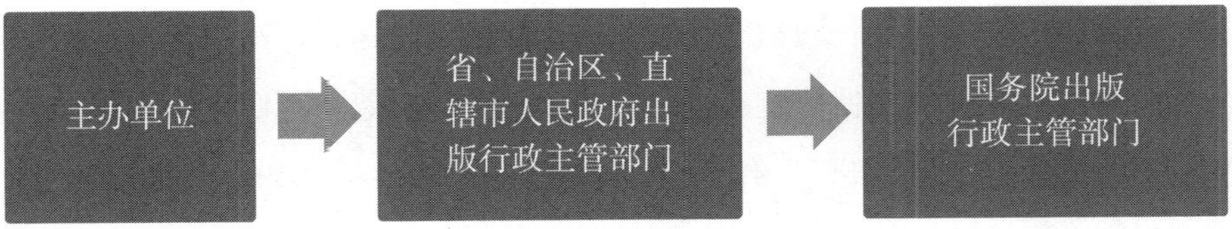

图6–1　设立出版单位的审批流程

根据《音像制品管理条例》的规定，设立音像出版单位应当具备音像出版单位的名称及章程、主办单位及其主管机关、确定的业务范围、适应业务范围需要的组织机构和符合国家规定的资格条件的音像出版专业人员、适应业务范围需要的资金设备和工作场所等条件。审批设立音像出版单位，要符合音像出版单位总量、布局和结构的规划。

由此看来，我国对出版单位的数量和结构等实行总体控制。出版单位的

① 新闻出版总署法规司.中华人民共和国新闻出版法规文件选编［M］.北京：商务印书馆，2010.

设立不仅需要满足名称、业务范围、注册资本、办公场所等要求，还须有主办单位及主管机关，即我国目前尚不允许以个人、合伙、合作、外资等形式开办出版单位。

上述主办单位及其主管机关是指“符合国务院出版行政主管部门认定的主办单位及其主管机关”，即通常所说的出版单位主办主管制度。我国出版单位的主办主管制度是随着历史演进而逐步形成的。新中国成立初期，出版单位的数量虽然不多，但基本都规定了主管单位。如人民出版社为直属出版总署的国营出版企业①；人民教育出版社由中央人民政府教育部及出版总署共同负责②；法律出版社在编辑方针、编辑业务上受中国政治法律学会领导，在出版业务及财务管理上受文化部出版事业管理局领导等。由此，逐步形成中央各部委所办所管、地方新闻出版部门及其他有关部门所办所管、各大学及其上级教育部门所办所管、各重要科研单位及其上级科研机构所办所管、全国性人民团体所办所管、中国人民解放军所办所管等几大类管办系统。③

20世纪80年代，因许多部门在经批准设立出版单位后疏于管理，1987年发出《中共中央关于坚决妥善地做好报纸刊物整顿工作的通知》，提出要加强主办主管部门责任。同年5月，为了加强对出版物的管理，发布了《新闻出版署关于报纸、期刊和出版社重新登记注册的通知》，把“有切实担任领导责任的主办单位和上级主管部门”作为审查合格的标准之一。1988—1990年，新闻出版署发布的《期刊管理暂行规定》和《报纸管理暂行规定》，都把能切实担负领导责任的主办单位和主管部门作为期刊、报纸的审批条件之一。1993年，新闻出版署发布《关于出版单位的主办单位和主管单位职责的暂行规定》，明确了出版单位的主办单位和主管单位的职责，形成了比较完善严密的主办主管制度。1997年，国务院发布的《出版管理条例》，规定设立出版单位必须具

① 胡愈之，叶圣陶，周建人.中央人民政府出版总署关于国营书刊出版印刷发行企业分工专业化与调整公私关系的决定［J］.山西政报，1950（11）：129-133.

② 魏玉山.出版单位主管主办制度的历史发展和现实思考［J］.编辑学刊，2013（4）：15-19.

③ 宋木文.亲历出版30年——新时期出版纪事与思考：下卷［M］.北京：商务印书馆，2007：646.

备“有符合国务院出版行政部门认定的主办单位及其必要的上级主管机关”。

实行设立出版单位审批制是由我国各个历史阶段的政治经济发展条件和社会现实所决定的。当前，我国经济、政治、文化等各方面仍处于不断发展完善之中，出版单位审批制度能够保证公民政治参与水平与政治制度建设相协调。从长远来看，随着我国经济发展和社会全面进步，政治文明建设的积极推进，公民创办出版单位的条件必将走向成熟。

（二）出版单位的行为规范

1. 出版单位的经营范围

新闻出版监管部门一直通过审批各出版社经营范围的方式，严格规定了各出版社的经营领域，确定各出版社之间的产品分工。各出版社的出书范围未经主管机关批准，不得任意改变。1983年发布的《中共中央、国务院关于加强出版工作的决定》中规定：“不同性质的出版社，要按照各自的分工和特点，确定出书范围。各类专业出版社，要集中力量出好有关本专业的图书，各大学出版社，要根据各自的教学和科研任务安排出书，各出版社都不得越出确定的出书范围。”①1990年发布的《新闻出版署关于出版社重新登记注册工作几个问题的通知》中规定，所有出版社必须严格遵守专业分工，按照重新登记所核定的出书范围出书。超分工、超范围出书，将视情节轻重，给予没收利润、罚款等处分。②确定各出版社经营范围的主要原则是既设立一定数量的综合性出版社，又按照专业大类设立若干专业性出版社，并且在地理布局上和系统布局上力求平衡。③

2. 重大选题备案制度

20世纪80年代起，出版市场出现了许多选题较为敏感的图书，如有关性

① 参见：《中共中央、国务院关于加强出版工作的决定》，中国共产党中央委员会、国务院于1983年6月6日发布。

② 参见：《新闻出版署关于出版社重新登记注册工作几个问题的通知》，新闻出版署于1990年5月10日发布。

③ 张新华. 转型期中国出版业制度分析［M］. 北京：中国传媒大学出版社，2010.

知识的图书、人体摄影图书、苏联和东欧共产党问题的图书等。[①]针对这类新事物，1990年中共中央宣传部、新闻出版署、中央文献研究室在《关于出版、发表毛、周、刘、朱、任、邓、陈和现任中央常委著作的几项补充规定》中提出，如果正式出版这类文稿，需经中央文献研究室审批，并报新闻出版总署备案。[②]1997年，新闻出版署颁布了《图书、期刊、音像制品、电子出版物重大选题备案办法》，其中规定，国家军事、经济、政治、文化等会产生影响的15类选题，如党和国家的重要文献、文件选题，党和国家曾任和现任领导人的著作、文章以及有关其生活和工作情况的选题，涉及民族问题和宗教问题的选题，涉及党和国家秘密的选题，涉及国防建设的选题，涉及中共党史上的重要人物和重要事件的选题，涉及苏联、东欧等国家领导人的选题，涉及"文化大革命"的选题，等等，在出版之前必须在新闻出版署备案。自此，选题备案成为一项重要的制度。2001年，国务院公布的《出版管理条例》《音像制品管理条例》和2008年新闻出版总署公布的《图书出版管理规定》《电子出版物出版管理规定》都有相关备案内容。

例如，《出版管理条例》第二十条规定，出版社的年度出版计划及涉及国家安全、社会安定等方面的重大选题，应当经过所在地省、自治区、直辖市出版行政主管部门审核后报国务院出版行政主管部门备案。涉及重大选题，未在出版前报备案的出版物，不得出版。期刊社的重大选题，也应按规定办理备案手续。[③]《图书出版管理规定》第二十二条规定，图书出版实行重大选题备案制度。涉及国家安全、社会安定等方面的重大选题，涉及重大革命题材和重大历史题材的选题，应当按照新闻出版总署有关选题备案管理的规定办理备案手续，未经备案的重大选题，不得出版；第二十三条规定，图书出版实行年度出版计划备案制度。图书出版单位的年度出版计划，必须经过省、自治区、直辖市新闻出版行政部门审核后报新闻出版总署备案。[④] 2019年，

① 张丽.新中国的出版政策研究［D］.湛江：广东海洋大学，2013.

② 宋原放.中国出版史料（现代部分）：第3卷上册［M］.济南：山东教育出版社，2000：413.

③ 参见：《出版管理条例》第二十条。

④ 参见：《图书出版管理规定》第二十二条、第二十三条。

国家新闻出版署发布新版《图书、期刊、音像制品、电子出版物重大选题备案办法》，列入涉及国家安全、社会稳定等方面的重大选题，具体包括12项。对于列入备案范围的重大选题，出版单位在出版前，应报国家新闻出版署备案，未经备案批准，不得出版发行①，并就不同界别、不同选题对报备程序作出具体规定。

重大选题备案制度能够保障和提高出版物的质量和水平，促进出版业进一步繁荣和发展，能够满足人民群众日益增长的文化需求，并确保国家安全、文化安全、社会稳定，切实维护出版管理秩序，是符合中国实际情况，具有中国特色的一项制度。

3. 书号、刊号、版号监管

书号、刊号和版号，均由英文字母和阿拉伯数字组成，书号是图书的统一编号，刊号是报纸和期刊的统一编号，版号是音像制品的统一编号，它们本身没有任何价值，但在20世纪80年代末期，开始出现买卖书号、刊号的现象。为此，1989年，发布了《新闻出版署关于在全国出版社整顿协作出版、代印代发的通知》，该通知指出："一个时期以来，借协作出版之名买卖书号之风盛行""这种以书号进行的交易，实际上是出卖国家赋予出版单位的出版权，是出卖出版社的名声，败坏出版社的声誉，经查证落实确属卖书号或变相卖书号行为的，除没收卖书号所得利润和从重罚款之外，对出版社还要给予停业整顿或撤销登记的处分。隐瞒不报，如经发现要加重处罚。对违反协作出版、代印代发规定，一犯再犯，问题严重的出版社，要给予停业整顿和撤销登记的处分；同时，还要追究出版社领导者个人的责任，直至撤销职务；违反法律的，应追究法律责任，对有关责任者个人，也要予以处分"。②但是，买卖书号的风气和行为并未就此停止或消失。

1993年发布的《中共中央宣传部、新闻出版署关于禁止"买卖书号"的

---

① 参见：《图书、期刊、音像制品、电子出版物重大选题备案办法》第二条、第三条。

② 中华人民共和国新闻出版署政策法规司.中华人民共和国现行新闻出版法规汇编［M］.北京：人民出版社，1991：236-238.

通知》，严禁任何个人、任何单位以任何形式买卖书号。1997年，中共中央宣传部和新闻出版署联合发出《关于严格禁止买卖书号、刊号、版号等问题的若干规定》，其中规定：第一，严禁出版单位买卖刊号、书号和版号，凡是以刊号费、书号费、版号费、管理费或其他名目收取费用、出让国家出版行政管理部门赋予的权力，给外单位或个人提供刊号、书号、版号，放弃编辑、印刷、发行等任何一个环节的责任，均按买卖刊号、书号、版号查处；第二，严禁任何个人和单位以任何名义直接或间接地购买刊号、书号、版号，并参与出版、印刷、发行等活动；第三，出版单位必须建立健全严格的刊号、书号、版号的管理制度，指定专人负责刊号、书号和版号的管理，不得将刊号、书号和版号承包到编辑部和个人。[①] 2001年，国务院总理朱镕基在视察新闻出版总署时指出，出版部门的行业不正之风不小，几次出现政治错误和大问题，都是因为买卖书号，躲避审查。强调必须通过法制化的手段，制止出版行业不正之风，制止不管政治后果的唯利是图行为。[②]

2009年，新闻出版总署发布《书号实名申领管理办法（试行）》。其中规定，出版单位在图书出版活动中按书稿实名申领书号，相关部门见稿给号，一书一号。新闻出版总署强调，要坚决严格禁止买卖书号和“一号多用”的行为。出版单位在按规定完成书稿三审程序后，才可进行书号实名申请领取。涉及党和国家领导人等重大题材作品和涉及国家安全、社会安定等方面的重大选题，要严格执行重大选题备案办法，在履行重大选题备案手续后才可实名申请领取书号。同时，《出版管理条例》还规定，出版单位不得向任何单位或者个人出售或者以其他形式转让本单位的名称、书号、刊号或者版号、版面，并不得出租本单位的名称、刊号。对于违反这一规定的行为，则主要采取追惩制的方式予以惩治。

① 新闻出版总署法规司.中华人民共和国新闻出版法规文件选编［M］.北京：商务印书馆，2010：103.

② 《朱镕基讲话实录》编辑组.朱镕基讲话实录：第四卷［M］.北京：人民出版社，2011：293.

4. 出版单位自行审查制度

根据《图书质量保障体系》的相关规定（见表6–2），出版社在出版物出版后的约束机制包括坚持出版社年检登记制度、坚持图书售前送审制度、坚持随机抽样审读制度。

表6–2　《图书质量保障体系》相关法条摘述

约束机制	相应法条	具体内容
出版社年检登记制度	第三十条	出版社年检实行“一年一自检，两年一统检”，即每年出版社结合总结工作，自我检查；每两年由新闻出版署组织全国出版社统一检查。
图书售前送审制度	第三十三条	图书市场管理部门要严格按照有关规定加强对批发、零售样书的售前审核，不论是批发市场还是零售市场（摊点），凡进场（摊点）销售的图书必须报经当地图书市场管理部门审核，未经报审批准，不得批发、零售；擅自批发、进货销售者，应根据有关规定，给予行政处罚。
随机抽样审读制度	第三十四条	各级出版行政部门要有重点、有目的、有针对性地组织有经验、有水平的审读人员，对所辖地区出版社出版的和市场上销售的图书内容进行随机抽样审读，对优秀图书要向读者大力推荐；对有问题的图书要及时处理并向上报告；对倾向性问题要及时向上汇报，向下打招呼。

二、出版人员监管

（一）出版人员资格制度

《出版管理条例》规定，国家对在出版单位从事出版专业技术工作的人员实行职业资格制度；出版专业技术人员通过国家专业技术人员资格考试取得专业技术资格。[①]国家对新闻出版行业实行从业人员持证上岗制度。国家新闻出版署（新闻出版总署）负责制定出版专业技术人员职业资格管理规定并实

① 参见：《出版管理条例》第五十三条。

施管理。[①]

（二）出版人员行为规范

《出版管理条例》规定了出版社实行编辑责任制[②]，《图书质量保障体系》明确了编辑出版责任机制包括前期保障机制、中期保障机制、后期保障机制。

1. 前期保障机制

责任编辑在选题策划时不仅需要遵守《图书、期刊、音像制品、电子出版物重大选题备案办法》中规定的有关15类选题的重大选题备案审查制度，同时贯彻选题论证制度，即责任编辑提出的选题必须经过部门的论证，并且报备副总编辑、总编辑和社长及有关部门负责人，全部通过后才能确定选题，以确保选题符合党和国家的政策法规。

2. 中期保障机制

坚持稿件三审责任制度，编辑过程不仅要注意稿件的政治性和政策性问题，同时切实坚持稿件的科学性、艺术性和知识性问题。坚持责任校对制度和“三校一读”制度，以保证图书质量。

3. 后期保障机制

坚持图书成批装订前检查制度，由印刷的业务人员、责任编辑、责任校对及出版社领导对装订样书的质量进行审核，没问题后才能成批装订。在此期间，如果责任编辑失职，不仅要追究其法律责任，出版单位的法人和责任人同样难免其责。另外，此环节适用的法律依据还有关于图书重版前审读制度、图书征订广告审核制度、书刊号管理、人员管理的法规、规章、条例。

三、出版物内容监管

《出版管理条例》第五条规定，各级人民政府必须保障公民依法行使出版自由的权利。但公民在行使出版自由权利的同时不得损害国家的、集体的和

① 参见：《出版专业技术人员职业资格管理规定》第六条。

② 参见：《出版管理条例》第二十四条。

社会的利益，以及其他公民的自由和权利，不得违反宪法确定的基本原则。[①]《出版管理条例》同时指出，公民可以在出版物上自由表达自己对国家事务、经济和文化事业、社会事务的见解和意愿，自由发表自己从事科学研究、文学艺术创作和其他文化活动的成果。合法出版物受法律保护，任何组织和个人不得非法干扰、阻止、破坏出版物的出版。[②]虽然公民享有出版自由，但《出版管理条例》第二十五条又强调，任何出版物不得含有下列内容：

（一）反对宪法确定的基本原则的；

（二）危害国家统一、主权和领土完整的；

（三）泄露国家秘密、危害国家安全或者损害国家荣誉和利益的；

（四）煽动民族仇恨、民族歧视，破坏民族团结，或者侵害民族风俗、习惯的；

（五）宣扬邪教、迷信的；

（六）扰乱社会秩序，破坏社会稳定的；

（七）宣扬淫秽、赌博、暴力或者教唆犯罪的；

（八）侮辱或者诽谤他人，侵害他人合法权益的；

（九）危害社会公德或者民族优秀文化传统的；

（十）有法律、行政法规和国家规定禁止的其他内容的。[③]

《出版管理条例》还规定，以未成年人为对象的出版物不得含有诱发未成年人模仿违反社会公德的行为和违法犯罪的行为的内容，不得含有恐怖、残酷等妨害未成年人身心健康的内容。[④]出版物的内容不真实或者不公正，致使公民法人或者其他组织的合法权益受到侵害的，其出版单位应公开更正，并承担其他民事责任。[⑤]出版物必须按照国家有关规定载明作者、出版者、印刷者或者复制者、发行者的名称、地址，刊号、书号或者版号，出版日期、刊期等。[⑥]与选题备案政策一样，对出版物内容的相关政策，同样可以避免出版

① 参见：《出版管理条例》第五条。

② 参见：《出版管理条例》第二十三条。

③ 参见：《出版管理条例》第二十五条。

④ 参见：《出版管理条例》第二十六条。

⑤ 参见：《出版管理条例》第二十七条。

⑥ 参见：《出版管理条例》第二十八条。

界负面内容蔓延，促进社会主义物质文明和精神文明健康有序的发展，维护国家安全和社会稳定。

除了《出版管理条例》外，《中华人民共和国刑法》《中华人民共和国国家安全法》《中华人民共和国保守国家秘密法》《中华人民共和国治安管理条例》《中华人民共和国未成年人保护法》《中华人民共和国著作权法》《中华人民共和国反不正当竞争法》等法律法规也都包含着一些以内容为基础对出版自由加以限制的规定。例如，依照刑法在出版物内容上可能发生犯罪的有煽动分裂国家罪、煽动颠覆国家政权罪、泄露国家私密罪、制作传播淫秽物品罪、损害商业信誉罪、侮辱罪、诽谤罪等。未成年人保护法中规定，制作或者向未成年人出售、出租或者以其他方式传播淫秽、暴力、凶杀、恐怖、赌博等图书、报刊、音像制品、电子出版物和网络信息等的，由主管部门责令改正，依法给予行政处罚。

虽然目前从我国的立法上零星可见有关出版物内容的约束，不过还是缺乏针对淫秽、色情等内容进行专门制约的单行法。另外，在对出版物内容的判断标准及处理措施方面仍待完善。

四、印刷、复制和发行单位监管

（一）印刷、复制环节

此环节是出版活动的重要环节，指经过加工将出版物内容转移到承印物上，此环节的依法管理对促进出版市场发展具有重要意义。[①]

《出版管理条例》对印刷或复制单位的设立进行了规定。[②]另外，还出台了一系列有关印刷活动的规章、条例，如1990年的《印刷、复制等行业复制

① 胡磊.我国出版物市场管理研究［D］.武汉：武汉大学，2005.

② 参见：《出版管理条例》第三十一条："从事出版物印刷或者复制业务的单位，应当向所在地省、自治区、直辖市人民政府出版行政主管部门提出申请，经审核许可，并依照国家有关规定到工商行政管理部门办理相关手续后，方可从事出版物的印刷或者复制。未经许可并办理相关手续的，不得印刷报纸、期刊、图书，不得复制音像制品、电子出版物。"

国家秘密载体暂行管理办法》，1992年的《书刊印刷产品质量监督管理暂行办法》，1997年的《图书质量保障体系》，2001年的《印刷业管理条例》《印刷业经营者资格条件暂行规定》，2002年的《设立外商投资印刷企业暂行规定》，2011年的《数字印刷管理办法》等，对印刷单位的设立、变更、终止、经营、印刷内容及质量作了详细的规定。

（二）发行环节

此环节即将出版物投入市场进行流通，是公众使用出版自由权利的重要保障，对其进行规范、监督管理，以建立全国统一、开放、竞争、有序的出版物市场体系，国家允许外资、民营资本进入图书、报纸、期刊、音像、电子出版物发行业务，并通过一系列法规进行管控。①

《出版管理条例》对从事出版物发行业务的单位设立、变更、终止进行了规定。②另外，还出台一系列规范出版发行、分销、出版物进出口等方面的法规，如1989年的《关于加强集体、个体、私营书店（摊）管理的暂行规定》，1991年的《图书总发行管理的暂行规定》《关于出版社自办发行图书的暂行规定》，2000年的《出版物批发市场管理暂行办法》，2003年的《外商投资图书、报纸、期刊分销企业管理办法》，2010年的《关于严格规范内部发行报刊及连续性内部资料性出版物市场秩序的通知》，2010年的《关于促进出版物网络发行健康发展的通知》，2011年的《出版物市场管理规定》《订户订购进口出版物管理办法》，等等。

---

① 潘晓玲.出版法律体系构建的研究［D］.杭州：浙江大学，2013.

② 参见：《出版管理条例》第三十五条："单位从事出版物批发业务的，须经省、自治区、直辖市人民政府出版行政主管部门审核许可，取得《出版物经营许可证》。单位和个体工商户从事出版物零售业务的，须经县级人民政府出版行政主管部门审核许可，取得《出版物经营许可证》。"《出版管理条例》第三十七条："从事出版物发行业务的单位和个体工商户变更《出版物经营许可证》登记事项，或者兼并、合并、分立的，应当依照本条例第三十五条的规定办理审批手续。从事出版物发行业务的单位和个体工商户终止经营活动的，应当向原批准的出版行政主管部门备案。"

第三节 监管方式

一、行政处罚

在出版监管领域，违反《出版管理条例》《网络出版服务管理规定》等相关法律法规的行为，都有可能受到行政处罚。实践中，常见的受到行政处罚的出版违法违规行为主要有以下几种。

1.未经批准擅自从事出版物的出版、发行等业务

【典型案例】

2019年3月，北京市文化市场综合执法总队接到举报，反映北京多家公司在某网店公开违规销售图书。经查，涉案图书非出版单位正式出版，系合作方擅自加印。目前，执法总队对12家网店作出没收违法所得合计33万元的行政处罚，对擅自从事出版物出版的2家公司作出没收违法所得、罚款合计1073万元的行政处罚。

2.非法出版、发行含有淫秽、色情等禁止内容的出版物

【典型案例】

2018年11月，河南省某市文化市场综合执法支队查处一起利用微信公众号违法从事网络出版服务案件。经查，该单位利用微信公众号“某书阁”发布网络小说却并未办理《网络出版服务许可证》，其微信公众号发布的网络小说出版物语言文字含有宣扬淫秽、色情禁止内容，市文化市场综合执法支队依法对涉案单位擅自从事网络出版服务的行为予以取缔，删除全部相关网络出版物，没收违法所得2684.08元和从事违法出版活动的笔记本电脑1台，并处以罚款人民币1万元的行政处罚；对其出版、传播含有宣扬淫秽、色情禁止

内容的网络出版物的行为，处以罚款人民币1万元的行政处罚。合并罚款人民币共计2万元。

3. 未经批准擅自从事网络出版服务

【典型案例】

国家新闻出版广电总局和全国“扫黄打非”工作小组办公室在开展专项整治行动期间，发现上海某网络科技有限公司通过其开办的某网站及移动端应用程序（App），在境内为大量未经广电总局审批的境外网络游戏作品提供下载和宣传推广，其中包括涉嫌含有教唆犯罪、宣扬淫秽色情和血腥暴力等违法违规内容的游戏作品，以及大量根据日本漫画改编、格调低俗的游戏作品。根据《出版管理条例》《网络出版服务管理规定》等相关法规规定，该行为属于非法出版活动，且涉及的非法出版物数量极大，情节恶劣，依法给予其停业整顿3个月，罚款31.86万元的行政处罚。

4. 未经批准擅自上网出版网络游戏（含境外著作权人授权的网络游戏）

【典型案例】

2019年12月前后，北京市文化市场综合执法总队陆续接到举报，反映在某平台应用商店的一款手机游戏涉嫌无版号上线运营。经查，该游戏由北京某科技有限公司提供并运营，游戏可下载、可使用、可充值。该款游戏未取得版号，存在未经批准，擅自上网出版网络游戏的行为。执法人员调取了该游戏的后台经营数据，经认定，违法经营额为人民币10.107万元。根据《网络出版服务管理规定》《出版管理条例》等法规，执法总队责令游戏运营公司删除全部相关网络出版物，并处罚款人民币70.749万元的行政处罚。该案件是网络游戏审批监管改革后北京市查处的首例网络游戏违规案件，是执法总队近年来对网络游戏企业作出的较大数额罚款案件。

二、行政指导

行政指导作为典型的柔性执法方式，是行政执法机制创新、方法创新的产物，和行政处罚、行政强制等刚性手段相配合，刚柔相济，更有利于实现出版市场的健康、良性发展。

2021年2月，发布了《国家新闻出版署关于做好2021年印刷复制发行管理工作的通知》，鼓励书店与超市、电影院、商贸中心等开展混业经营，提升实体书店可持续发展能力。以文明城市建设为引领，推动城市书报刊亭改造提升。引导实体书店进行数字化改造，鼓励网上书店和实体书店深入合作，打造图书新零售模式。

2020年2月25日，上海市司法局、上海市文化和旅游局联合印发《文化市场轻微违法违规经营行为免罚清单》（以下简称“文化免罚清单”），将文化市场领域16项轻微违法行为纳入免罚范围，其中包括出版领域。文化免罚清单自2020年3月1日起实施，为文化领域各类企业，特别是中小企业、新业态、创新型企业提供更宽容的制度环境，进一步激发市场活力。同时，文化免罚清单规定行政执法单位对免罚的轻微违法行为，应当坚持处罚与教育相结合的原则，及时通过批评教育、指导约谈等措施，精准帮扶企业，促进经营者依法合规开展经营活动。

三、行政奖励

行政奖励对于出版市场的日常行政监管，有效打击制售侵权盗版等非法出版物的违法犯罪分子以及净化出版物市场和网络文化空间均发挥着重要作用。实践中，买卖版号、“制黄”、“贩黄”、侵权盗版各类非法出版活动屡见不鲜、层出不穷，而行政资源有限，对出版市场的有效监管，离不开广大人民群众的支持和参与。为鼓励调动广大人民群众参与打击各类非法出版活动的积极性，保障出版事业健康有序发展，相关部门制定出台了各类文件。如《出版物被盗版举报奖励办法》《全国“扫黄打非”工作小组办公室、财政部、国家新闻出版署、国家版权局关于印发〈“扫黄打非”工作举报奖励办法〉的通知（2018修订）》《全国“扫黄”工作小组、财政部、公安部、新闻出版署、国家版权局关于颁发〈对举报“制黄”、“贩黄”、侵权盗版和其他非法出版活动有功人员奖励办法〉的通知》，等等。根据相关规定，对于举报非法出版活动、淫秽色情信息有功人员，视不同情况，按照不同的标准予以奖励。

【典型案例】

2018年，根据群众举报，辽宁、河南、湖北等地先后查办了辽宁大连“8·29”宋某某等人销售侵权盗版图书案等5起案件，共查缴涉案图书386万余册，码洋达1376万元。

宋某某等人销售侵权盗版图书案，现场查获涉嫌盗版图书8种4000余册，码洋达30余万元。经公安部门进一步侦办，在北京抓获其上线供货方，查缴图书金额达60余万元，刑事拘留犯罪嫌疑人宋某某、常某某。河南郑州“8·05”仓储非法出版物案，共查获非法出版物93种22万余册，总码洋1039万元。河南郑州“8·24”仓储非法出版物案，现场查缴涉嫌非法出版物17种507包，外有部分散装图书，总计9万余册，码洋69万元。河南郑州“9·26”仓储非法出版物案，共查缴19种52528册，码洋1648万元。湖北某书社销售盗版图书案，现场查缴侵权图书1118册，涉案金额1316万元。

为鼓励广大人民群众提供各类非法出版活动线索，及时打击违法印制、销售非法出版物犯罪，群策群力，切实维护全国出版市场健康有序发展。全国“扫黄打非”办公室根据有关规定，对辽宁大连“8·29”宋某某等人销售侵权盗版图书案等5起案件举报人发放一次性奖励金，共计12.379万元。

参考文献

［1］国家新闻出版署出版专业职业资格考试办公室.有关出版法律法规选编［M］.郑州：大象出版社，2019.

［2］刁其武.新中国图书出版的政府监管［J］.当代中国史研究，2003

（6）.

［3］冯晓青.《出版管理条例》最新修订的重大意义和内容探析［J］.出版发行研究，2011（6）.

思考题

1.请思考出版单位审批制度的意义。

2.随着互联网的发展、人工智能的兴起，也催生了出版领域新的问题和监管难点，请思考人工智能新闻出版存在哪些监管方面的难点？有哪些解决对策？

第七章　著作权监管

本章概要

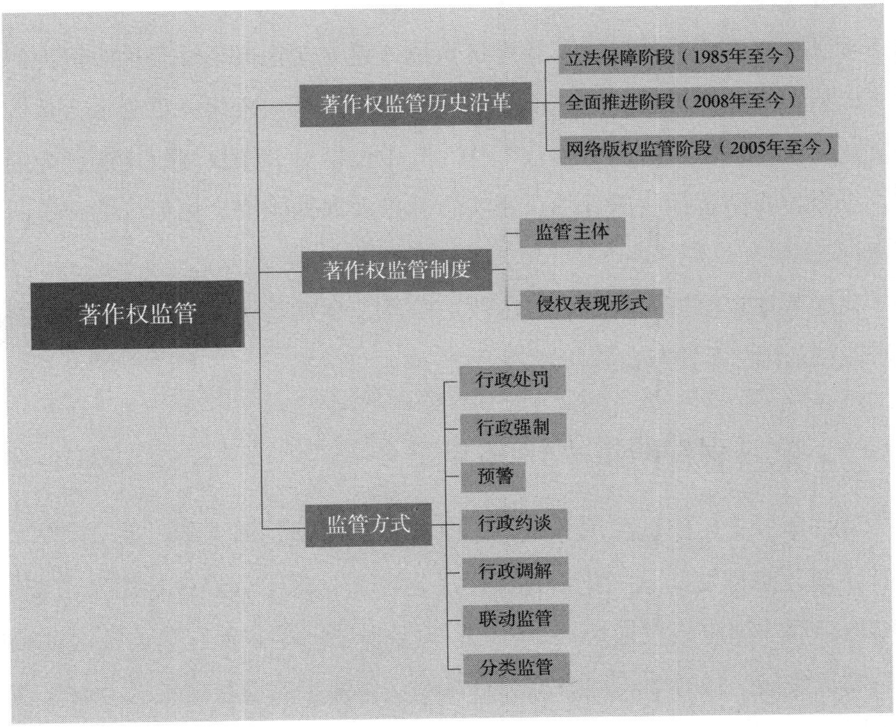

我国的著作权保护实行的是行政和司法双轨制的模式，行政保护即著作权监管部门进行的监管，对于著作权秩序的维护发挥了独特的作用，立足于公共利益，更具积极主动性，效率较高，并且可以突破个案，系统性地解决问题。著作权的行政监管经历了怎样的历史沿革，监管有何特点，监管的具体内容有哪些，有哪些监管方式和监管手段？本章将为您揭晓。

第一节 著作权监管历史沿革

按照我国法律法规规定，著作权监管主要是由著作权主管部门负责，根据2020年修订的《中华人民共和国著作权法》（以下简称“著作权法”）的规定，国家著作权主管部门即国家版权局负责全国的著作权管理工作，县级以上地方主管著作权的部门负责本行政区域的著作权管理工作。在2004年8月下发《关于在文化体制改革综合试点地区建立文化市场综合执法机构的意见》以后，全国各省市相继建立了文化市场综合执法机构，负责本行政区域内文化市场领域的综合行政执法工作，其中包括对著作权侵权违法行为的处罚。至今，我国著作权监管的执法实施工作大部分皆由文化市场综合执法队伍进行。

我国著作权监管大致可以分为三个阶段，分别是立法保障阶段、全面推进阶段以及网络著作权监管阶段。

一、立法保障阶段（1985年至今）

1985年，文化部呈报国务院，建议在文化部设立国家版权局。同年7月25日，国务院批复同意文化部建议，决定将文化部出版局改称国家出版局。国家出版局与国家版权局为一个机构、两块牌子。国家版权局局长由国家出版局局长兼任。1987年，国务院决定撤销文化部所属国家出版局，设立直属国务院的新闻出版署，保留国家版权局，继续保持一个机构、两块牌子的形式。在此阶段，我国著作权监管的主要监管部门是国家版权局以及各省、自治区、直辖市人民政府的著作权行政管理部门。

1990年，第七届全国人民代表大会常务委员会第十五次会议通过了中华人民共和国第一部著作权法，其中明确规定了对著作权进行行政管理，标志着我国著作权行政管理法律制度的建立。1991年及1994年先后颁布了《中华人民共和国著作权法实施条例》和《对侵犯著作权行为行政处罚的实施办法》

（以下简称“办法”），这是为细化和完善著作权行政处罚所制定的部门规章，其中办法共25条，规定了著作权行政处罚的方式、程序等具体内容。1996年，第八届全国人民代表大会第四次会议通过了《中华人民共和国行政处罚法》（以下简称“行政处罚法”），根据行政处罚法、著作权法的规定，1997年国家版权局制定了新的《著作权行政处罚实施办法》（以下简称“实施办法”），取代了1994年的《对侵犯著作权行为行政处罚的实施办法》。

实施办法于2009年经过第二次重新制定并颁布，是著作权法的配套行政规章，是规范著作权监管部门作出行政处罚行为的重要依据。此次发布的实施办法扩充了应予行政处罚的违法行为，增加了《信息网络传播权保护条例》（2006年颁布）第十八条同时损害公共利益的侵权行为；第十九条、第二十五条所列举的侵权行为；《著作权集体管理条例》（2004年颁布）第四十一条、第四十四条规定的应予以行政处罚的行为。根据行政处罚法和著作权法律法规的规定，实施办法增加了“警告”、“没收侵权制品”和“没收安装存储侵权制品的设备”等3项新的行政处罚种类。实施办法的此次修订明确界定了著作权监管的执法主体，明确了侵害著作权违法行为的定义，限定了实施行政处罚的种类，明确了著作权行政处罚的程序，增强了行政处罚的透明度。同时，对著作权法及行政处罚法有关规定作了进一步细化，如明确了“情节严重行为”、行政处罚的“听证数额”、著作权侵权案件的管辖。这次修订增强了办法的可操作性，规范了著作权监管程序，提高了著作权监管的效率。

著作权法在初次制定后又经历了两次修订，在2012年3月31日开始了第三次修订计划，根据国务院立法工作计划，国家版权局草拟了《中华人民共和国著作权法（修改草案）》公开征求社会各界意见。2020年4月，十三届全国人大常委会第十七次会议审议了《中华人民共和国著作权法（修正案草案）》，并向社会公开征求意见。2020年11月11日，第十三届全国人民代表大会常务委员会第二十三次会议通过《全国人民代表大会常务委员会关于修改〈中华人民共和国著作权法〉的决定》，新修改的著作权法自2021年6月1日起施行。

2001年，国务院颁布了《计算机软件保护条例》。2015年，为了适应修改后的著作权法等法律法规，解决实施办法与著作权行政执法工作实践不相适应的问题，国家版权局就《著作权行政处罚实施办法（修订征求意见稿）》向社会公开征求意见。

【前沿探讨】

2020年11月11日，第十三届全国人民代表大会常务委员会第二十三次会议通过了《全国人民代表大会常务委员会关于修改〈中华人民共和国著作权法〉的决定》，标志着历经十年的著作权法第三次修订工作完成。修订的主要包括以下内容。（一）把“电影及类电作品”统一修订为“视听作品”，更具包容性。（二）扩大复制权和广播权的概念。在复制权的表述中增加“数字化”复制方式。把广播权拓展到“无线或者有线”，使得广播权可以控制作品的有线非交互传播行为，解决了实时或定时网播的争议。（三）把原作品分类中的第九项“法律、行政法规规定的其他作品”修订为“符合作品特征的其他智力成果”，可以容纳更多新类型作品。（四）创设了“职务表演”权利归属规则，强调演员在职务演出中原则上只享有署名权和获得报酬权，就新闻领域的职务作品作了特别的规定，把报社、期刊社、通讯社、广播电台、电视台的工作人员创作的职务作品界定为特殊的职务作品，即作品的撰写者享有署名权以及单位给予的奖励，其他著作权法上的权利均属于单位所有。（五）将“时事新闻”澄清为“单纯事实消息”，明确只有对事实基本要素的简单交代才不受版权保护，加强了对时事新闻著作权保护。（六）将影视作品的著作权从“制片者”改为“制作者”，更贴近行业实际。（七）增加权利事项，延长保护期限。表演者被赋予了出租权，录音录像制作者被赋予了公开传播或者播送时的获酬权，广播组织被赋予了信息网络传播权。（八）加大赔偿力度。增加了确定损害赔偿数额的方法，调整了确定损害赔偿数额方法的顺序；增设了惩罚性赔偿制度，规定最低赔偿额500元，提高法定赔偿上限（50万元—500万元）；增设了举证妨碍制度（在一定前提下，法院可以责令侵权人提供侵权信息；如果侵权人拒不提供，法院可以参考权利人的主张和提供的证据确定赔偿数额）。

在著作权监管的立法保障阶段，我国陆续制定了较为完备的著作权保护法律规范，形成了一个较为系统的法律保护体系，为著作权保护事业奠定了坚实的法律基础。目前，已形成以著作权法为统领和核心，多层次法律法规为组成部分的著作权法律体系。这一体系对于保护著作权、鼓励创新、规范市场、发展产业，推动我国社会经济增长、科技进步和文化繁荣，提供了坚强有力的法治保障。

二、全面推进阶段（2008年至今）

随着行政处罚法以及著作权行政处罚相关法规规章的制定，我国著作权监管在法律执行上逐步加大力度，在继续制定相关的法律规范的同时，全面推进实践中对侵权案件的查处。司法与行政监管并行的双轨制发挥了积极作用，打击著作权违法和犯罪行为的力度不断加大。

2008年，国务院发布《国家知识产权战略纲要》，决定实施国家知识产权战略，明确提出到2020年把我国建设成为知识产权创造、运用、保护、管理水平较高的国家。国家知识产权战略确定了五个方面的战略重点：完善知识产权制度；促进知识产权创造和运用；加强知识产权保护；防止知识产权滥用；培育知识产权文化。知识产权战略首次上升为国家战略，该纲要是我国知识产权事业发展的指南。各级著作权行政管理部门根据该纲要全面推进著作权行政管理工作，“围绕中心、服务大局”，坚持把著作权工作服务于经济建设和文化繁荣作为首要任务，大力推进著作权创造与运用，促进著作权相关产业的健康发展。

“行政执法和市场监管”是我国著作权保护制度的特点和优势，各级著作权行政部门都积极开展加大著作权行政执法和市场监管力度的工作任务。在全面推进阶段，突出工作重点、加大著作权执法力度，着力改善著作权保护市场环境。各级著作权监管部门都认真开展打击侵害知识产权的专项行动，重点抓好侵权盗版大案要案的查处工作。在这个阶段，著作权监管部门加强主动监管，增强主动性，掌握主动权。把著作权监管工作与国家意识形态和文化安全结合起来，发挥著作权行政执法的保障作用，继续做好推进著作权法律、法规和规章的修改及稳妥应对著作权国际事务工作，为著作权行政执法提供便利条件和广阔空间。

2010—2011年开展的剑网行动力度空前，截至2011年6月，全国著作权行政执法部门及公安、电信等部门共查处网络侵权盗版案件1148起。2013—2018年，全国各级著作权行政执法部门共查处包括网络案件在内的各类侵权盗版案件22568起，依法关闭侵权盗版网站3908个，共公布重点作品预警名单29批、731部，下线盗版链接600余万条。[①] 2019年5—11月，专项行动删除侵权盗版链接110万条，收缴侵权盗版制品1075万件，查处网络侵权盗版案件450件，其中查办刑事案件160件、涉案金额5.24亿元。2020年6月，国家版权局、工业和信息化部、公安部、国家网信办四部门联合启动打击网络侵权盗版"剑网2020"专项行动，这是全国持续开展的第16次打击网络侵权盗版专项行动。剑网行动是贯彻实施《国家知识产权战略纲要》，净化网络版权保护环境的迫切要求，它虽然以打击网络侵权盗版作为著作权行政执法的重中之重（网络著作权的监管将在下文具体介绍），但是从另一个角度来说，反映了我国著作权监管正在进一步加大力度。专项行动能够在短时间内形成合力，对于遏制著作权侵权发挥了较为积极的作用。

在这个阶段，还有一个重要工作，就是全面推进软件正版化工作。加大对各地、各部门检查整改工作的督导检查力度，确保中央和地方政府机关分别于2011年5月底前和2011年10月底前完成软件正版化检查整改工作，配合财政和国家机关事务管理部门做好使用正版软件经费保障和软件资产管理工作，构建使用正版软件、抵制盗版软件的长效工作机制。加大推进企业使用正版软件工作力度，确保中央（央企三级）和省级国有大型企业（总部）在2011年内完成软件正版化，加快推进外资、民营企业软件正版化工作，做好30家企业软件资产管理试点工作。推动新闻出版行业率先垂范，尽快实现软件正版化工作目标。2013年12月顺利完成了中央、省、市、县四级政府机关

① 国家版权局对50家大型网站实施重点监管 5年下线盗版链接600余万条［EB/OL］.（2018-02-28）［2020-03-20］. http://ip.people.com.cn/n1/2018/0228/c179663-29839374.html.

软件正版化工作。

在监管部门打击侵权违法行为的行动中，出现了众多典型案例，以下列举几个案例供读者参考。

1. 打击盗版网络文学

【典型案例】

“某网”侵权案是“剑网2016”专项行动打击网络文学作品侵权盗版的典型案件。2015年10月，江苏省某市文化广电新闻出版局根据权利人举报，联合公安网警大队对该网站涉嫌侵犯著作权案进行调查。经查，2013—2015年，张某未经著作权人许可，将某些小说发布在其自建的“某网”上进行传播，并通过在网站发布广告，从百度广告联盟非法获利，非法经营额达66.7万元。2016年12月16日，江苏省某市人民法院依法作出刑事判决：张某犯侵犯著作权罪，判处有期徒刑三年十个月，并处罚金人民币34万元。

“剑网2016”专项行动将整治网络文学侵权盗版列为重点任务。本案既是“剑网2016”专项行动中打击网络文学侵权盗版的一起重大案件，也是行政执法与刑事司法有效协作、合力打击侵权盗版的典型案例。

2. 打击侵权影视作品

【典型案例】

2017年5—11月，广州市文化市场综合行政执法总队依法查处某网站侵犯影视作品信息网络传播权案，对网站开办者汤某作出没收违法所得5208元、罚款22.5万元的行政处罚。经调查，汤某开办该网站，未经著作权人许可，通过设置榜单、目录、索引、描述性段落、内容简介等方式，将某些正规视听网站影视作品进行聚合，供网民采取下载、浏览等方式获得作品，通过网络广告联盟营利，侵犯影视作品信息网络传播权。2017年8月，该案被国家版权局、全国“扫黄打非”办公室、公安部治安局、最高人民法院、最高人民检察院等5个部门列为挂牌督办案件。

3. 打击音乐著作权侵权行为

【典型案例】

某App侵权案是著作权行政执法部门深入整治网络音乐著作权秩序的典型案件。2016年4月，上海市文化市场行政执法总队根据权利人投诉，对上海某公司涉嫌侵犯信息网络传播权案进行调查。经查，该公司自2014年9月开始经营该客户端软件，日活跃用户量30万左右，下载量约1600万。该公司未经著作权人许可，通过该App向用户提供以一些音乐作品为代表的等90部音乐录音制品的在线浏览、收听和使用服务，并通过会员充值等途径获得经营收入。2016年6月28日，上海市文化市场行政执法总队依法对上海某公司作出行政处罚，罚款人民币20万元。

著作权监管部门坚决依据法律法规的规定，重拳出击，打击著作权侵权行为和违法犯罪行为，维护著作权市场的运行秩序，保护相关权利人的合法权益。在著作权监管的全面推进阶段，随着我国对知识产权的保护意识不断提高，保护力度不断加大，监管也不断加强。

三、网络著作权监管阶段（2005年至今）

网络著作权是指著作权人对其作品在网络环境下所享有的人身权利和财产权利的总称。近年来，随着互联网的迅猛发展，网络著作权问题日益突出，网络侵权盗版活动不仅侵害了权利人的合法权益，扰乱了网络传播秩序，也阻碍了文化产业的健康发展，成为制约我国互联网产业发展和文化安全的突出问题。网络著作权监管对于网络著作权秩序的维护发挥了独特的作用，立足于公共利益，更具积极主动性，效率较高，并且可以突破个案，系统性地解决问题。[1]

截至2005年6月底，中国网民数量首次突破1亿，宽带网络的用户达到5300万，首次超过窄带（电话拨号上网）用户。我国全面进入以博客为代表的Web2.0时代。这一年也被称为网络著作权保护元年。2005年4月，国家版权局与信息产业部发布了《互联网著作权行政保护办法》，设定了互联网信息服务提供者在收到著作权人通知和互联网内容提供者的反通知后的义务及法律责任，收到著作权人通知后，不立即采取措施移除相关内容，并做好记录的，将受到警告、三万元以下罚款的行政处罚。这是我国互联网领域著作权保护的第一部规章。

为了保障立法的有效实施，2005年9月，国家版权局会同公安部、信息产业部等部门下发《国家版权局等关于开展打击网络侵权盗版行为专项行动的通知》，这是我国第一次启动互联网领域著作权保护的专项行动，即持续至今的"剑网行动"。该次行动为期3个月，重点打击以营利为目的，通过网络提供电影、音乐、软件和教科书下载的非法经营行为，共查办网络侵权案件172件，关闭"三无"网站76家，责令137家网站删除侵权内容，对29家侵权网站共处78.9万元罚款，移送司法机关涉嫌刑事犯罪18件。

为鼓励投诉人提供网络著作权侵权线索，更好地保障权利人的权利，2006年国家版权局颁布了《著作权行政投诉指南》（以下简称"指南"），对投诉机关、投诉人、投诉范围、投诉时效、投诉材料、处理结果等作了规定。指南虽然只是版权局颁布的"非正式规则"，但仍具有行政机关内部拘束力和一定的对外拘束力，是正式法律规范的有效补充。2007年，国家版权局公布《举报、查处侵权盗版行为奖励暂行办法》，根据举报的侵权盗版案件影响程度或查获的违法财产数额确定奖励数额，每个案件的奖励金额不超过10万元。

除此之外，我国的网络著作权监管积极与国际接轨。随着我国互联网产业迅速发展对网络著作权保护需求的日益加强，以及1996年世界知识产权组织发布的两个关于互联网环境下的条约——《世界知识产权组织的版权条约》（WCT）和《世界知识产权组织的表演和录音制品条约》（WPPT）的通

---

① 郑宁.我国网络版权监管的历史发展和展望［J］.出版发行研究，2020（6）：5.

过，为了顺应国内国际的趋势，我国需要建立更加完善的网络著作权监管体系。2006年，国务院颁布的《信息网络传播权保护条例》，明确了网络侵权的行政责任，第十八条、第十九条规定了侵权和违法行为需要承担的行政责任，包括警告、责令停止侵权行为、没收违法所得、没收违法设备、罚款等。第二十五条规定，无正当理由拒绝提供或者拖延提供涉嫌侵权的服务对象的姓名（名称）、联系方式、网络地址等资料的，予以警告、没收违法设备的处罚。该行政法规比规章位阶高，设定了新的处罚种类，扩大了行政执法的范围，为网络著作权监管提供了更为充分的法律依据。在建立健全了网络著作权的法律体系之后，2007年3月，我国向世界知识产权组织递交了两个公约的加入书。同年6月，这两个条约在我国生效，我国的网络著作权监管正式与国际接轨。

针对网络著作权监管的剑网行动以网络著作权保护为抓手，以查处大案要案为手段，进一步净化网络著作权保护环境。剑网行动重点加强对音频、视频等视听作品、文学网站、网游动漫网站、社交平台以及网络电子商务平台的监控力度，重点围绕热播影视剧、新近出版的图书、网游动漫、音乐作品、软件、数据库、在线教育等，严厉打击未经许可非法上载、传播他人作品以及通过电子商务平台兜售盗版音像、软件制品等违法犯罪活动。例如，在“剑网2015”专项行动中，明确提出的重点任务包括开展规范网络音乐著作权专项整治、规范网络云存储空间著作权专项整治、打击智能移动终端第三方应用程序（App）侵权盗版专项整治、规范网络广告联盟专项整治、规范网络转载著作权秩序专项整治、加强数字出版内容的著作权保护、强化对互联网媒体的著作权监管力度等多种专项整治任务，密切围绕网络环境下的著作权保护。2020年专项行动则是聚焦于视听作品著作权专项整治、电商平台著作权专项整治、社交平台著作权专项整治、在线教育著作权专项整治，以及巩固重点领域著作权治理成果。

自2005年起，国家版权局联合国家网信办、工信部、公安部已连续15年开展打击网络侵权盗版的“剑网行动”，集中强化了对网络侵权盗版行为的打击和震慑力度，改变了网络视频、网络音乐、网络文学等领域著作权秩序混乱的局面，网络正版率大幅提高，维护了权利人的合法权益，提升了网络企业的著作权保护意识，得到国内外权利人的充分肯定，已经成为网络执法监管领域的一项品牌工作。网络著作权侵权的行政监管主要有以下领域。

1.利用互联网侵害文字作品著作权

【典型案例】

2017年4月，根据5家境外权利人投诉线索，北京市文化市场综合执法总队对北京某公司侵犯文字作品著作权案进行调查。经查，该公司未经权利人许可，通过其运营的“某图书馆系统”向大学图书馆提供侵权文字作品3万篇，违法经营额17.76万元。2017年6月，北京市文化市场综合执法总队对其作出没收违法所得，罚款40万元的行政处罚。著作权行政执法部门从严查处该案，维护了权利人的合法权益，规范了数字图书馆著作权秩序，彰显了我国政府严厉打击侵权盗版、保护中外著作权人合法权益、依法严格著作权保护的鲜明态度和坚定立场。

2.利用互联网侵害音乐作品著作权

【典型案例】

2017年10月，江西省某市文化市场行政执法支队执法人员在日常网络巡查中，发现某网站涉嫌未经授权传播大量侵权音乐作品。经查，2015—2017年，该网站未经权利人许可传播大量中外音乐作品，非法经营额10万余元。2017年12月，江西省某市文化市场行政执法支队对当事人赵某某作出没收违法所得、罚款10万元的行政处罚。2015年以来，国家版权局采取多项措施，大力整治网络音乐著作权秩序，取得积极成效。该案的查处充分体现了著作权监管部门保护网络音乐著作权的态度和决心，对巩固初步形成的网络音乐著作权良好生态发挥了积极作用。

3. 利用互联网侵害影视作品著作权

【典型案例】

根据权利人投诉线索，天津市公安部门对某网站侵犯著作权案进行调查。经查，自2014年6月起，秦某向胡某租赁服务器，设立该网站，未经权利人许可向公众提供近7万部影视作品侵权链接，日均访问量10万人次，涉案金额4000余万元，通过广告联盟非法获利近100万元。2017年8月，天津某人民法院以侵犯著作权罪，判处秦某有期徒刑三年六个月，并处罚金40万元；判处胡某有期徒刑一年，并处罚金2万元。国家版权局等四部门联合开展的“剑网2017”专项行动将影视、新闻等重点作品著作权专项整治列为重点任务，本案是专项行动中打击网络影视侵权盗版的一起重大案件。

4. 网络电商平台侵害著作权

【典型案例】

2017年7月，上海市公安局某分局治安支队在日常工作中发现一专门制售盗版图书的非法地下窝点。经查，2017年3月起，卿某未经著作权人许可，将从他处购买的电子书籍打印并胶装成册，通过某宝网店销售2498册，销售额近10万元。后卿某主动投案。经鉴定，被扣押图书均系非法出版物。公安人员还从被扣押的移动硬盘中检验出侵权电子文件2万余个。2017年12月8日，上海某人民法院以侵犯著作权罪判处卿某有期徒刑6个月，并处罚金人民币3万元。该案涉案作品种类众多且著作权人较为分散，涉及多家出版社。公安、检察部门与著作权行政管理部门积极沟通，根据《最高人民法院、最高人民检察院、公安部关于办理侵犯知识产权刑事案件适用法律若干问题的意见》第十一条规定，结合其他证据，认定卿某的行为系“未经著作权人许可”，提高了办案效率，是解决办案中难以认定“未经著作权人许可”难题、较好地运用司法解释相关规定的典型案例。

5.利用App侵害著作权

【典型案例】

2017年3月，北京某公司运营的手机App“某VR”提供6部VR影视作品的点播服务，手机App客户端用户使用VR设备在线点播观看该公司提供的侵权影视作品。构成了未经著作权人许可，通过信息网络向公众传播其作品的违法行为，北京市文化市场综合执法总队依法对该单位作出罚款3万元的行政处罚。该案系全国查处利用手机App传播VR视频侵权第一案。

6.侵害网络游戏著作权

【典型案例】

2017年6月，根据投诉线索，广州市文化市场综合行政执法总队对广州某科技有限公司涉嫌侵犯网络游戏著作权案开展调查。经查，该公司未经权利人许可，通过其运营的“某盒子”网向公众传播网络游戏，涉案金额18万余元。执法总队对广州某科技有限公司作出罚款人民币27万元的行政处罚。

上述案件都是典型的利用互联网侵害著作权的案件。随着互联网的不断发展以及大数据、5G技术的普及等，网络侵害著作权的案件也会越来越多，侵害手段也会越来越多样化。同样的，著作权监管也会越来越离不开互联网。[①]

第二节　著作权监管制度

一、监管主体

在我国著作权监管的部门体系中，国家版权局（国家著作权主管部门）

① 国家版权局公布16起网络侵权盗版案件［EB/OL］.（2017-11-03）［2020-03-20］. http://www.xinhuanet.com/book/2017-11/03/c_129732033.htm.

和县级以上地方主管著作权的部门一直都是相应行政区域内的主要监管部门。根据著作权法实施条例第三十六条、第三十七条的规定，各级著作权行政管理部门可以对违反著作权法第四十八条所列举的同时损害公共利益的侵权行为进行查处和罚款。一般来说，我国著作权监管部门可以分为四个主体，即国家版权局（国家著作权主管部门）、县级以上地方主管著作权的部门、文化市场综合执法队伍、其他管理部门。其中，文化市场综合执法队伍和其他管理部门并非严格意义上的著作权监管部门，因为它们并非只承担著作权监管一个职责，但因实践中著作权行政执法过程中可能涉及电信、专利、公安和其他行政管理部门，因此，这类监管主体也是非常必要的。在全国文化市场综合执法改革的背景下，各省市相继建立文化市场综合执法机构来负责本行政区域内文化市场中的著作权侵权执法工作，文化市场综合执法队伍在著作权监管中发挥着越来越大的作用。

（一）国家版权局

国家版权局的成立早于我国著作权法的颁布。2013年3月，十二届全国人大一次全体会议批准《国务院机构改革和职能转变方案》和《国务院关于机构设置的通知》（国发〔2013〕14号），将新闻出版总署、广电总局的职责整合，组建国家新闻出版广电总局，加挂国家版权局牌子。国家版权局负责的著作权行政管理职能包括著作权集体管理组织的监督和管理、国家享有著作权的作品使用管理、著作权（合同）登记及收费管理、法定许可管理、标准稿酬的管理、著作权侵权调查和著作权行政保护。

2018年3月，中共中央印发《深化党和国家机构改革方案》，明确指出中央宣传部对外加挂国家新闻出版署（国家版权局）牌子。2018年4月16日，国家版权局正式揭牌。调整后的国家版权局的主要职责包括贯彻落实党的宣传工作方针，拟定新闻出版业的管理政策并督促落实，管理新闻出版行政事务，统筹规划和指导协调新闻出版事业、产业发展，监督管理出版物内容和质量，监督管理印刷业，管理著作权，管理出版物进口等。

（二）县级以上地方主管著作权的部门

县级以上地方主管著作权的部门负责本行政区域内的著作权管理工作，各级地方一般不设专门的著作权管理机构，多是包括在其他管理部门的职责中。

省级著作权主管部门多沿袭与新闻出版部门合并的惯例，多数省级的著作权管理职能归口在新闻出版局，对外加挂版权局的牌子。以北京市著作权主管机构的设置情况为例，设北京市新闻出版局，挂北京市版权局牌子。北京市新闻出版局（北京市版权局）是负责北京市新闻出版事业和著作权管理工作的市政府直属机构。2018年，根据《北京市机构改革实施方案》，北京市新闻出版广电局（北京市版权局）的新闻出版管理职责和电影管理职责划入市委宣传部统一管理。

市级著作权管理一般也不单设版权局，多数与文化、广电、新闻、出版、旅游等合在一起。以河北省石家庄市为例，石家庄市文化广电和旅游局负责本行政区域的文化市场执法和监督工作。在其公开的职责中，包括负责文化、文物、新闻出版（版权）、广播电视、电影、旅游等市场综合执法；负责督查督办全市性、跨区域性大案要案，维护市场秩序。其下设市场管理处，组织指导、监督全市文化、文物、新闻出版（版权）、广播电视、电影、旅游市场综合执法工作。石家庄市也设有文化市场综合执法大队负责本行政区域内的执法实施工作。

区县一级的著作权管理大多包括在文化管理部门的职责之内。以北京市朝阳区为例，有关文化、文物、广播电视和旅游的工作由朝阳区文化和旅游局负责，在其公开的机构职能中，主要职责包括十四项，其中一项是“协助区委宣传部指导本区文化市场综合执法，组织查处全区文化、文物、出版、广播电视、电影、旅游等市场的违法行为，维护市场秩序”。北京市朝阳区另设了朝阳区文化市场综合执法大队，负责著作权行政保护的执法实施工作。

综上所述，各级地方的著作权管理没有单独的部门，多数与文化、广电、新闻出版合并在一起，著作权管理只是这些部门众多职责中的一项，而著作权执法工作往往都交由当地的文化市场综合执法队伍负责。

【典型案例】

2017年6月，江苏省某市版权局对“某某影院”微信公众号侵犯电影作品著作权案进行调查。无锡某信息技术有限公司通过其运营的“某某影院”微信公众号及相关网站，向公众提供侵权影视作品在线播放服务，并通过诱导购物、与第三方联合运营游戏、小说等多种经营模式获利。2018年7月，江苏省某市版权局对该公司作出罚款12万元的行政处罚。此案件是由市级著作权管理部门作为著作权监管主体的案件。

（三）文化市场综合执法队伍

文化市场综合执法队伍已经成为执法实施工作的重要力量。

1.传播盗版电子出版物案

【典型案例】

2017年8月，北京市文化市场综合执法总队对北京某教育科技有限公司侵犯文字作品著作权案进行调查。该公司于2017年6月至2018年8月期间未经权利人某出版社许可，通过网站向公众提供9种出版物的PDF格式下载阅读服务。2018年8月，北京市文化市场综合执法总队对该公司作出罚款22.5万元的行政处罚。

2.侵犯文字作品著作权案

【典型案例】

2016年12月，根据国家版权局移转案件线索，上海市文化市场行政执法总队对上海某投资咨询有限公司侵犯文字作品著作权案进行调查。经查，自2014年11月起，该公司未经权利人许可将45篇证券研究报告上传其租用的服务器，并通过其运营的某网和某App供公众阅读，并收取费用，涉案金额累计28万余元。案发后，该公司主动关闭网站并停止运营App。2017年2月，上海市文化市场行政执法总队对其作出罚款10万元的行政处罚。

（四）其他管理部门

在著作权监管中，有时候需要与其他管理部门进行联合执法，如网信办、公安部、工信部等，这些部门不是典型的著作权监管部门，但是在著作权监管的执法工作中，也常常见到它们的身影。例如，2014年，国家版权局与网信办、工信部及公安部开展了联合督查，国家版权局挂牌督办33起重大案件，提请工信部依法关闭200个涉嫌侵权盗版的网站，并列入互联网黑名单管理，保障了案件的最终查破。在前文列举的案例中也常常看到公安部门查处有关著作权侵权的违法行为。

【典型案例】

淮安市公安局、版权局和文化市场综合执法支队成立专案组，对某网侵犯影视作品著作权案进行调查。2015年以来，袁某某以营利为目的，通过网络购得某网站域名、服务器及虚拟主机，未经权利人许可，将大量影视作品的种子文件链接发布在该网站上供网民点击下载以赚取广告收入。2015年5月—2016年7月，网站发布影视作品资源24737个，非法获利140万余元。淮安市某人民法院以侵犯著作权罪判处袁某某有期徒刑3年，并处罚金80万元。该案例是多部门联合执法作为著作权监管主体的案件。

二、侵权表现形式

著作权是一种自动产生的权利，与专利权、商标权的产生需要行政受理、行政审查、行政许可等行政机关介入不同。我国的著作权实行自愿登记制度，作品不论是否登记，著作权人依法取得的著作权不受影响。因此，在著作权监管中，其主要的监管范围是著作权产生之后对于著作权侵权行为的查处和处罚。《中华人民共和国著作权法》《著作权行政处罚实施办法》以及相关法律规范对应受到行政处罚的侵权违法行为作出了类型化的规定，且均需满足损害公共利益的条件。

著作权法第五十三条中列举了八大侵权行为，在这些行为同时损害公共利益的情形下，著作权主管部门可以对其进行查处。具体包括以下八类行为：

（一）未经著作权人许可，复制、发行、表演、放映、广播、汇编、通过信息网络向公众传播其作品的，本法另有规定的除外；

（二）出版他人享有专有出版权的图书的；

（三）未经表演者许可，复制、发行录有其表演的录音录像制品，或者通过信息网络向公众传播其表演的，本法另有规定的除外；

（四）未经录音录像制作者许可，复制、发行、通过信息网络向公众传播其制作的录音录像制品的，本法另有规定的除外；

（五）未经许可，播放、复制或者通过信息网络向公众传播广播、电视的，本法另有规定的除外；

（六）未经著作权人或者与著作权有关的权利人许可，故意避开或者破坏技术措施的，故意制造、进口或者向他人提供主要用于避开、破坏技术措施的装置或者部件的，或者故意为他人避开或者破坏技术措施提供技术服务的，法律、行政法规另有规定的除外；

（七）未经著作权人或者与著作权有关的权利人许可，故意删除或者改变作品、版式设计、表演、录音录像制品或者广播、电视上的权利管理信息的，知道或者应当知道作品、版式设计、表演、录音录像制品或者广播、电视上的权利管理信息未经许可被删除或者改变，仍然向公众提供的，法律、行政法规另有规定的除外；

（八）制作、出售假冒他人署名的作品的。

除了上述规定的需要承担行政责任的侵权行为，根据《著作权行政处罚实施办法》第三条的规定，著作权监管的侵权行为还包括《计算机软件保护条例》第二十四条所列举的侵害软件著作权并且同时损害公共利益的侵权行为；《信息网络传播权保护条例》第十八条所列举的通过信息网络侵害著作权并且同时损害公共利益的侵权行为；《信息网络传播权保护条例》第十九条[①]、第二十五条[②]列举的侵权行为。从上述对于侵权表现形式的规定中，可以看出著作权监管的违法行为中，大多数的行为有一个共同的要求，即同时损害公共利益。

【典型案例】

2014年3月，A公司向市场监管局投诉称，B公司侵害了A公司享有的涉案作品信息网络传播权，请求其对B公司的侵权行为予以查处。市场监管局接到A公司的投诉后，进行立案调查。5月20日，市场监管局向B公司送达《行政处罚告知书》。6月26日，市场监管局作出《行政处罚决定书》，认定B公司在应知和明知第三方网站侵犯涉案24部作品信息网络传播权的情形下，仍通过其经营的播放器及其内设的搜索网站进行设链，已构成侵权行为，且在行政机关作出处罚、限期整改后，仍继续实施侵权行为，严重侵犯了著作权人的合法权益，扰乱了网络视频版权秩序、损害了公共利益。责令其立即停止侵权行为，处以非法经营额3倍的罚款26014.8万元人民币。

B公司不服处罚决定，向版权局申请行政复议，版权局于2014年9月作出维持行政处罚的决定。B公司起诉至某区人民法院，请求判令撤销《行政处罚决定书》。由于本案涉案罚款金额巨大，属于案情复杂、具有重大影响的案件，案件被移送至某市中级人民法院，一审判决驳回B公司的诉讼请求，二审某省高级人民法院维持一审判决。

---

① 参见《信息网络传播权保护条例》第十九条："……（一）故意制造、进口或者向他人提供主要用于避开、破坏技术措施的装置或者部件，或者故意为他人避开或者破坏技术措施提供技术服务的；（二）通过信息网络提供他人的作品、表演、录音录像制品，获得经济利益的；（三）为扶助贫困通过信息网络向农村地区提供作品、表演、录音录像制品，未在提供前公告作品、表演、录音录像制品的名称和作者、表演者、录音录像制作者的姓名（名称）以及报酬标准的。"

② 参见《信息网络传播权保护条例》第二十五条："网络服务提供者无正当理由拒绝提供或者拖延提供涉嫌侵权的服务对象的姓名（名称）、联系方式、网络地址等资料的，由著作权行政管理部门予以警告；情节严重的，没收主要用于提供网络服务的计算机等设备。"

本案的争议焦点之一就是B公司侵犯A公司作品信息网络传播权是否构成同时损害公共利益?

市场监管局则辩称B公司具有明显的侵权故意，而且并未及时移除侵权链接，B公司实施了主动采集、推荐、设链、编辑等行为，再考虑涉案作品的性质和热播程度，B公司显然属于明知或者应知所链接的作品侵权的情形，何况本案中B公司并没有根据权利人通知履行移除义务。B公司不仅遭到本案中A公司的侵权投诉，而且还遭到其他有影响力的影视作品权利人或者利害关系人的投诉。

二审法院认为，根据著作权法第四十八条规定，该条所列举的行为同时损害公共利益的，可以由著作权行政管理部门追究行政责任。由于法律上对于公共利益的概念并未作出明确规定，考虑到公共利益具有的政策属性，因此，著作权民事侵权行为是否同时损害公共利益，应当由著作权行政管理部门在个案之中根据侵权人的过错程度、损害后果等具体情节作出判断。本案中，B公司经A公司多次举报或者投诉，仍不改正。而且，在此次被市场监管局查处之前，其还被其他多家权利人向国家版权局举报侵权，国家版权局也责令其在2014年2月15日前完成整改。B公司帮助侵权网站传播作品的行为，并非仅侵害了A公司的民事权利，还损害了整个网络视频著作权市场的秩序，损害了公共利益。因此，市场监管局基于案件的具体情况作出的相关认定并无不当。

该案一方面体现了监管部门作为公共利益的维护者，采取执法行动遏制严重著作权侵权行为的敢于作为，另一方面对著作权市场中的侵权主体敲响警钟：手段上的技术中立性以及为网络服务提供者设立的避风港原则不是一切侵权行为逃避惩罚的理由。同时，该案件也帮助我们理解“同时损害公共利益”的认定，就一般原则而言，向公众传播侵权作品，构成不正当竞争，损害经济秩序就是损害公共利益的具体表现。在“2002年WTO过渡性审议”中，国家版权局也曾明确答复“构成不正当竞争，危害经济秩序的行为即可认定为损害公共利益”。此答复得到了全国人大法工委、国务院法制办、最高人民法院的认可。

第三节　监管方式

一、行政处罚

行政处罚是著作权监管手段中最为传统的一种方式。在前文中也介绍了侵害著作权的行为应当承担的行政责任，基本都属于行政处罚。行政处罚通过名誉罚、财产罚及行为罚等处罚方式惩戒违法者，弥补被侵权人的损失。

在《中华人民共和国著作权法》《中华人民共和国著作权法实施条例》《著作权行政处罚实施办法》《计算机软件保护条例》《信息网络传播权保护条例》等法律、行政法规、规章中，都规定了侵害著作权应当承担的法律责任。其中，著作权法第五十三条规定了侵权行为同时损害公共利益的，由主管著作权的部门责令停止侵权行为，予以警告，没收违法所得，没收、无害化销毁处理侵权复制品以及主要用于制作侵权复制品的材料、工具、设备等，违法经营额五万元以上的，可以并处违法经营额一倍以上五倍以下的罚款；没有违法经营额、违法经营额难以计算或者不足五万元的，可以并处二十五万元以下的罚款。著作权法实施条例第三十六条也规定了相同的罚款数额。《著作权行政处罚实施办法》第四条规定了警告、罚款、没收违法所得、没收侵权制品、没收安装存储侵权制品的设备、没收主要用于制作侵权制品的材料、工具、设备等，以及法律、法规、规章规定的其他行政处罚。《信息网络传播权保护条例》和《计算机软件保护条例》也都规定了警告、罚款、没收违法所得、没收违法设备等处罚类型。

【典型案例】

2017年4月24日，北京市文化市场综合总队执法人员在日常执法检查中发现，北京某互动网络科技有限公司正在通过该公司运营的手机App客户端向公众提供《A影视剧2017》在线播放服务，此时某上星卫视播放的《A影视》

影视剧正在热播。经过执法人员检查比对，《A影视剧2017》就是热播剧《A影视剧》，内容相同，涉案App已同步更新至第45集。鉴于《A影视剧》正在热播，执法总队约谈北京某互动网络科技有限公司。根据该公司的违法事实，执法总队要求该公司立即整改，并依照著作权法、著作权法实施条例对其进行罚款人民币2万元的处罚。据了解，该公司已于2017年4月25日删除侵权视频，停止侵害行为。该案的查处有效维护了著作权人的利益，确保了电视剧《A影视剧》正常的网络播放秩序，避免了次生网络舆情的产生和蔓延。本案中著作权监管部门对违法行为人进行约谈、要求整改，并处以罚款。在众多行政处罚的种类中，罚款是最为常用的行政处罚。

二、行政强制

著作权法第五十五条规定："主管著作权的部门对涉嫌侵犯著作权和与著作权有关的权利的行为进行查处时，可以询问有关当事人，调查与涉嫌违法行为有关的情况；对当事人涉嫌违法行为的场所和物品实施现场检查；查阅、复制与涉嫌违法行为有关的合同、发票、账簿以及其他有关资料；对于涉嫌违法行为的场所和物品，可以查封或者扣押。主管著作权的部门依法行使前款规定的职权时，当事人应当予以协助、配合，不得拒绝、阻挠。"本条属于2021年的著作权法新增加条款，首次以法律形式将行政强制规定在著作权监管中。之前在《文化市场综合行政执法管理办法》（部门规章）中也提到了行政强制，第二十三条规定了在紧急情况下，执法人员可以依据相关法律法规规定，对有关物品、工具进行查封或者扣押。

【典型案例】

上海市"扫黄打非"办公室联合上海市文化市场行政执法总队开展专项行动，突击检查涉嫌长期销售盗版出版物、音像制品的A区某路甲书店、乙书店、丙书店，B区某路丁音像店。

经查，甲书店内涉嫌侵权盗版图书数量大约占其在售图书总量的30%—

40%，乙书店和丙书店内涉嫌侵权盗版的图书数量大约占其在售图书总量的80%以上。由于涉案图书数量巨大，部分扣押难度较大，上海市文化市场行政执法总队指定黄浦区文化执法大队负责后续查处，依法对上述3家书店予以查封，并借调40名黄浦区城管人员连续开展现场清点工作。

同时，文化执法人员对B区某路丁音像店进行突击检查，发现货架上陈列销售的音像制品均涉嫌非法，遂立即控制现场。目前，已对现场查获的非法音像制品3万余张予以登记保存，并通知其负责人至市文化市场行政执法总队接受调查处理。

三、预警

预警是指预先发布警告，实现信息的超前反馈，为防患于未然奠定基础。2013年为保护热播热映影视作品免遭网络盗版，国家版权局建立了重点作品监管预警机制，公布了重点影视作品预警名单，要求相关网站应对名单内的作品采取相关保护措施。2016年，国家版权局在网络文学、广告联盟、App等领域推行"黑白名单"制度，一方面，将从事侵权盗版的网站纳入"黑名单"，从源头上遏制侵权盗版势头；另一方面，通过公布重点监管作品"白名单"，明确热门文学作品等领域的授权链条，解决著作权纠纷中的"明知""应知"问题。

对于重点保护预警名单中的作品，国家版权局要求相关网络服务商应对保护预警名单内的重点作品采取以下保护措施：直接提供内容的网络服务商未经许可不得提供保护预警名单内的作品；提供存储空间的网络服务商应禁止用户上传保护预警名单内的作品；提供搜索链接的网络服务商、电子商务平台及应用程序商店应加快处理保护预警名单内作品权利人关于删除侵权内容或断开侵权链接的通知。

2019年，国家版权局公布七批共67部重点作品保护预警名单，包括《流浪地球》《我和我的祖国》《中国机长》等高票房、高口碑的优秀电影作品。在确定重点监管时，国家版权局注意听取监管对象的意见，邀请主要视频和音乐网站、著作权集体管理组织参加会议，共同探讨网络环境下视频和音乐作品的著作权保护，为著作权重点监管工作提供参考。

四、行政约谈

行政约谈介于柔性和刚性监管手段之间，带有一定威慑性，并逐渐成为常态化的监管方式。如2017年国家版权局约谈主要网络音乐服务商及境内外音乐公司，要求对网络音乐作品全面授权、避免独家授权，引导探索建立良好的符合市场规律和国际惯例的网络音乐著作权授权和运营模式，各主要网络音乐服务商积极响应，相互授权，网络音乐著作权秩序持续好转。

【典型案例】

2019年4月11日，某网站上出现了黑洞照片，并打上了该网站的标签，引发网民热议。当天下午，共青团中央官方微博发出质问，该网站立即通过官方微博声明致歉，并对不合规图片作了下线处理，天津市互联网信息办公室连夜约谈网站负责人，责令该网站立即停止传输相关信息，采取措施消除恶劣影响，并保存相关记录。要求其切实履行网站主体责任，从严处理相关责任人，全面清查历史存量信息，同时要求该网站加强内容审核管理和编辑人员教育培训，杜绝类似问题再次发生。

该网站负责人表示作为平台方管理上存在严重问题，将全面彻底整改，在此期间暂时关闭网站，严格遵守相关法律法规，自觉接受社会及网民监督。

4月12日上午，国家版权局发布公告称，国家版权局将把图片版权保护纳入即将开展的“剑网2019”专项行动，进一步规范图片市场著作权秩序。4月18日，天津市互联网信息办公室以该网站对用户发布的信息未尽到安全管理义务，没有及时发现和处置用户发布的法律、行政法规禁止发布或者传输的内容，违反了《中华人民共和国网络安全法》第四十七条规定，且情节严重，对其罚款30万元。这一事件是公众监督引发对著作权侵权的关注，进而由版权局和网信办依据不同的法律进行监管，既有针对个案的处理，也有对这一类问题的专项行动。

五、行政调解

行政调解是指在监管部门的主持下，促成当事人对著作权纠纷自愿达成协议的制度。2018年，国家版权局调解腾讯音乐与网易云音乐纠纷，促使双方相互授权音乐作品达到各自独家音乐作品数量的99%以上，并商定进行音乐著作权长期合作，同时积极向其他网络音乐平台开放音乐作品授权。

六、联动监管

我国著作权监管的执法力量仍较为薄弱，需要与其他机关联动配合进行监管。2014年，国家版权局与网信办、工信部及公安部开展了联合督查，国家版权局挂牌督办33起重大案件，提请工信部依法关闭200个涉嫌侵权盗版的网站，并列入互联网黑名单管理，保障了案件的最终查破。2016年，各级著作权行政执法监管部门加强联动，进一步完善多部门协调办案工作机制，通过联席会议、督办督查、信息共享、开展区域合作交流，与网信、通信、“扫黄打非”以及公检法等部门积极开展合作，取得了显著成果。

七、分类监管

在网络著作权侵权日益增多的互联网时代，我国在网络著作权监管的手段上创新了重点、分类监管。重点监管有助于净化网络著作权环境，规范竞争秩序。2013年，国家版权局下发了《关于加强重点网站版权主动监管的实施意见》及《关于进一步加强互联网传播作品版权监管工作的意见》，建立并完善互联网传播作品著作权监管长效机制。2013年，首次启动了对音乐视频作品的著作权重点监管，将包括酷狗音乐网在内的5家以传播音乐作品为主要业务内容的网站进行重点监管。

此外，国家版权局根据网络音乐、网络云存储、应用程序App、网络广告联盟、网络文学等领域著作权保护的不同特点，实施针对性强的分类管理。我国每年开展的剑网行动也都是有针对性地专项执法。例如，2017年主要围绕影视作品、新闻作品、App领域和电子商务平台著作权开展专项整治。2018年集中整治网络转载、短视频、动漫等领域侵权盗版多发态势。2019年的重点是深化媒体融合发展著作权专题保护，严格院线电影网络著作权专项整治，加强流媒体软硬件著作权重点监管，规范图片市场著作权保护运营秩序，巩固网络重点领域著作权治理成果。2020年，聚焦视听作品、电商平台、社交平台、在线教育的著作权治理。

2015年4月，国家版权局发出《关于规范网络转载版权秩序的通知》，要求各级著作权行政管理部门要加大对互联网媒体的著作权监管力度，严厉打击未经许可转载、非法传播他人作品的侵权盗版行为。同年7月，国家版权局发布《关于责令网络音乐服务商停止未经授权传播音乐作品的通知》，要求7月31日前，各网络音乐服务商必须将未经授权传播的音乐作品全部下线。同年10月，国家版权局发出《关于规范网盘服务版权秩序的通知》，要求著作权行政管理部门对网盘服务商加强监管，依法查处网盘服务商违反著作权法的行为。

2016年6月，国家网信办发布了《移动互联网应用程序信息服务管理规定》，明确要求“移动互联网应用程序提供者”和“互联网应用商店服务提供者”应依法严格履行相关义务和管理责任，尊重和保护知识产权。

参考文献

［1］郑宁.我国网络版权监管的历史发展和展望［J］.出版发行研究，2020(6).

［2］李顺德.对加强著作权行政执法的思考［J］.知识产权，2015(11).

［3］宗艳霞.论网络著作权行政法保护的正当性与必要性［J］.电子知识产权，2017(8).

思考题

1.请思考如何判断“侵权行为同时损害公共利益”?

2.请思考行政约谈和行政指导的区别?

第八章　旅游行业监管

本章概要

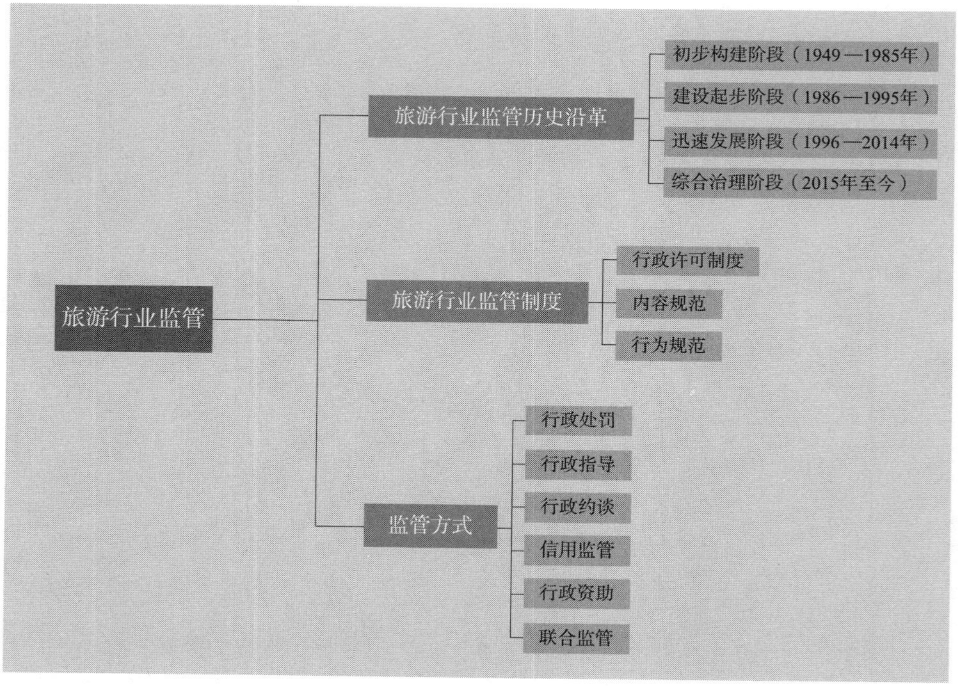

旅游是公民的一项基本权利，是物质生活与精神文化生活的有机结合。旅游业是以旅游市场为对象，为旅游活动的开展创造有利条件，并向旅游者提供所需商品及服务的综合性产业。与之相应的《中华人民共和国旅游法》（以下简称“旅游法”）是随着旅游业的快速发展而形成的产业法。目前，我国已经形成以旅游法为核心，旅游相关法律、行政法规、地方性法规、行政规章为支撑的比较完善的旅游法规范体系。本章将从旅游行业监管历史沿革、旅游行业监管制度、旅游行业监管方式三个维度展现旅游行业监管内涵。

第一节　旅游行业监管历史沿革

一、初步构建阶段（1949—1985年）

（一）主要法规及政策

中国旅行社（CTS）成立于1949年，中国国际旅行社总社（CITS）（以下简称“国际旅行社总社”）于1954年成立，厦门华侨服务社于1949年11月成立。其后，重点侨乡广东省、福建省和许多中心城市相继成立华侨服务社，并于1957年统一更名为“华侨旅行服务社”。

1957年，“华侨旅行服务社总社”在北京成立，统筹全国各地华侨旅行服务社的工作，初步形成全国性网络。1964年，中华人民共和国国家旅游局（以下简称“国家旅游局”）成立，负责管理外交事务中的接待工作。

1966年，国际旅行社总社已经发展了46个分支社，但受“文化大革命”影响，旅游接待基本处于停滞状态。[①]

1970年，外交部提出了《关于旅游工作体制改革的意见》，其中谈到旅游行业监管实行的是外交部代管、中国旅行游览事业管理局和中国国际旅行社总社合二为一的体制，这一时期旅游事业由纯粹的政治外交性质转为开始考虑经济效益。

1978年，党的十一届三中全会的胜利召开，标志着我国的工作重心向经济建设转移，这为旅游业的发展起步创造了良好的外部环境。中共中央批准了外交部《关于发展旅游事业的请示报告》，将中国旅行游览事业管理局改为直属国务院的管理总局，并在各省、市、区成立旅游管理局，负责管理各地方的旅游事业。

---

① 吴文智.旅游政策与旅游法教程［M］.上海：华东师范大学出版社，2016：15-20.

1982年，国家旅游局政策研究室最早制定和负责旅游法立法相关工作。旅游法起草小组于1982年7月1日起草了《中国旅游事业管理法》第一稿，内容涵盖旅行社管理、旅游收费等十二章共九十一条。由于在当时，旅游业尚处于起步阶段，制定旅游法的条件还不够成熟，因此，旅游立法只是单项条例的制定。

1984年，党的十二届三中全会制定的《关于经济体制改革的决定》提出了社会主义经济是建立在公有制基础上的有计划的商品经济的论断。根据这一论断，国务院于同年批准了国家旅游局《关于开创旅游工作新局面几个问题的报告》，要求国家旅游局和各级旅游行政管理部门简政放权，明确了政企职责分开的原则。在旅游基础设施的建设方面，提出"国家、地方、部门、集体、个人一起上""自力更生和利用外资一起上"的原则，打破了非旅游部门不得进入旅游业的限制，使旅游投资者和经营者进一步多元化，下放外联权和签证通知权，使得各省、自治区、直辖市均有外联权，调动了各地的积极性。①

1985年1月，国务院批准了国家旅游局《关于当前旅游体制改革几个问题的报告》，提出了旅游管理体制实行"政企分开，统一领导，分级管理，分散经营，统一对外"的原则；同年5月，国务院颁布《旅行社管理暂行条例》，成为我国旅游产业的第一部行政法规，标志着依法管理旅游业的开始。《旅行社管理暂行条例》将旅行社分为三个类别，规定凡是经批准开办的旅行社都有外联权，从此旅行社如雨后春笋般发展起来，打破了以往由少数几家旅行社垄断经营的局面。

随着1985年《旅行社管理暂行条例》的实施，为配合国家旅游立法工作的推进，地方旅游立法工作也呈现出蓬勃开展的势头。据国家旅游局的不完全统计显示，1985—1989年，各地制定和发布了各类地方政府旅游规章和规范性文件共计120余件，其中由省、自治区、直辖市人民政府制定和发布的地方政府旅游规章16件；由省、自治区、直辖市旅游行政管理部门制定和发布的规范性文件105件。在这些地方政府规章和规范性文件中，很多是围绕旅游

---

① 卢世菊.旅游法教程［M］.5版.武汉：武汉大学出版社，2014：20-36.

管理体制改革展开的，如陕西省人民政府颁发的《陕西省旅游业管理暂行规定》、湖南省人民政府发布的《关于加强旅游业行业管理的意见》等，都以法规、规章、规范性文件的形式明确旅游行政管理部门的行业管理职能。同时通过加强对旅行社、导游、司机人员以及旅游饭店的管理，规范外地旅游办事机构的设立和运作，依法促进旅游从业人员素质培训和教育工作，将对旅游业的管理逐步纳入法治轨道。

（二）主要机构及职权

新中国成立伊始并没有专门管理旅游行业的行政机构，1954年中国国际旅行社总社成立，在此之后由隶属于国务院的外事接待单位中国国际旅行社总社代行政府的旅游管理职能。1964年，中华人民共和国旅游业的行政主管机构中国旅行游览事业管理局（国家旅游局前身）成立，并通过实行“政企合一、两块牌子、一套人马”的管理方式与国际旅行社总社进行合作。对外招徕境外游客时，使用国旅总社的牌子，对内进行旅游管理时，行使旅游管理局的职能。1978年，中央批示明确将中国旅行游览事业管理局改为直属国务院的中国旅行游览事业管理总局。1982年，国务院直属机构改革，中国旅行游览事业管理总局更名为中华人民共和国国家旅游局。此时，国家旅游局作为国家管理全国旅游事业的行政机构，开始统一管理全国旅游工作，不再直接经营组团和接待任务，而国际旅行社总社则统一经营外国旅游者来华旅游业务，实行企业化管理。1985年的《旅行社管理暂行条例》明确要求国家旅游局作为国务院的职能部门，要面向全行业，统管全国旅游事业，《旅行社管理暂行条例》的出台明确了国家旅游局在旅行社管理领域的法定地位。

（三）特点

新中国成立初期旅游行业建设并没有得到重视，旅游业的总体规模较小，仅有的中国旅行社、中国国际旅行社总社等少数几家旅行社及分支机构，主要业务是接待入境游客。后来旅游管理体制向经济事业型转变，旅游业也被逐渐纳入国民经济和社会发展计划。这一阶段是我国旅游业作为产业开始起步并逐渐发展的时期，国家着力从宏观调控的高度为旅游业的发展理顺关系，从各个具体环节上对旅游业给予扶持，旅游业的发展态势也迫切需要以立法的形式对旅游活动进行规制。1982年，局、社分离结束了我国自1964年以来长达18年的局、社合一格局，为实行政企分离、强化行业管理、争取旅游业的更大发展创造了条件。

二、建设起步阶段（1986—1995年）

这个阶段国内旅游行业开始起步，旅行社数量增长较快，国家旅游局一度直管中央部委的一类旅行社84家。据统计，截至1995年底，全国旅行社已达3255家。

（一）主要法规及政策

1986年，在第六届全国人大第四次会议上，旅游业首次被列入国民经济和社会发展计划，这一事件标志着旅游业向经济方向发展以来的又一次巨大进步。

1987年，国务院批准了《导游人员管理暂行规定》。

1988年，按照党的十三大确定的“国家调控市场，市场引导企业”的原则，旅游管理体制进一步深化改革，进一步实行政企分离，推行承包经营责任制，实行经济联合体，促使旅游业进一步转到经济管理的轨道上。

1989年，“五个一起上”（国家、地方、部门、集体、个人）的方针打破了旅游行业的壁垒，使得国外资金和社会资金大量涌入，导致国内掀起一股“全国办旅游、全民办旅游”的热潮，致使旅游市场竞争愈加激烈。特别是在1989年旅游市场转为买方市场之后，旅游企业进入了严重的无序竞争和恶性削价竞争之中，出台了一系列的有针对性措施，如对旅行社进行行业审计、外联业务实行合同制、颁布《旅游涉外饭店客房租价的最低限价规定》文件等措施；围绕着对旅行社的监管，国家旅游局先后印发了《关于整顿旅行社的初步意见》《旅游对外招徕管理的若干规定》《国家旅游局、国家工商行政管理局关于加强对全国旅行社审批、登记、年检管理的通知》《旅游投诉暂行规定》等一系列部门规章，建立了旅行社业务年度检验制度和旅游投诉机制，将旅行社纳入制度化管理轨道。

1990年，国家旅游局经过国务院批准，发出了《关于进一步清理整顿旅行社意见的通知》，制定了《旅游安全管理暂行办法》《关于在国外设立旅游经营机构的暂行管理办法》等相关法规文件和部门规章，为实现旅游全行业管理步入法治化轨道提供了政策依据。同年，国家旅游局初步完成了《中华人民共和国旅游法（送审稿）》和《中华人民共和国旅游法实施细则（送审稿）》的起草工作。《中华人民共和国旅游法（送审稿）》分为八章共四十七条，标志着我国旅游法制建设又迈出重要的一步。

1991年，新中国成立后的第一部旅游基本法《中华人民共和国旅游法》被纳入国务院立法计划。

1992年，邓小平同志发表南方谈话和党的十四大召开后，全国掀起了改革开放的新高潮。在国家大力发展第三产业的方针指导下，全国各地发展旅游业的积极性持续高涨。政府职能进一步转变，对旅游市场开展治理整顿，强化宏观管理的调控功能。

1993年，国家技术监督局在《关于对旅游行业标准归口管理范围的批复》中明确了国家旅游局归口管理综合类、旅游设施类、旅游服务类的行业标准，建立旅行社质量保证金制度，加强对外宣传促销的管理等。

1994年，国务院办公厅批准印发了《国家旅游局职能配置、内设机构和人员编制方案》，按照转变职能、理顺关系、精兵简政、提高效率的原则，对旅游管理体制进行了较大改革。

1995年，旅游大省海南省第一届人民代表大会常务委员会第十七次会议通过并颁布了《海南省旅游管理条例》，这是我国第一部地方旅游法规。它的出台不仅保障了作为当地支柱产业的旅游业在国民经济中的重要地位，而且为各地制定地方旅游法规提供了经验和借鉴。在随后的几年里，贵州、重庆、湖南、云南、山西、四川、辽宁、广西、陕西、新疆等地都相继出台了地方旅游法规。伴随着旅游市场规模的迅速扩张，旅游行政部门管理职能发生了转变，旅游执法的力度和水平有了明显的提高。同年，国家旅游局还发布了《旅行社质量保证金暂行规定》。随后，国家旅游局又发布了《旅行社质量保证金赔偿办法》《旅行社质量保证金赔偿试行标准》《旅行社质量保证金暂行规定实施细则》，使该项制度进一步规范和完善，形成了具有可操作性的管理制度。[①]

（二）主要机构及职权

1994年，国家旅游局进一步向地方下放旅行社审批权限和旅游涉外饭店星级评定权限。1995年，国家旅游局旅游质量监督管理所正式成立，各省、区、市及各地市也先后成立了旅游质量监督管理所，初步形成了从中央到地方的三级旅游质量监督体系。工作机构上的变化表现为各级地方旅游部门管理机构名称改为“行业管理处（科）”，国家旅游局的管理机构叫作“旅行社饭店管理司”，关于旅行社、饭店、导游等行业管理的制度体系和工作体系逐步形成。[②]

（三）特点

此阶段随着法规政策的不断出台，我国逐渐建立起一套适应社会主义市场经济需要的旅游管理体制，从而强化了对全国旅游业的调控管理职能。随着市场经济的进一步发展，旅游业的产业地位也得到进一步的认同和加强，旅游行业管理体制开始加速与社会主义市场经济接轨。经过第一阶段的努力，旅游业已经逐步完成基础性建设，进入快速发展时期，旅游行业法制建设在更为广泛的领域展开，“依法治旅、依法兴旅”已经成为时代发展的需要。这一时期旅游行业法制建设主要围绕国际国内经济形势和旅游发展趋势而展开，保障和促进旅游业走上迅速振兴、全面增长的发展道路。

三、迅速发展阶段（1996—2014年）

（一）主要法规及政策

1996年，国务院发布《旅行社管理条例》，取消旅行社按类划分的标准，

① 伍鹏.完善旅游立法 健全旅游法制：我国旅游立法研究综述［J］.思想战线，2002（2）：132-136.

② 王莉霞.我国旅游法体系构成初探［J］.宁夏社会科学，1998（2）：19-23.

按国际旅游市场的通行做法，只划分国际旅游和国内旅游两种旅行社，这是旅行社体制改革的一项重大突破。

1998年，国务院办公厅印发《国家旅游局机构改革“三定”方案》，对现有机构设置和人员编制进行了大幅精简，明确国家旅游局是国务院主管旅游业的直属机构，实现了机关与直属企业的彻底分离，在职能方面，不再保留对旅游外汇、旅游计划、旅游价格的管理职能。

1999年，国家旅游局发布了《旅游发展规划管理暂行办法》，促进旅游业可持续发展目标的实现，颁布了《导游人员管理条例》取代《导游人员管理暂行规定》，对从事导游人员的经营行为进行规范。

2000年，发布了《国务院办公厅转发国家旅游局等部门关于进一步发展假日旅游若干意见的通知》，这是新形势下指导国内假日旅游发展的纲领性文件。同年，国家旅游局联合公安部、工商总局等部门派出多批人员，对东南亚出境游市场开展明察暗访，查处了一批扰乱旅游市场秩序的旅行社，这也是第一次开展对出境游市场的整治行动，诠释了管行业必须管市场的理念。

2001年，发布《国务院关于进一步加快旅游业发展的通知》，对我国的旅游宏观综合性立法提供了极为重要的基础。同年12月，国家旅游局发布《旅行社管理条例实施细则》《导游人员管理办法》，国务院颁布《中国公民出国旅游管理办法》。出境旅游市场启动之初，国家旅游局批准67家旅行社为经营出境旅游业务的组团社、450家旅行社为出境游组团社的代办点。

2002年,《中国公民出国旅游管理办法》的施行，标志着我国对出国旅游的管理手段和管理方式实现了从行政管理向法治管理的转变。在此基础上，国家旅游局及其他相关部门紧密配合，联合下发了提高旅游业素质的文件，就理顺行业管理体制、规范行业市场、扩大改革开放等方面工作做了全面部署，制定并出台了一批规范旅游行业行为的规章。同时依据WTO规则对现行的旅游法规规章，按照立、改、废三个不同归类进行了系统清理，在第一时间迅速对中国加入世贸组织后遵守有关原则的承诺做出了积极反应。各地针对国际国内旅游法制建设工作的新形势和新要求，结合自身旅游业发展程度和实际情况，纷纷制定和修订旅游管理规范，为当地旅游业的规范化、法治化管理提供了切实保障。截至2003年，除港澳台地区以外，全国已有27个省、市、自治区颁布了地方旅游法规。

2005年，为推动全国创建文明风景旅游区活动深入开展，中央文明办、建设部、国家旅游局于1月联合颁发了《全国文明风景旅游区评选和管理办法》。①

2009年，国务院全面修改《旅行社管理条例》，颁布了《旅行社条例》。同年，随着《国务院关于加快发展旅游业的意见》的发布，《中华人民共和国旅游法》起草工作再次启动。2009年12月，十一届全国人大财政经济委员会成立，开始牵头组织国家发展改革委员会、国务院法制办、国家旅游局等23个部门和有关专家成立旅游法起草组，旅游法的立法工作重新启动。

2010年，《最高人民法院关于审理旅游纠纷案件适用法律若干问题的规定》的发布，对解决旅游者和旅游经营者之间的民事纠纷具有十分重要的指导意义。

2013年4月23日，第十二届全国人民代表大会常务委员会第二次会议第三次审议旅游法草案。4月25日，第十二届全国人民代表大会常务委员会第二次会议审议通过了《中华人民共和国旅游法》，这是我国的第一部旅游基本法。在旅游法颁布之前，旅游行业监管一方面依靠《中华人民共和国合同法》《中华人民共和国公司法》《中华人民共和国消费者权益保护法》等法律来规范约束旅游业发展，另一方面依靠国务院、旅游局或者其他相关部门制定的一系列关于旅游从业者的专门法规条例以及地方政府制定的地方性法规来管理。此阶段法制建设提速，法无授权不可为的原则最终随着旅游法的颁布得到体现，旅游法的出台填补了旅游市场监管法律空白，消除了旅游市场监管的盲区，实现了从“管脚下”到“管天下”的跨越。②

① 项园园. 对旅游业法制环境建设的思考［J］. 商业时代，2005，(23)：84-93.

② 李宏伟. 论《旅游法》颁布对我国旅游法规体系建设的作用［J］. 中央社会主义学院学报，2014(3)：110-112.

（二）主要机构及职权

伴随着1998年政府机构改革和政企脱钩，国家部委与直属企业纷纷脱钩，国家旅游局开始将工作重心转移到行业管理上来。随着旅游法的颁布，确立了政府统一组织下各部门各负其责的旅游市场综合监管机制。县级以上人民政府旅游主管部门和有关部门依照旅游法和有关法律、法规的规定，在各自职责范围内对旅游市场实施监督管理。县级以上人民政府组织旅游主管部门、有关主管部门和工商行政管理、产品质量监督、交通等执法部门对相关旅游经营行为实施监督检查。

（三）特点

这一阶段，我国旅游行业进入突飞猛进的发展时期，出境游、国内游市场得到迅猛发展，法治化进程明显加快。经过20多年的探索和努力，一条符合中国国情的旅游行业发展道路已经基本形成。随着中国加入世界贸易组织，社会主义市场经济体制的不断完善以及旅游业作为国民经济新的增长点地位的确定，旅游业走上了一条理性、科学的发展轨道。旅游立法和执法工作成效显著，旅游法制体系基本形成，中国旅游法制建设逐步走向健康完善的新阶段。国家旅游投资政策的改变，加快了旅游基础设施的建设，缓解了上下游产业发展不平衡的矛盾，一定程度上解决了供给不足的问题；政企分离、企业承包责任制的实施以及现代企业制度的确立，调动了旅游企业的积极性，提高了旅游接待水平和服务质量，更好地满足了旅游者的需求。[①]

四、综合治理阶段（2015年至今）

（一）主要法规及政策

2015年，国家旅游局围绕“文明、有序、安全、便利、富民强国”5大目

① 朱磊.专家建议进一步规范旅游市场秩序 完善旅游法配套法规促进旅游业健康发展［N］.法制日报，2014-12-22（3）.

标，推出2015—2018年的旅游业发展10大行动52项举措，重拳出击，严厉打击“不合理低价游”等旅游顽疾。2016年，印发《国务院办公厅关于加强旅游市场综合监管的通知》，国家旅游局联合发改委、公安部、财政部等12部门组成40个工作组，对31个省区市开展专项督查，联合最高人民法院加强旅游景区等游客相对集中区域派出法庭建设和巡回审判工作，联合中央网信办开展“旅游网站严重违规失信”专项整治。

2016年1月，《旅行社条例》修订，取消设立旅行社的行政许可前置程序，由“先证后照”改为“先照后证”；简化了外商投资设立旅行社条件，并且审批权由国家旅游局下放到省级旅游局。同年5月，《国家旅游局关于旅游不文明行为记录管理暂行办法》发布实施，旅游经营者及从业者欺诈、强迫购物等行为，将纳入“旅游不文明行为记录”；游客扰乱航空器，破坏公共环境卫生，损毁、破坏文物古迹，严重扰乱旅游秩序等九种行为，将被纳入“旅游不文明行为记录”。同年9月，国家旅游局公布《旅游安全管理办法》，强化旅游经营者的安全责任，旅游经营者应建立安全管理制度和责任体系，从人员安全教育和演练、供应商审查、突发事件处置、安全资金投入等方面进行规定，并规定了相应的处罚措施。同年11月，旅游法修正，废除领队证许可制，“领队证”退出历史舞台。新增从事领队业务，应当取得导游证，具有相应的学历、语言能力和旅游从业经历，并与委派其从事领队业务的取得出境旅游业务经营许可的旅行社订立劳动合同的条款。为配合旅游法的修订，同年12月，《旅行社条例实施细则》中规定“领队证”由许可改为备案制，旅行社应当将领队信息及变更情况报旅游行政管理部门备案。放宽旅行社设立服务网点的区域限制，设立社可以在其所在地的省、自治区、直辖市行政区划内设立服务网点；设立社在其所在地的省、自治区、直辖市行政区划外设立分社的，可以在该分社所在地设区的市的行政区划内设立服务网点。除此之外，国家旅游局废止了于2001年12月公布、2005年6月修正的《导游人员管理实施办法》，导游岗前培训考核制度、计分管理制度、年审管理制度和导游人员资格证3年有效制度等停止实施，国家旅游局根据导游管理体制机制改革工作的推进，逐步完善事中事后监管措施并加强监管。[①]

2017年2月，中央一号文件《中共中央、国务院关于深入推进农业供给侧结构性改革加快培育农业农村发展新动能的若干意见》正式发布，首次写入“旅游+”概念。同年6月，国家旅游局发布《全域旅游示范区创建工作导则》，为全域旅游示范区创建工作提供行动指南。同年8月，国家旅游局批准并公布了《旅游经营者处理投诉规范》《文化主题旅游饭店基本要求与评价》《旅游民宿基本要求与评价》《精品旅游饭店》等4项行业标准。标准规定了旅游民宿的定义、评价原则、基本要求、管理规范和等级划分条件，其作为首个涉及民宿的国家行业标准在同年10月正式生效。同年9月，印发了《国家旅游局关于规范旅行社经营行为维护游客合法权益的通知》，对各地旅游主管部门履职、旅行社规范经营提出了要求，倡导游客理性消费，共同抵制不法经营行为、防范市场风险。同年12月，国家旅游局批准公布了《国家工业旅游示范基地规范与评价》行业标准，该标准规定了国家工业旅游示范基地的术语和定义、基本条件、基础设施及服务、配套设施及服务、旅游安全、旅游信息化、综合管理等内容。

2018年3月，《国务院机构改革方案》出台，根据该方案，国家旅游局与文化部合并，组建文化和旅游部，作为国务院组成部门，不再保留文化部、国家旅游局。同年4月，文化和旅游部、教育部、人力资源社会保障部联合印发《中国非物质文化遗产传承人群研修研习培训计划实施方案（2018—2020）》。同年5月，文化和旅游部公布了第四批国家公共文化服务体系示范区（项目）创建资格名单、《文化和旅游部2018年向社会力量购买公共文化服务目录》。同年7月，先后发布《文化和旅游部办公厅关于大力振兴贫困地区传统工艺助力精准扶贫的通知》和《文化和旅游部办公厅 国务院扶贫办综合司关于支持设立非遗扶贫就业工坊的通知》，进一步推动非遗传承发展，带动地方就业与经济发展，助力脱贫攻坚。同年10月，《中华人民共和国旅游法》进行第二次修正，就机构改革的内容将“工商行政管理、产品质量监督”

① 汪全胜.《旅游法》配套立法析论［J］. 武汉科技大学学报（社会科学版），2018，20（1）：102-108.

修改为“市场监督管理”。同年11月，文化和旅游部等17部门联合印发《关于促进乡村旅游可持续发展的指导意见》，明确了加强规划引领，优化区域布局，促进乡村旅游区域协同发展；完善基础设施，提升公共服务，改善乡村旅游环境，促进乡村旅游便利化；丰富文化内涵，提升产品品质，丰富乡村旅游产品类型，提高乡村旅游服务管理水平；创建旅游品牌，加大市场营销，培育构建乡村旅游品牌体系，创新乡村旅游营销模式；注重农民受益，助力脱贫攻坚，探索推广发展模式，完善利益联结机制在内的五项促进可持续发展的措施。2018年末，文化和旅游部第1号部令出炉，首个部门规章《国家级文化生态保护区管理办法》明确推动中华优秀传统文化创造性转化、创新性发展。

2019年初，“发展全域旅游，壮大旅游产业”写入政府工作报告。同年3月，文化和旅游部制定《国家全域旅游示范区验收、认定和管理实施办法（试行）》和《国家全域旅游示范区验收标准（试行）》。同年5月，文化和旅游部制定《文化和旅游规划管理办法》，从总则、立项和编制、衔接和论证、报批和发布、实施和责任等方面对文化和旅游规划体系进行统一，对规划管理进行完善，以提高规划质量。新公布的《旅游民宿基本要求与评价》替代2017年由国家旅游局发布的《旅游民宿基本要求与评价》，助力行业规范管理，维护消费者权益。同年8月，科技部联合文化和旅游部等六部委联合发布的《关于促进文化和科技深度融合的指导意见》提出，到2025年，基本形成覆盖重点领域和关键环节的文化和科技融合创新体系，实现文化和科技深度融合。同年9月，《国务院办公厅关于进一步激发文化和旅游消费潜力的意见》首次在国务院层面对文化和旅游消费作出专门部署，由文化和旅游部牵头，明确各部门任务分工，提出推进消费试点示范、发展假日和夜间经济、促进产业融合发展等九大举措，丰富文旅产品供给便民惠民。同年11月，由国家发展改革委联合国务院扶贫办、文化和旅游部等15个部门联合发布《动员全社会力量共同参与消费扶贫的倡议》，文旅消费扶贫力度进一步加大。同年12月，文化和旅游部研究起草《文化和旅游部关于进一步加强演出市场管理的通知（征求意见稿）》，通过官网向社会公开征求意见，加快解决营业性演出活动内容审核、票务销售、现场监管、新业态管理等存在的薄弱环节，演出市场高质量发展势在必行。

2020年，国内严峻的新冠肺炎疫情导致文化产业与旅游业陷入停摆，出台暂停营业的规范性文件成了疫情防控下的必然之举。同年1月，印发《文化和旅游部办公厅关于全力做好新型冠状病毒感染的肺炎疫情防控工作暂停旅游企业经营活动的紧急通知》。同年2月25日，为落实中央关于统筹推进新冠肺炎疫情防控和经济社会发展工作的有关精神，文化和旅游部公共服务司印发《公共图书馆、文化馆（站）恢复开放工作指南》，该政策包括加强员工健康监测和管理、做好场馆防控工作、加强对群众进出场馆的管理和服务等五个方面的16条措施；同日，文化和旅游部资源开发司发布了《旅游景区恢复开放疫情防控措施指南》的通知，指导全国旅游景区继续实施疫情防控、稳步做好恢复开放相关工作，包括景区开放总体要求、加强景区员工健康监测和管理、做好景区公共卫生和场馆防控 、强化景区游览管理、及时有效地处置异常情况等多个方面。同年3月，国家发展改革委等23个部门联合印发《关于促进消费扩容提质加快形成强大国内市场的实施意见》，重点提出“推进文旅休闲消费提质升级”。同年9月，文化和旅游部印发《在线旅游经营服务管理暂行规定》，坚持以人民为中心，把“保障旅游者合法权益”作为首要立法目的，积极回应群众呼声，兼顾企业长远利益，力求以“最大公约数”凝聚共识。坚持安全底线思维，以政治内容安全为根本，以生命财产安全为宗旨，配合做好网络安全保障。坚持问题导向，集中总结市场管理、行业发展经验与教训，明确回应近年来社会反映的热点、市场监管的难点、行业发展的痛点，填补了在线旅游领域立法的空白。坚持包容审慎监管，贯彻落实《国务院办公厅关于促进平台经济规范健康发展的指导意见》，以立法促规范，规范促发展，着力推动行业依法发展、市场规范有序和游客权益充分保障的有机统一。同年9月14日，为持续深化“放管服”改革，进一步优化营商环境，不断增强企业发展的内生动力，促进演出市场繁荣发展，印发了《文化和旅游部关于深化“放管服”改革促进演出市场繁荣发展的通知》。同年10月，《文化和旅游部 国家发展改革委 财政部关于开展文化和旅游消费试点示范工作的通知》印发，有助于探索激发文化和旅游消费潜力的长效机制，培育壮大文化和旅游消费新业态、新模式，尝试促进文化和旅游消费高质量发展，形成强大国内市场。同年11月初，文化和旅游部在总结近年来数字文化产业发展工作基础上，结合产业发展新形势、新趋势，研究制定了《文化和旅游部关于推动数字文化产业高质量发展的意见》。同年11月29日，国务院发布第三次修订的《旅行社条例》。同年11月30日，文化和旅游部、国家发展改革委等十部门联合印发《关于深化“互联网+旅游”推动旅游业高质量发展的意见》，提出优化“互联网+旅游”营商环境，以数字赋能推进旅游业高质量发展。同年12月4日，为深入贯彻党的十九大和十九届二中、三中、四中、五中全会精神，深化“放管服”改革，推动上网服务行业转型升级和规范发展，发布了《文化和旅游部关于进一步优化营商环境推动互联网上网服务行业规范发展的通知》。

（二）主要机构及职权

2018年3月，文化和旅游部正式组建，存续36年的国家旅游局成为历史。文化和旅游部的组建不仅提升了旅游最高主管部门的地位，旅游产业战略地位得以巩固和提升，也为优质旅游战略的落地提供了条件，文旅大融合时代正式开启。2018年4月，文化和旅游部正式挂牌。按照中共中央印发的《深化党和国家机构改革方案》，文化部、国家旅游局进行职责整合，组建文化和旅游部，作为国务院组成部门，不再保留文化部、国家旅游局。组建后，文化和旅游部的主要职责是贯彻落实党的文化工作方针政策，研究拟订文化和旅游工作政策措施；统筹规划文化事业、文化产业、旅游业发展；深入实施文化惠民工程；组织实施文化资源普查、挖掘和保护工作；维护各类文化市场包括旅游市场秩序；加强对外文化交流，推动中华文化走出去等。[①]

（三）特点

随着科技的不断进步，在线旅游经营服务成为旅游产业链的核心环节，

① 参见：中华人民共和国文化和旅游部，《文化和旅游部主要职责》，https://www.mct.gov.cn/gywhb/zyzz/201705/t20170502_493564.htm.

是满足人民日益增长的美好旅游需要和推动旅游业高质量发展的重要力量。针对一些在线旅游经营者上线不合规旅游产品，扰乱市场秩序，侵害游客合法权益，给行业健康有序发展带来负面影响的行为，文旅部也在切实加强法治建设、强化行业监管、规范市场秩序。这个阶段旅游市场监控的智能化程度逐步增强，针对市场乱象的精准定位能力和专项打击力度逐年加大，旅游监管手段逐步由传统的上传下达分散监管向基于移动互联网的大数据多维度全覆盖监控转型，旅游市场监管智能化全覆盖时代已经真切到来。

第二节　旅游行业监管制度

一、行政许可制度

（一）旅行社的设立

1.设立条件

旅行社作为企业，在资金、场所、人员、组织机构等方面要符合企业设立的一般性规定。此外，《中华人民共和国旅游法》《旅行社条例》《旅行社条例实施细则》，对旅行社的设立条件也有专门的规定，具体包括以下几个方面。

（1）有固定的经营场所和必要的营业设施[①]

经营场所是旅行社开展招徕、接待旅游者咨询、签订旅游服务合同等旅游业务，从事旅游经营活动的场所。营业设施是旅行社为旅游者提供服务、保障经营活动顺利运行的经营场所内的设备设施。《中华人民共和国公司法》规定，设立公司必须有公司住所。要求设立旅行社必须有固定的经营场所和必要的营业设施，既是为了与公司法相衔接，也是旅行社开展业务所需。根据《旅行社条例实施细则》的规定，经营场所的要求是拥有产权的营业用房，

① 参见：《中华人民共和国旅游法》第二十八条。

或者租期不少于1年的营业用房。[①]无论是何种类型的营业用房，都应该能够满足申请者业务经营的需要。

（2）有符合规定的注册资本[②]

注册资本是公司制企业章程规定的全体股东或发起人认缴的出资额或认购的股本总额，并在公司登记机关依法登记。注册资本既是旅行社开展业务的资金基础，又是其对外承担法律责任的保障。根据《旅行社条例》的规定，申请设立旅行社，经营国内旅游业务和入境旅游业务的，需要有不少于30万元的注册资本。[③]

（3）有必要的经营管理人员和导游人员[④]

此项条件是旅游法提出的新要求。旅行社既是劳动密集型服务企业，同时也是知识、信息和技能等要素聚集的现代服务业，经营管理人员对旅行社的经营服务和发展非常关键，因此，旅行社应当有必要的经营管理人员。

（4）法律、行政法规规定的其他条件

其他法律、行政法规，对旅行社设立有要求的，设立旅行社也应符合该法律、行政法规的规定。[⑤]

2. 设立旅行社的程序

（1）申请

申请设立旅行社，经营国内旅游业务和入境旅游业务的，应当向所在地省、自治区、直辖市旅游行政管理部门或者其委托的设区的市级旅游行政管理部门提出申请，并提交符合本条例第六条规定的相关证明文件。[⑥]

（2）许可

受理申请的旅游行政管理部门可以对申请人的经营场所、营业设施、设

① 参见：《旅行社条例实施细则》第六条。

② 参见：《中华人民共和国旅游法》第二十八条。

③ 参见：《旅行社条例》第六条。

④ 参见：《中华人民共和国旅游法》第二十八条。

⑤ 同上。

⑥ 参见：《旅行社条例》第七条。

备进行现场检查，或者委托下级旅游行政管理部门检查。[①]受理申请的旅游行政管理部门应当自受理申请之日起20个工作日内作出许可或者不予许可的决定。予以许可的，向申请人颁发旅行社业务经营许可证；不予许可的，书面通知申请人并说明理由。[②]

（3）出境旅游业务的许可

旅行社取得经营许可满两年，且未因侵害旅游者合法权益受到行政机关罚款以上处罚的，可以申请经营出境旅游业务。[③]申请经营出境旅游业务的，应当向国务院旅游行政主管部门或者其委托的省、自治区、直辖市旅游行政管理部门提出申请，受理申请的旅游行政管理部门应当自受理申请之日起20个工作日内作出许可或者不予许可的决定。予以许可的，向申请人换发旅行社业务经营许可证；不予许可的，书面通知申请人并说明理由。[④]旅行社取得出境旅游经营业务许可的，由国务院旅游行政主管部门换发旅行社业务经营许可证。[⑤]

（4）登记与备案

旅行社名称、经营场所、出资人、法定代表人等登记事项变更的，应当在办理变更登记后，持已变更的《企业法人营业执照》向原许可的旅游行政管理部门备案。[⑥]旅行社设立分社的，应当向分社所在地的工商行政管理部门办理设立登记，并自设立登记之日起3个工作日内向分社所在地的旅游行政管理部门备案。[⑦]旅行社设立专门招徕旅游者、提供旅游咨询的服务网点应当依法向工商行政管理部门办理设立登记手续，并向所在地的旅游行政管理部门备案。[⑧]

---

① 参见:《旅行社条例实施细则》第九条。
② 参见:《旅行社条例》第七条。
③ 参见:《旅行社条例》第八条。
④ 参见:《旅行社条例》第九条。
⑤ 参见:《旅行社条例实施细则》第十条。
⑥ 参见:《旅行社条例实施细则》第十二条。
⑦ 参见:《旅行社条例》第十条。
⑧ 参见:《旅行社条例》第十一条。

（5）变更与注销登记

旅行社终止经营的，应当在办理注销手续后，持工商行政管理部门出具的注销文件，向原许可的旅游行政管理部门备案。[①]旅行社变更名称、经营场所、法定代表人等登记事项或者终止经营的，应当到工商行政管理部门办理相应的变更登记或者注销登记，并在登记办理完毕之日起10个工作日内，向原许可的旅游行政管理部门备案，换领或者交回旅行社业务经营许可证。[②]

（二）导游人员执业资格制度

导游人员是指依法取得导游证，接受旅行社委派或按照规定自由执业，为旅游者提供向导、讲解及相关旅游服务的人员。在执业中，导游、领队人员应遵守行为规范，行使法定权利，履行法定义务。

1.导游资格考试

我国旅游法第三十九条规定，从事领队业务，应当取得导游证，具有相应的学历、语言能力和旅游从业经历，并与委派其从事领队业务的取得出境旅游业务经营许可的旅行社订立劳动合同。[③]参加导游资格考试是从事导游活动的义务，在中华人民共和国境内从事导游活动，必须取得导游证。[④]参加导游资格考试且成绩合格的前提是符合参加导游人员资格考试的条件，不符合参加导游人员资格考试条件的人不能参加考试。《导游人员管理条例》中规定参加导游人员资格考试的人必须具备下列条件。

（1）必须是中华人民共和国公民

公民是指具有某个国家国籍的自然人。根据《中华人民共和国宪法》《中华人民共和国国籍法》的规定，取得中华人民共和国国籍的人，都是中华人民共和国公民。[⑤]取得中华人民共和国国籍的方式有出生取得和加入取得两种。

① 参见：《旅行社条例实施细则》第十二条。

② 参见：《旅行社条例》第十二条。

③ 参见：《中华人民共和国旅游法》第三十九条。

④ 参见：《导游人员管理条例》第四条。

⑤ 参见：《中华人民共和国宪法》第三十三条。

（2）必须具有高级中学、中等专业学校或者以上学历①

根据导游人员的工作内容，导游人员应当具有较为广泛、深入的文化知识，对中国的历史文化、风土人情、名胜风景、民族习俗等有较为广泛的了解，对旅游者的心理有较好的把握能力，对旅游行程中的突发事件有较好的应对能力，对旅游行程中的相关主体有较好的协调能力。要了解上述知识，具备上述能力，没有接受过一定年限的教育，没有一定的学历，没有一定程度的文化素养，是难以满足的。

（3）必须身体健康

《导游人员管理条例》规定，必须是身体健康的人员才能参加导游人员资格考试，患有传染性疾病的不得颁发导游证。②

2. 导游人员资格考试的管理

（1）导游人员资格考试的管理部门及其职责

根据《导游管理办法》的规定，国务院旅游行政管理部门负责制定全国导游人员资格考试的政策、标准和各地考试工作的监督管理。省级旅游行政管理部门负责组织、实施本行政区域内的导游人员资格考试工作。③

（2）导游人员资格证书的取得与管理

符合导游人员资格考试条件，参加考试且成绩合格的，由国务院旅游行政部门或者国务院旅游行政部门委托省、自治区、直辖市人民政府旅游行政部门颁发导游人员资格证书。导游人员资格证书的颁发机关只能是国家旅游局或国家旅游局委托的省、自治区、直辖市旅游局（委）。除上述两级旅游行政管理部门外，其他地方人民政府旅游行政部门无权印制、颁发导游人员资格证书。④

3. 导游证管理制度

导游证，也称导游证书，是证明持证人已依法进行中华人民共和国导游

① 参见:《导游人员管理条例》第三条。
② 参见:《导游人员管理条例》第五条。
③ 参见:《导游管理办法》第六条。
④ 参见:《导游人员管理条例》第三条。

注册、能够合法从事导游活动的法定证件。取得导游资格证只是成为导游人员的第一步。要从事导游职业，还应依法取得导游证。导游证在2018年1月1日之前采取IC卡形式。根据《导游管理办法》，自2018年1月1日起，导游证采用电子证件形式，以电子数据形式保存于导游个人移动电话等移动终端设备之中，也称为电子导游证。[①]导游证的申领程序是指导游证申请人申请领取导游证需要遵守的步骤、方式及要求，具体分为以下几步。

（1）申请

根据《导游管理办法》，申请导游证，申请人应通过全国旅游监管服务信息系统填写申请信息，并提交身份证的扫描件或者数码照片等电子版、未患有传染性疾病的承诺、无过失犯罪以外的犯罪记录的承诺、与经常执业地区的旅行社订立劳动合同或者在经常执业地区的旅游行业组织注册的确认信息。[②]同时，在旅游行业组织注册并申请取得导游证的人员，应当向所在地旅游行业组织提交下列材料：身份证、导游人员资格证、本人近期照片、注册申请。[③]

（2）核发

导游证的核发程序是指旅游主管部门核发导游证需要遵守的步骤、方式及要求。所在地旅游主管部门对申请人提出的取得导游证的申请，应当依法出具受理或者不予受理的书面凭证。需补正相关材料的，应当自收到申请材料之日起5个工作日内一次性告知申请人需要补正的全部内容；逾期不告知的，收到材料之日起即为受理。[④]根据《导游人员管理条例》的规定，省、自治区、直辖市人民政府旅游行政部门应当自收到申请领取导游证之日起15日内颁发导游证；发现不符合申领条件的，应当书面通知申请人。[⑤]这里的所在地旅游主管部门是指旅行社、旅游行业组织所在地的省、自治区、直辖市旅游主管部门或者其委托的设区的市级旅游主管部门、县级旅游主管部门。

---

① 参见：《导游管理办法》第二十条。

② 参见：《导游管理办法》第十条。

③ 参见：《导游管理办法》第八条。

④ 参见：《导游管理办法》第十一条。

⑤ 参见：《导游人员管理条例》第六条。

（3）变更

导游人员执业期间，个人相关信息可能会发生变更，如姓名、执业语种、等级等。为加强对导游人员的监管、便利导游人员变更相关信息，导游可以在下列情形发生之日起 10 个工作日内，通过全国旅游监管服务信息系统提交相应材料，申请对导游证信息进行变更：姓名、身份证号、导游等级和语种等信息发生变化的；与旅行社订立的劳动合同解除、终止或者在旅游行业组织取消注册后，在3个月内与其他旅行社订立劳动合同或者在其他旅游行业组织注册的；经常执业地区发生变化的；其他导游身份信息发生变化的。旅行社或者旅游行业组织应当自收到申请之日起3个工作日内对信息变更情况进行核实。所在地旅游主管部门应当自旅行社或者旅游行业组织核实信息之日起5个工作日内予以审核确认。①

（4）撤销

导游证的撤销是指旅游主管部门依据《导游管理办法》，对不符合法定条件或具备其他法定情形的人员，将已经核发的导游证予以撤销的一种行政行为。导游证一经撤销，导游人员应停止执业，否则属于违法行为，应依法承担相应法律责任。具备下列情形之一的，所在地旅游主管部门应当撤销其导游证：对不具备申请资格或者不符合法定条件的申请人核发导游证的；申请人以欺骗、贿赂等不正当手段取得导游证的；依法可以撤销导游证的其他情形。②

（5）注销

导游证的注销是指旅游主管部门依据《导游管理办法》对出现法定情形的导游人员，将其导游证予以注销的行政行为。根据《导游管理办法》第十七条规定，有下列情形之一的，所在地旅游主管部门应当注销导游证：导游死亡的；导游证有效期届满未申请换发导游证的；导游证依法被撤销、吊销的；导游与旅行社订立的劳动合同解除、终止或者在旅游行业组织取消注册后，超过3个月未与其他旅行社订立劳动合同或者未在其他旅游行业组织注

① 参见:《导游管理办法》第十五条。

② 参见:《导游管理办法》第十六条。

册的；取得导游证后出现下列情形的——导游成为无民事行为能力人或者限制民事行为能力人，患有甲类、乙类以及其他可能危害旅游者人身健康安全的传染性疾病，受过刑事处罚（过失犯罪的除外）；依法应当注销导游证的其他情形。[①]导游证被注销后，导游符合法定执业条件需要继续执业的，应当依法重新申请取得导游证。

（三）旅游景区质量等级制度

旅游景区是指可接待旅游者，具有观赏游憩、文化娱乐等功能，具备相应旅游服务设施并提供相应旅游服务，且具有相对完整管理系统的游览区。这里主要介绍旅游景区的质量等级制度。旅游景区质量等级制度是指国家旅游主管部门根据规定的条件和程序，对旅游景区评定其服务质量等级并授予相应证书标牌以及进行服务质量等级监督管理的行为规则。

根据《旅游景区质量等级管理办法》的规定，凡在中华人民共和国境内正式开业一年以上的旅游景区，均可申请质量等级。旅游景区的质量等级分为5个等级，从低到高依次为1A级旅游景区、2A级旅游景区、3A级旅游景区、4A级旅游景区、5A 级旅游景区。[②]旅游景区获得的等级越高，标志着该旅游景区的资源品质、服务质量、基础设施等总体服务质量的水平就越高。

1.旅游景区质量等级评定监督部门及其权限

根据《旅游景区质量等级管理办法》的规定，国务院旅游行政主管部门负责旅游景区质量等级评定标准、评定细则等的编制和修订工作，负责对全国旅游景区质量等级评定标准的实施进行管理和监督；各省、自治区、直辖市人民政府旅游行政主管部门负责对本行政区域内旅游景区质量等级评定标准的实施进行管理和监督。

国务院旅游行政主管部门组织设立全国旅游景区质量等级评定委员会，负责全国旅游景区质量等级评定工作的组织和实施，授权并督导省级及以下旅游景区质量等级评定机构开展评定工作。各省 、自治区 、直辖市人民政府

① 参见：《导游管理办法》第十七条。

② 参见：《旅游景区质量等级管理办法》第三条。

旅游行政主管部门组织设立本地区旅游景区质量等级评定委员会，按照全国旅游景区质量等级评定委员会授权，负责本行政区域内旅游景区质量等级评定工作的组织和实施。[①]

3A级及以下等级旅游景区由全国旅游景区质量等级评定委员会授权各省级旅游景区质量等级评定委员会负责评定，省级旅游景区评定委员会可向条件成熟的地市级旅游景区评定委员会再行授权。

4A级旅游景区由省级旅游景区质量等级评定委员会推荐，全国旅游景区质量等级评定委员会组织评定。

5A级旅游景区从4A级旅游景区中产生。被公告为4A级三年以上的旅游景区可申报5A级旅游景区。5A级旅游景区由省级旅游景区质量等级评定委员会推荐，全国旅游景区质量等级评定委员会组织评定。[②]

2.旅游景区质量等级的评定程序

旅游景区质量等级评定工作，遵循自愿申报、分级评定、动态管理、以人为本、持续发展的原则。具体以旅游行政管理部门的公告为准，以5A级旅游景区的评定为例，其评定程序如下。

（1）资料审核

全国旅游景区质量等级评定委员会依据景区评定标准和细则规定，对景区申报资料进行全面审核，审核内容包括景区名称、范围、管理机构、规章制度及发展状况等。通过审核的景区，进入景观评估程序，未通过审核的景区，一年后方可再次申请重审。

（2）景观价值评价

全国旅游景区质量等级评定委员会组建由相关方面专家组成的评议组，听取申报景区的陈述，采取差额投票方式，对景区资源吸引力和市场影响力进行评价，评价内容包括景区观赏游憩价值、历史文化科学价值、知名度、美誉度与市场辐射力等。通过景观评价的景区，进入现场检查环节，未通过景观评价的景区，两年后方可再次申请重审。

① 参见：《旅游景区质量等级管理办法》第六条。

② 参见：《旅游景区质量等级管理办法》第十二条。

（3）现场检查

全国旅游景区质量等级评定委员会组织国家级检查员成立评定小组，采取暗访方式对景区服务质量与环境质量进行现场检查，检查内容包括景区交通等基础服务设施，安全、卫生等公共服务设施，导游导览、购物等游览服务设施，电子商务等网络服务体系，对历史文化、自然环境保护状况，引导游客文明旅游等方面。现场检查达标的景区，进入社会公示程序，未达标的景区，一年后方可再次申请现场检查。

（4）社会公示

全国旅游景区质量等级评定委员会对达到标准的申报景区，在中国旅游网上进行七个工作日的社会公示。公示阶段无重大异议或重大投诉的旅游景区通过公示，若出现重大异议或重大投诉的情况，将由全国旅游景区质量等级评定委员会进行核实和调查，做出相应决定。

（5）发布公告

经公示无重大异议或重大投诉的景区，由全国旅游景区质量等级评定委员会发布质量等级认定公告，颁发证书和标牌。①

二、内容规范

（一）立法规范

1. 宪法

《中华人民共和国宪法》（以下简称“宪法”）是国家的根本法，是包括旅游法在内的一切法律、法规的立法依据。旅游法必须以宪法为依据，体现宪法的精神与原则，不能与宪法相抵触，宪法是旅游法律体系的基本依据。宪法规定“国家保障自然资源的合理利用，保护珍贵的动物和植物。禁止任何组织或者个人用任何手段侵占或者破坏自然资源”，②“国家保护名胜古迹、珍贵文物和其他重要历史文化遗产”③，上述条款是旅游资源保护的宪法依据；

① 参见：《旅游景区质量等级管理办法》第十六条。

② 参见：《中华人民共和国宪法》第九条。

③ 参见：《中华人民共和国宪法》第二十二条。

“国家发展为人民服务、为社会主义服务的文学艺术事业、新闻广播电视事业、出版发行事业、图书馆博物馆文化馆和其他文化事业，开展群众性的文化活动”①，该条款是国家促进旅游业持续发展的宪法依据；“中华人民共和国劳动者有休息的权利。国家发展劳动者休息和休养的设施，规定职工的工作时间和休假制度”②，该条款是国家保障劳动者休息、休假权利的宪法依据。

2.法律

与旅游业直接相关的法律是旅游法，该法也是旅游行业的基本法。由于旅游业的关联性、扩展性等特点，涉及旅游相关要素的法律还有《中华人民共和国民法典》《中华人民共和国文物保护法》《中华人民共和国土地管理法》《中华人民共和国森林法》《中华人民共和国海洋环境保护法》《中华人民共和国草原法》《中华人民共和国铁路法》《中华人民共和国城乡规划法》《中华人民共和国价格法》《中华人民共和国反不正当竞争法》《中华人民共和国消费者权益保护法》《中华人民共和国出境入境管理法》等。上述法律从不同的角度、领域对旅游业的发展发挥着引导、规范作用。

3.行政法规

与旅游业直接相关的行政法规较多，如国务院于1981年出台的《关于加强旅游工作的决定》；2009 年 12月，国务院发布《关于加快发展旅游业的意见》，对旅游业提出了全新的定位，提出把旅游业培育成国民经济的战略性支柱产业和人民群众更加满意的现代服务业的宏伟目标，并对旅游业的发展作出了一系列部署，提出了一系列促进旅游业发展的具体政策措施；还有《旅行社条例》《导游人员管理条例》《中国公民出国旅游管理办法》《风景名胜区条例》《中华人民共和国自然保护区条例》《娱乐场所管理条例》等。上述旅游类行政法规是旅游业发展中各级政府促进、监管旅游业的主要依据。

4.地方性法规

地方性法规是指省、自治区、直辖市的人大及其常委会，设区的市的人

① 参见：《中华人民共和国宪法》第二十二条。

② 参见：《中华人民共和国宪法》第四十三条。

大及其常委会，根据本行政区域的具体情况和实际需要，在不与宪法、法律、行政法规相抵触的前提下，制定的法律规范。各省、自治区、直辖市目前均有地方性旅游法规，如《海南省旅游条例》《云南省旅游条例》《山西省旅游条例》《三江源国家公园条例（试行）》等。自云南省出台旅游管理条例开始，各级有地方立法权的地方人大及其常委会根据国家关于旅游业的基本政策，结合当地旅游业发展的实际需要，出台了旅游管理条例、旅游发展促进条例等。在国家出台旅游法之前，全国内地所有的省、自治区、直辖市，均颁行了地方性旅游管理条例，有的甚至多次修订。

5. 规章

目前，国务院相关部委、相关直属机构制定了一些全国性旅游规章，如《旅游投诉处理办法》《旅游行政处罚办法》《森林公园管理办法》等；各省、自治区、直辖市一般都有地方性旅游规章，如《上海市旅馆业管理办法》。上述规章是各级政府及旅游相关部门对旅游业履行促进、监管职责的直接依据，作为各地旅游行业监管的重要内容，应当给予重视。

6. 法律解释

法律解释包括立法解释、行政解释与司法解释。就旅游业来说，法律解释主要有行政解释，如《国家旅游局关于严格执行旅游法第三十五条有关规定的通知》；还有司法解释，如《最高人民法院关于审理旅游纠纷案件适用法律若干问题的规定》，该司法解释在2018年修订的旅游法生效后依然有效，是各级人民法院审理旅游纠纷案件的主要依据之一。

（二）国家标准及行业标准

根据《中华人民共和国标准化法》的规定，标准包括国家标准、行业标准、地方标准和团体标准、企业标准。国家标准分为强制性标准和推荐性标准，行业标准、地方标准是推荐性标准。[①]强制性标准必须执行，不遵守强制性标准的，应依法承担法律责任，国家鼓励采用推荐性标准。与旅游业相

① 参见：《中华人民共和国标准化法》第二条。

关的国家标准及行业标准，如《旅游饭店星级的划分与评定》（GB/T 14308-2010）、《旅游景区质量等级的划分与评定》（GB/T 17775-2003）、《旅行社老年旅游服务规范》（LB/T 052-2016）、《旅游休闲示范城市行业标准》（LB/T 047-2015）、《旅游发展规划实施评估导则》（LB/T 041-2015）、《旅游民宿基本要求与评价》（LB/T 065-2019）等。

三、行为规范

（一）旅游经营主体规范

旅游市场要有秩序，旅游经营就必须有规范，旅游法对旅游经营确立了明确的规范。国家行政机关通过对旅游经营者、旅游市场的监督检查，以及依据监督检查发现的证据，对违法者作出行政处罚，实施行政强制，或者将涉嫌犯罪的移交公安机关。在监督检查中，旅游主管部门依法可以对涉嫌违法的合同、票据、账簿以及其他资料进行查阅、复制。其他主管部门依据相关法律、法规对旅游经营者实施监督检查。①对于依法实施的监督检查，有关单位和个人应当配合，如实说明情况并提供文件、资料，不得拒绝、阻碍和隐瞒。②县级以上人民政府旅游主管部门和有关部门，在履行监督检查职责中或者在处理举报、投诉时，发现违法行为的，应当依法及时作出处理；对不属于本部门职责范围的事项，应当及时书面通知并移交有关部门查处。③县级以上地方人民政府建立旅游违法行为查处信息的共享机制，对需要跨部门、跨地区联合查处的违法行为，应当进行督办。旅游主管部门和有关部门应当按照各自职责，及时向社会公布监督检查的情况。④

第一，对于旅行社，旅游法明确了旅行社的设立条件、业务范围、经营规则，明确规定旅行社不得虚假宣传，不得安排违法和违反社会公德的项目，不得以不合理低价组织旅游活动，不得指定具体购物场所，不得安排另行付

① 参见：《中华人民共和国旅游法》第八十五条。
② 参见：《中华人民共和国旅游法》第八十七条。
③ 参见：《中华人民共和国旅游法》第八十八条。
④ 参见：《中华人民共和国旅游法》第八十九条。

费项目，不得要求导游垫付或者收取费用，不得拖欠导游工资、导游服务费。为更好地保障旅游消费者的权益，针对旅游服务合同，旅游法还对包价旅游合同的订立、变更、解除、违约作了全面具体的规定，进一步明确了包价旅游合同的主要内容、旅行社说明义务、合同解除的情形以及责任分担，并对旅游安排合同、代订合同、咨询合同和住宿合同作了原则规定。[①]同时，该法对旅游者和旅行社、组团社与地接社、委托社与代理社、旅行社和履行辅助人之间的特色责任分担制度进行了规定。

第二，对于旅游从业人员，旅游法规定了从业条件和要求。在服务中，导游、领队不得擅自变更旅游行程或者中止服务活动，不得向旅游者索取小费，不得诱导、欺骗、强迫旅游者购物或者参加另行付费项目。[②]

第三，对于旅游景区，旅游法明确了景区的开放条件，要求利用公共资源建设的游览场所应当体现公益性质[③]，对门票价格作出更加细致的规定[④]。

第四，对于新兴旅游业态，旅游法对农家乐、高风险旅游项目[⑤]、网络经营，以及其他旅游经营活动作出明确规定，同时，对违法经营行为的法律责任作出了明确规定。

1.旅游经营主体的安全保障义务

旅游经营者认真履行法定的安全保障义务是旅游者的安全保障权得以实现的基础。因此，消费者权益保护法第十八条规定："经营者应当保证其提供的商品或者服务符合保障人身、财产安全的要求。对可能危及人身、财产安全的商品和服务，应当向消费者作出真实的说明和明确的警示，并说明和标明正确使用商品或者接受服务的方法以及防止危害发生的方法。宾馆、商场、餐馆、银行、机场、车站、港口、影剧院等经营场所的经营者，应当对消费者尽到安全保障义务。"[⑥]旅游者的安全要靠旅游经营者履行安全保障义务，但

---

① 参见：《中华人民共和国旅游法》第五章。
② 参见：《中华人民共和国旅游法》第四十一条。
③ 参见：《中华人民共和国旅游法》第四条。
④ 参见：《中华人民共和国旅游法》第四十四条。
⑤ 参见：《中华人民共和国旅游法》第四十七条。
⑥ 参见：《中华人民共和国消费者权益保护法》第十八条。

旅游经营者忠实履行安全保障义务不能仅靠旅游经营者的良心、道德，也不能仅靠安全事故发生后的赔偿责任形成负面激励。要保障旅游者的人身、财产安全，关键要靠各级政府及相关部门，依法、主动、及时、全面履行安全监管职责，以此来督促、推动旅游经营者依法履行安全保障义务。

安全保障的核心是保障紧急救助请求权的行使。紧急救助请求权是指旅游者在遭遇危险时，有请求旅游经营者、国家、社会提供及时、有效、合理的救助与保护的权利。在旅游行程中，旅游者可能遇到的危险主要包括以下几种类型：自然灾害，如地震、泥石流、飓风、山体滑坡、落石、塌方、山火等；社会事件，如动乱、军事冲突、交通事故、疫情、抢劫、盗窃；意外事件，如落水、跌落山崖、坠入山洞等。当旅游者遭遇上述危险，面临困境时，旅游法中规定，旅游者在人身、财产安全遇有危险时，有权请求旅游经营者、当地政府和相关机构进行及时救助。中国出境旅游者在境外陷于困境时，有权请求我国驻当地机构在其职责范围内给予协助和保护。①

2.旅游经营主体须确认旅游者拥有知情权

知情权，也可以称为了解权、知悉真情权，是指旅游者享有知悉、获取旅游服务的真实情形的自由和权利。旅游具有异地性，旅游目的地的相关信息、旅游线路安排、行程中的注意事项等信息，对于旅游者购买旅游产品和服务时做出理性的决策具有极为重要的作用。旅游者作为消费者，在购买旅游产品和服务时，享有消费者权益保护法赋予的知情权。消费者享有知悉其购买、使用的商品或者接受的服务的真实情况的权利。消费者有权根据商品或者服务的不同情况，要求经营者提供商品的价格、产地、生产者、用途、性能、规格、等级、主要成分、生产日期、有效期限、检验合格证明、使用方法说明书、售后服务，或者服务的内容、规格、费用等有关情况。②据此，参团旅游者有权知道旅游行程安排、价格、付款方式与时间、投诉方式、随团导游、入住宾馆的规格、游览景区的情形等信息；自由行旅游者有权知道旅游交通的承运人、出发及抵达时间、旅行期间的服务内容、服务价格，入

① 参见：《中华人民共和国旅游法》第八十二条。

② 参见：《中华人民共和国消费者权益保护法》第八条。

住宾馆的位置、规格、服务内容、价格等信息。

旅游者了解上述信息的方式包括旅游经营者主动介绍与旅游者询问查阅两种。旅游经营者主动介绍，是指旅行社、旅游景区、旅游饭店、旅游交通、旅游餐饮、旅游娱乐、旅游纪念品商店等旅游经营者，将自己为旅游者提供的旅游产品、服务项目、期间、价格、类型、投诉方式，以及旅游经营者自身的相关信息，如注册地、法人代表、注册资金、有效期间等向旅游者进行详尽的告知，告知的方式可以通过网站、宣传手册、合同中提示等；旅游者询问，是指旅游者针对旅游经营者提供的旅游产品和服务，就自己不了解、不明白的相关内容，向旅游经营者、旅游目的地政府的相关工作人员进行询问，要求获得详尽、准确、及时的答复。旅游者查阅，是指旅游者在签署合同前、签署合同后通过网络、电话、手册等渠道、方式，全面了解旅游目的地相关信息。在互联网时代，尤其是移动互联时代，旅游者咨询、查询相关信息已十分便利，各地建立的旅游咨询服务信息中心，各级政府旅游主管部门建立的旅游信息网等平台，都可以很好地满足旅游者的信息需求。

3. 保障旅游者的自主选择权

自主选择权是指旅游者根据自己的主观愿望，在法律规定的范围内享有的自由选择旅游服务商、旅游产品和服务的权利，有拒绝强制交易的权利。[①]自主选择是指旅游者根据自己的喜好、财力、时间等选择参加或者不参加旅游活动，以团队或自由行等方式参加旅游活动，接受哪一家旅游经营者提供的旅游产品和服务。在做出选择、决定之前，旅游者有权进行比较、鉴别和挑选。即使在已事先设计好的旅游服务格式合同中，旅游经营者也应当尊重旅游者的自主选择，对旅游者的特殊要求可以通过签订补充协议的方式予以满足。

【典型案例】

强制交易行为是指旅游经营者违背旅游者的意愿，强制或者限定旅游者

① 参见：《中华人民共和国旅游法》第九条。

购买其指定的旅游产品、商品或者服务的行为。旅游中常见的强制交易行为包括限定旅游者只能购买、使用其附带提供的相关产品、服务，而排斥其他同类产品、服务；强制旅游者购买其提供的不必要的产品、服务、纪念品，如旅游景区强制旅游者乘坐景区内电瓶车、索道，旅游购物点工作人员以威胁、威逼、恐吓等方式逼迫旅游者进行消费，甚至要求至少购买一定数量的纪念品、特产等；强制旅游者购买其指定的经营者提供的不必要的产品、服务，如强迫旅游者购买著名景区周边的“关联景区”门票、套票等；对不接受其不合理条件的旅游者，拒绝、中断、减少其提供的相关服务，如旅行社强制旅游者购物遭拒后，拒绝为旅游者继续提供旅游巴士运输服务，将旅游者抛弃在高速公路服务站等。在签订旅游合同时，旅游经营者不得要求旅游者必须参加旅行社安排的购物活动或者需要旅游者另行付费的旅游项目。[①]因此在旅游行程中，旅游者有权拒绝上述行为，并且旅游经营主体不得因此拒绝履行合同或以此相威胁。

4.特殊群体旅游者依法享受便利和优惠

特殊群体的旅游者包括残疾人、老年人、未成年人、军人等。根据相关法律、法规，特殊群体旅游者可以享受相应的便利、优待、优惠。

（1）残疾人在旅游活动中依法享受便利和优惠

根据《中华人民共和国残疾人保障法》规定，文化、体育、娱乐和其他公共活动场所，为残疾人提供方便和照顾。[②]县级以上人民政府对残疾人搭乘公共交通工具，应当根据实际情况给予便利和优惠；盲人持有效证件免费乘坐市内公共汽车、电车、地铁、渡船等公共交通工具。[③]公共服务机构和公共场所应当创造条件，为残疾人提供语音和文字提示、手语、盲文等信息交流服务，并提供优质服务和辅助性服务；公共交通工具应当逐步达到无障碍设施的要求。[④]上述法律赋予残疾人在包括旅游活动在内的社会生活中可以享受

① 参见:《旅行社实施条例细则》第三十九条。

② 参见:《中华人民共和国残疾人保障法》第四十三条。

③ 参见:《中华人民共和国残疾人保障法》第五十条。

④ 参见:《中华人民共和国残疾人保障法》第五十五条。

的便利和优惠，旅游经营者有义务给予照顾和优待。

（2）老年人依法享受便利和优惠

《中华人民共和国老年人权益保障法》规定，地方各级人民政府根据当地条件，可以在参观、游览、乘坐公共交通工具等方面，对老年人给予优待和照顾。[①]法律赋予老年人在包括旅游活动在内的社会生活中可以享受的便利和优惠，旅游经营者有义务给予照顾和优待。

（3）未成年人依法享受便利和优惠

《中华人民共和国未成年人保护法》规定，爱国主义教育基地应当对未成年人免费开放，博物馆、纪念馆、科技馆、展览馆、美术馆、文化馆以及动物园、公园等场所，应当按照有关规定对未成年人免费或者优惠开放。[②]法律赋予未成年人在包括旅游活动在内的社会生活中可以享受的便利和优惠，旅游经营者有义务给予照顾和优待。

（4）军人及军属依法享受便利和优惠

《中华人民共和国兵役法》规定，现役军人、残疾军人参观游览公园、博物馆、展览馆、名胜古迹享受优待；优先购票乘坐境内运行的火车、轮船、长途汽车以及民航班机；其中，残疾军人按照规定享受减收正常票价的优待，免费乘坐市内公共汽车、电车和轨道交通工具。[③]

除上述特殊群体外，其他法律、法规和有关规定对其他特殊群体赋予照顾和优待的，其他特殊群体在旅游活动中依法有权享受，旅游经营者依法有义务给予照顾和优待。

【典型案例】

法律、法规赋予军人、军属的便利和优惠，旅游经营者依法应给予便利和优惠。如《浙江省军人军属权益保障条例》第十一条第一款规定：

军人、残疾军人、烈士遗属、因公牺牲军人遗属和病故军人遗属在本省

① 参见：《中华人民共和国老年人权益保障法》第五十八条。

② 参见：《中华人民共和国未成年人保护法》第四十四条。

③ 参见：《中华人民共和国兵役法》第五十七条。

行政区域内，凭有效证件可以享受以下优待：

（一）乘坐火车、轮船、长途公共汽车和民航班机等交通工具时，优先购票，残疾军人享受正常票价半价优待，车站、码头、机场等应当设置专门服务窗口；

（二）免费乘坐城市公共汽车和轨道交通等公共交通工具；

（三）免费游览公园、国有单位经营的旅游景点；

（四）免费参观科技馆、博物馆、纪念馆等公共文化服务设施。[①]

第三节 监管方式

对于旅游监管，旅游法明确了政府牵头、部门分工负责的监管机制，联合执法机制，统一受理投诉机制，违法行为查处信息共享机制，跨部门跨地区督办机制，监督检查情况公布机制等。法律明确禁止旅游主管部门及其工作人员参与任何形式的旅游经营活动，对旅游行业组织依法制定行业经营规范和服务标准，对其会员的经营行为和服务质量进行自律管理，组织业务培训，提高从业人员业务素质。对于旅游纠纷，该法从处理的途径、程序和法律责任方面作出了规定。

一、行政处罚

法律的生命在于实施，对旅游经营者遵守法律、法规、规章的情况进行查处，以此来保证国家在旅游领域的法律、法规立法目的得以实现，维护旅游市场秩序，保护旅游者的合法权益，是旅游行政管理部门的一项基本义务。国家行政管理机关在对旅游经营者进行监督管理时，必须依法履职，不得超越职权范围，也不得滥用职权，必须尊重旅游经营者的经营自主权，在对旅游经营者的违法行为进行查处时，应依法作出处罚决定，不得在法律规定之外随意实施处罚，避免损害行政相对人合法权益。

① 参见：《浙江省军人军属权益保障条例》第十一条。

【典型案例】

有游客向北京市旅游发展委员会举报，甲旅行社在2018年7月14日组织的丰宁、张北二日游中存在安排未取得导游证的人员提供导游服务的行为。经调查发现，甲旅行社将该旅游业务委托给乙旅行社，并约定由乙旅行社委派导游人员，因此，该团提供导游服务的人员是由乙旅行社委派的。经查，乙旅行社于2018年7月14日丰宁、张北二日游中存在安排未取得导游证的人员提供导游服务的行为。乙旅行社安排未取得导游证的人员提供导游服务的行为，违反了《中华人民共和国旅游法》第九十六条的规定。依据旅游法第九十六条的规定[①]，对该旅行社作出没收违法所得四百八十元，并处五千元罚款的行政处罚；给予乙旅行社直接负责的主管人员和其他直接责任人员徐某某处以二千元罚款的行政处罚。

二、行政指导

将行政指导这一柔和性管理方式纳入旅游市场的日常行政监管体系中，可以弥补旅游市场失灵和政府传统管理模式失效的双重缺陷，实现旅游主管部门行政目标并兼顾旅游市场经济的自由，以广泛参与、平等协商、鼓励支持等行政手段来保障旅游行业运行秩序。旅游法规定国务院建立健全旅游综合协调机制，对旅游业发展进行综合协调。要求县级以上地方人民政府加强对旅游工作的组织和领导，明确相关部门或者机构，对本行政区域旅游业发展和监督管理进行统筹协调。[②]

---

① 《中华人民共和国旅游法》第九十六条："旅行社违反本法规定，有下列行为之一的，由旅游主管部门责令改正，没收违法所得，并处五千元以上五万元以下罚款；情节严重的，责令停业整顿或者吊销旅行社业务经营许可证；对直接负责的主管人员和其他直接责任人员，处二千元以上二万元以下罚款：（一）未按照规定为出境或者入境团队旅游安排领队或者导游全程陪同的；（二）安排未取得导游证的人员提供导游服务或者安排不具备领队条件的人员提供领队服务的；（三）未向临时聘用的导游支付导游服务费用的；（四）要求导游垫付或者向导游收取费用的。"

② 参见：《中华人民共和国旅游法》第七条。

【典型案例】

为进一步规范旅游市场经营活动，维护良好的旅游市场秩序，维西县市场监督管理局积极发挥职能作用，贯彻落实《云南省市场监管局关于春节前旅游市场经营主体行政指导工作的通知》文件精神，组织执法人员对县辖区内旅游景点及周边酒店、民宿、餐饮娱乐等经营主体进行现场行政指导，切实保障消费者春节期间舒心出行、放心消费。一是检查旅游市场主体证照齐全、亮照经营，要求经营主体严禁超范围或未经行业主管部门许可从事旅游服务，在店堂广告、户外广告及发放的宣传材料中不得存在虚假宣传和违法广告等违法行为；二是要求各旅游市场经营主体诚信守法经营，规范服务行为，使用文明用语，提升服务质量和纠纷应对处置能力；三是结合疫情防控工作做好日常消毒及佩戴口罩工作，履行主体责任，指导督促消费者扫“健康码”“行程码”出入经营场所，切切实实地落实疫情防控措施。

三、行政约谈

现代行政发展的趋势，是在日益深化的市场经济的基础上，把管理的观念转变为服务的理念，政府是以提供公共服务为主的服务型政府。在旅游行业监管过程中运用好行政约谈手段，能直接体现旅游行政主体的人性化服务意识，化解城市管理者与行政相对人之间的矛盾。

【典型案例】

宝鸡市旅游发改委员会召开首次旅游景区行政约谈会，对全市A级以上景区进行了行政约谈。这是遵照文化和旅游部、省旅发委的工作要求，进一步加强旅游景区动态管理和属地管理，转变“重创建、轻管理，重门票、轻服务，重牌子、轻标准的现象”的思想观念的举措，进一步强化品牌至上、荣誉至上的意识，固本强基，主动作为，自觉维护A级景区的信誉和形象。首先，市旅发委根据高标准、常态化的工作要求，启动第一季度暗访工作，同时开展季度绩效考核工作；其次，对通报提出警告、批评和降级的12家景区主要负责人进行约谈，要求景区负责人要充分认识到，A级景区是景区的金字招牌，要珍惜这份荣誉，更要认清当前的严峻形势，认真查缺补漏，不断提升完善景区的核心吸引力和管理服务水平；最后，对县区旅游主管部门进行约谈，景区的动态管理工作遵循属地管理、分级负责的原则。各县区旅游部门努力做到敢于担当，切实履职，发挥好主管部门的监管和指导作用，对辖区内的A级景区持续不断地开展明察暗访，督促问题景区做好整改工作，形成标本兼治、惩建并举、综合治理的工作格局。①

四、信用监管

信用监管是贯穿市场主体全生命周期，衔接事前、事中、事后全监管环节的新型监管机制，是推进“放管服”改革、规范市场秩序、优化营商环境和推动高质量发展的重要支撑保障。2019年7月，印发了《国务院办公厅关于加快推进社会信用体系建设构建以信用为基础的新型监管机制的指导意见》（以下简称“意见”），其核心内容主要体现在四个方面：一是创新事前环节信用监管；二是加强事中环节信用监管；三是完善事后环节信用监管；四是强化信用监管的支撑保障。意见大力推进信用监管信息公开公示，做到“应公开、尽公开”；充分发挥“互联网+”、大数据对信用监管的支撑作用，实现信用监管数据可比对、过程可追溯、问题可监测；切实加大信用信息安全和市场主体权益保护力度，积极引导行业组织和信用服务机构协同监管。大力推进旅游行业的信用监管，是深入贯彻落实党中央、国务院关于健全社会信用体系的重大决策部署的举措之一。

【典型案例】

2019年1月，文化和旅游部印发了《关于实施旅游服务质量提升计划的指导意见》（以下简称“指导意见”），明确了提升旅游区点、旅行社的服务水平，规范和优化旅游住宿、在线旅游经营服务，提高导游和领队业务能力，

① 请注意，宝鸡市首次旅游景区行政约谈会召开了！［EB/OL］.（2018-05-12）［2021-04-10］. https://m.gmw.cn/toutiao/2018-05/12/content_120927142.htm.

建立完善旅游信用体系，增强旅游市场秩序治理能力等7项任务。指导意见实施以来，旅游服务质量提升工作取得了明显成效。旅游信用体系建设取得新突破，“黑名单+备忘录”信用监管框架基本形成。下一步，文化和旅游部将深入贯彻落实党的十九届五中全会精神，坚持新发展理念，以制度化建设为牵引，建立健全以宏观政策为引导、以考核和评估为手段、以评价和信用为支撑、以培训和宣传为保障的旅游服务质量监管和提升政策体系。2019年11月，文化和旅游部发布了首个全国旅游市场黑名单公告，两名从业人员被列入全国旅游市场黑名单。①

五、行政资助

旅游是产业，又是事业。产业的发展要靠市场、靠旅游企业自身，当然也需要政府的积极引导。事业的发展，其责任主要在政府，行政资助发挥着重要发展的催化作用。国务院和县级以上地方人民政府应当根据实际情况安排资金，加强旅游基础设施建设、旅游公共服务和旅游形象推广。②

【典型案例】

随着经济发展和生活水平的提高，人们对于精神文化的需求不断上升。旅游越来越受欢迎，成为居民消费的重要组成部分。但旅游业的发展受外部影响显著，2019年底新冠肺炎疫情暴发，全民为了与新冠病毒做斗争，隔离成为最有效的预防和控制手段，而旅游业中几乎所有细节领域均涉及人群聚集与社交，因此，2020年的经营预期完全被改变。对此国家相关部门对以下税收政策作出特殊规定：自2020年1月1日起，纳税人提供旅游服务取得收入，免征增值税和相应的城市维护建设税、教育费附加、地方教育附加。同时受疫情影响较大的旅游（指旅行社及相关服务、游览景区管理两类）行业2020年度发生的亏损，调整结转年限由最长5年延长至最长8年。纳税人提供旅游

① 文化和旅游部关于发布全国旅游市场黑名单的公告［EB/OL］.（2019-11-29）［2021-04-10］. http://www.gov.cn/xinwen/2019-11/29/content_5456899.htm.

② 参见：《中华人民共和国旅游法》第二十四条。

服务，可以选择以取得的全部价款和价外费用，扣除向旅游服务购买方收取并支付给其他单位或者个人的住宿费、餐饮费、交通费、签证费、门票费和支付给其他接团旅游企业的旅游费用后的余额为销售额。[①]税收政策的优惠在抗疫过程中对旅游行业有序恢复经营秩序起着重要的助推作用。

六、联合监管

旅游业是综合性产业，旅游经营涵盖多种主体，因此，旅游监管的对象比较多。目前，对旅游市场实施监管是“多头管理”，各部门各负其责，在监管中难免出现监管真空或交叉监管的问题，必须采取联合监管的方式，形成监管的合力。同时，为适应旅游业发展的客观要求，各地正在建设和形成统一的旅游大市场，跨行业、跨部门、跨区域的旅游监管成为趋势。因此，政府必须承担起对旅游市场实施综合监管的组织和领导职责，主要是建立和完善综合监管方式、工作机制和程序，加强旅游投诉统一受理、统一处理等制度建设，监督各部门依法履行职责和配合相关部门履行职责，落实责任追究等。

目前，各地政府组织相关部门对旅游市场进行联合监管的主要形式：一是日常性的联合执法，其特点在于成立固定的联合执法机构，由旅游主管部门和相关部门抽调工作人员共同组成，共同办公，这种方式的好处在于将联合执法制度化，可以随时解决问题，有利于提高执法的效率，但由于操作中人员的流动性过大等原因，经常导致形式大于内容、执法效果不确定等问题；二是临时性的联合执法，即在重要时间段，如公众节假日、重大旅游活动期间，或针对一些重点问题成立临时性的联合执法机构，或虽无机构，但由政府出面组织各相关部门进行定期或不定期的联合执法。

【典型案例】

2016年9月，中泰旅游市场联合监管磋商会在曼谷举行。这是中外旅游

① 疫情防控期间旅游业税收优惠政策问答［EB/OL］.（2020-05-14）［2021-04-10］. http://www.zhckw.com/2020/058725.html.

市场联合监管标志性事件，为打通境内外监管通道提供了样本。中国国家旅游局副局长和泰王国旅游和体育部部长率团出席。双方共同签署的《中华人民共和国国家旅游局与泰王国旅游和体育部关于加强旅游市场监管合作的谅解备忘录》约定，双方将成立中泰旅游市场监管合作协调小组，并定期在两国轮流召开“中泰旅游市场监管事务级磋商会议”，形成常态化的沟通协调机制，并建立工作配合机制、宣传培训合作机制。①

参考文献

［1］卢世菊.旅游法规［M］.武汉：武汉大学出版社，2007.

［2］王天星.旅游法教程［M］.重庆：重庆大学出版社，2019.

［3］杨富斌，杨洪浦.中国旅游法判例精解［M］.北京：旅游教育出版社，2018.

思考题

1.大数据时代，旅游行政部门应该如何提高行政监管效率？

2.旅游经营主体在日常经营活动过程中需要遵守哪些行为规范？

① 中泰签署加强旅游市场监管合作备忘录［EB/OL］.（2016-09-22）［2021-04-10］. http://www.gov.cn/xinwen/2016-09/22/content_5110777.htm.